MA RUSSIE FATALE

IOURI AFANASSIEV

MA RUSSIE
FATALE

Révélations d'un historien engagé

*Texte établi et traduit du russe
par Joël Bastenaire*

CALMANN-LÉVY

ISBN 2-7021-2153-5

SOMMAIRE

I
HISTOIRES D'UN PUTSCH
HISTOIRE D'UN DEUIL

III
VIE ET RUPTURES « D'UN INDIVIDU DANS LE GENRE D'AFANASSIEV »

IV
LES RACINES DU DESPOTISME RUSSE

Comment penser l'histoire russe?, 174.

VI
ABÎMES DU NOUVEL ÂGE RUSSE

PRÉFACE

La Russie est-elle ancrée « à l'Ouest »? Définitivement? Ou nous réserve-t-elle des surprises en couvant quelque émotion « scythe » à la mode barbare si imprudemment poétisée par Alexandre Blok du temps de Lénine? Convient-il de parier, avec Boris Eltsine, qu'elle opte irréversiblement pour un « mode de vie civilisé, réglé par le commun bon sens et l'héritage humain universel » (juin 1992)? Faut-il douter et redouter? « *La voie asiatique, demeure ouverte* », titre *Time Magazine,* évoquant l'anniversaire du putsch vétéro-stalinien. Qui a tort?

Derrière le choc des images et le carnaval des slogans, loin des fascinations mass-médiatiques pour les stars du moment, ce livre donne à penser. Il élève au concept la grande rupture d'août 1991, où les tanks de l'Armée rouge firent machine arrière devant quelques milliers de Moscovites – c'est peu – regroupés autour de l'unique président démocratiquement élu de l'histoire russe. Pas d'alléluia, même si l'événement fut décisif. Pas de requiem, bien qu'une prévisible déception suive. Cet essai se lit d'une traite, toujours clair. Dépouillant et analysant des informations de première main, il nous place face à une Russie qui, comme sous Alexandre II, comme en février 1917, campe à la croisée des chemins entre une « Europe » encore très lointaine et une « Asie » peuplée de fantasmes dévorants.

En trois ans – chute du Mur de Berlin, échec du complot de Moscou – quatre cents millions de camarades sur le vieux continent se sont libérés de la plus durable dictature du XXe siècle. Non sans retrouver à la sortie du tunnel tous les problèmes qui désespéraient leurs aïeux à l'entrée. Avec en

prime le chaos économique, écologique, social et sentimental
diffusé depuis l'ex-Troisième Rome, capitale du socialisme
réel pendant soixante-quinze ans. Peu sensible à la lutte
solitaire et souterraine des dissidents, l'opinion publique occidentale fut surprise, stupéfaite. Elle acclame à tout rompre
la nouvelle liberté, puis brusquement déprime devant les
premières difficultés qui révèlent une situation dure, tendue,
parfois sanglante, toujours complexe. Après Gorbatchev, qui?
Question sotte. Le culte cyclothymique des hommes provi-
dentiels n'est que l'asile de nos ignorances. L'intrigue ne se
résume pas aux exploits ambigus des premiers rôles éphé-
mères. Il faut jeter un œil dans les coulisses. Et commencer
à pister la Russie nouvelle dans sa longue marche vers la
démocratie... ou quelque inédite dictature.
   Le moment est venu de recadrer les virevoltes de l'actualité.
Dans le temps : celui d'une tentative pluriséculaire d'occidentalisation envers et contre tout, réitérée depuis Pierre le Grand,
chaque fois ratée. Dans l'espace : celui d'un entre-deux géopolitique, d'un étrange météorite « euro-asiatique » qui noue
une spiritualité des plus prophétiques et la crapulerie insigne,
Raspoutine et Dostoïevski, Raspoutine dans Dostoïevski. À
travers l'affrontement d'images contradictoires transperce une
existence sadienne, sauvage, secrète qui se transforme insensiblement en destin, celui des Russes, et, par contrecoup, le
nôtre.

   L'auteur de ce livre, intellectuel engagé, connaît et fré-
quente les acteurs du drame. En historien rigoureux, formé
aux disciplines démystifiantes de l'école française des Annales,
il replonge soigneusement les batailles et les grands hommes
dans une chronologie qui les dépasse. La courte durée de
l'événement qui bouscule le Journal de 20 heures introduit
ainsi à la longue durée des institutions, de l'économie et
surtout à la vie non officielle des mœurs. Là palpite la
possibilité d'une servitude volontairement renouvelée, autant
que la rébellion sans cesse recommencée de quelque Matriona
soljénitsynienne.
   Iouri Afanassiev n'a pas été dissident, il a raté l'heure des
samizdats, l'épopée des révoltes les plus solitaires. Et il explique
franchement comment. Il anime la seconde vague, celle des
cadres contestataires, il saisit au vol les premiers et timides
ébranlements gorbatchéviens pour rejoindre et entourer Sakharov, avec qui il fonde et « dirige » le Mouvement démocratique. Dès lors, son évolution intellectuelle s'avère fulgurante

et ses ruptures décisives. Les lecteurs curieux se reporteront avec intérêt aux bonnes pensées qu'il égrenait en 1989 dans sa conversation avec Jean Daniel. Les interlocuteurs baignaient encore dans l'eau douceâtre d'un hypothétique socialisme à visage humain, vaguement chrétien, sans rivage ni concept. Dans le livre qu'il publie aujourd'hui, Afanassiev liquide le fourre-tout idéaliste où propriété et solidarité, individu et collectivité, société et État se réconcilient sans coup férir pour l'édification des songe-creux et le passe-temps des démagogues lénifiants. Entre le capitalisme occidental, tel que nous le connaissons, et le socialisme réel qui gouverna l'URSS, il n'existe aucune voie tierce, rien de cette solution « originale » qu'incarna, le temps d'une illusion, Gorbatchev, de plus en plus isolé à l'Est, tandis que l'ovationnaient les gorbimaniaques de plus en plus nombreux à l'Ouest. Qu'elle se réclame de la terreur scientifique, qu'elle tente de mimer la démocratie, qu'elle fabrique un trompe-l'œil à coups de bons sentiments, l'expérience marxiste, selon Lénine ou Staline, Trotski ou Brejnev, Castro, Mao, Menghistu ou Gorbatchev est définitivement une allée qui ne mène nulle part, le plus court chemin d'une tombe à une autre, d'un mausolée à l'intervention des chars.

Le regard froid de l'historien constate. L'engagement lucide fait front et assume, sans l'illusion d'un prompt rétablissement, un échec qui balaya le siècle. La Russie revient de loin. Elle entame une longue traversée solitaire qui devrait la mener aux verts pâturages d'une société de consommation dont les imperfections se laissent d'autant mieux critiquer que le citoyen qui en jouit oublie les tragédies qui la rendirent possible : travail des enfants du siècle passé, prostitutions, exodes, transplantations, guerres civiles, nationales, voire mondiales. La route qui conduit au capitalisme « à visage humain » de l'Europe des Douze ne fut pas semée de roses. Les populations de l'ex-Union soviétique sont confrontées à des calamités dont l'expérience relève, pour un habitant de Paris ou de Londres, de la lecture de Zola et Dickens. Le voyage pour Cythère commence par la galère. Le citoyen de Pétersbourg et de Kiev ne dispose ni de garde-fou ni de garanties, sinon nominaux, pas de sécurité sociale effective, pas de système efficace de soins et d'assistance égal et gratuit, pas d'école laïque (non marxiste), peu de psys et de sociétés de bienfaisance, aucune de nos protections minimales. D'où l'extrême violence tapie dans les terres dévastées des idéologies foudroyées. Elle affleure dans les rapports individuels entre l'homme et la femme, de parents à enfants. Elle régit les microcosmes de la vie quotidienne. Elle hante le macrocosme de la vie politique. À Moscou, les passants citent Pouchkine : « Que Dieu nous garde de la révolte du peuple russe, elle serait horrible et sans pitié. »

Afanassiev n'est pas historien d'un côté et démocrate engagé de l'autre, mais les deux en même temps et pour un motif unique : seules la mémoire et l'analyse de ce qui fut peuvent en prévenir le retour. Sans quoi de clinquants slogans volent (« Grande Russie », « Communisme mondial », enfin « société de Marché »), tandis que les voies et les moyens inchangés du grand élan programmé accumulent, autoritairement, victimes et éclopés. Le peuple russe n'est malheureusement pas sorti de la nasse : vestes retournées et discours inversés, les nomenklaturistes de toujours se proposent à nouveau « ingénieurs des âmes », tandis que de nombreux citoyens, les corps fatigués et l'âme morte, ne se sentent exister que dans une relation de maître à esclave : « Le plus grand plaisir et la plus parfaite allégresse, écrit Hobbes, viennent à l'homme de ce qu'il en voit d'autres au-dessous de soi, avec lesquels, se comparant, il a une occasion d'entrer en une bonne estime de soi-même. » Boukovski, à peine échappé des geôles de Brejnev, me confiait que l'ultime principe de plaisir gouvernant l'URSS est l'oppression du plus petit que soi. Il appelait cela « la loi du dernier ».

En relevant combien l'*Homo sovieticus* persiste sous et à côté de l'insurgé d'août 1991, Afanassiev ajoute une nécessaire apostille aux considérations de La Boétie sur la *Servitude volontaire* : la participation, tantôt enthousiaste, tantôt béate ou passivement complice, des populations civiles aux crimes qu'en leur nom l'on perpètre sur et contre elles demeure le ressort évident des tragédies du siècle. Nombreux sont les nostalgiques qui soupirent : comme nous étions fermement dirigés sous Staline! Combien nous coulions des jours heureux sous Brejnev! La misère, les prisons, la corruption et nos médiocrités étaient moins insupportables, plus douces tant qu'il fut loisible de fermer les yeux!

Quel chaudron de sorcière gigantesque bouillonne aux portes de notre Europe sage, nantie, prospère et policée! L'auteur de ce livre, avec une sérénité qu'on devine crispée, procède à l'examen des lieux. Il est député, peu porté par sa fonction à dénigrer ses électeurs et son pays, mais pas disposé non plus à flatter indûment sa patrie en idéalisant des ancêtres que seules auraient défigurés influences et idées extérieures.

Il se réclame de Tchaadaev, dont la première *Lettre philo-sophique* en 1829 diagnostiqua, *sub specie æternitatis,* la maladie spécifique d'un rapport noué, fasciné et horrifié, à l'Occident. Une double pulsion d'envie et de haine, de conver-sion et d'aversion attachait l'intelligentsia aux Lumières de Londres, Paris, Berlin. La cour condamna l'auteur comme malade mental et mauvais patriote. Après un temps d'enfer-mement, il répliqua : « C'est une très belle chose que l'amour de la patrie, mais il y a quelque chose de mieux que cela, c'est l'amour de la vérité. » La fière formule de *L'Apologie d'un fou* pourrait ouvrir le présent essai. La coupure irréver-sible entre la période gorbatchévienne et le moment eltsinien tient dans l'écart entre la glasnost et la perestroïka, dans l'intellection du désastre enfin avoué et reconnu tel quel (les yeux ouverts de la glasnost-publicité) sans adoucissants ni tranquillisateurs, fini le Valium à haute dose de la perestroïka jadis promise (rêve éveillé d'une restructuration garantie).

L'intelligence russe examine, depuis trois cents ans, si et comment elle s'affirme européenne. En despote ou en serve, colonisatrice ou colonisée, dans le sillage d'un César rétablis-sant l'ordre à Paris et Dresde, par les flammes d'une révolution incendiant Varsovie et Berlin ou dans la flemme du quidam dégustant son hot dog aux tables du centième Mac Donald's quadrillant l'ancienne capitale de la moitié du monde? De l'oblomovtchina apathique au terrorisme pur et dur, les ava-tars tragiques et comiques de cette occidentalisation à marche forcée furent pointés par Custine, Marx et Soljenitsyne. À leur suite, Afanassiev définit un modèle proprement « eura-siatique » – ni vraiment européen, ni tout à fait oriental – de despotisme bureaucratique et militaire. Il perdure depuis l'empire tsariste, tandis que Lénine, Staline, Brejnev, Gor-batchev et, peut-être, Eltsine, se transmettent ou s'arrachent les rênes d'un pouvoir demeuré, à leur insu, inchangé dans sa structure profonde.

L'auteur du *Capital* en avait proposé une critique si polé-mique que les services américains publièrent les imprécations de saint Karl au plus fort de la guerre froide, à titre de contribution à la propagande antisoviétique. L'auteur de *L'Ar-chipel du goulag* réitéra la philippique, mettant à nu la constante qui, de Pierre à Vladimir et Joseph, noue les projets les plus éclairés aux techniques les plus dévastatrices. La volonté entêtée et autocrate de rattraper et dépasser l'Europe moderne à n'importe quel prix a-t-elle fini de creuser et de rouvrir l'abîme « eurasiatique »? S'acharne-t-on à effacer, dans l'ex-URSS, les slogans et les traces du passé pour, derechef, recommencer? Ce livre s'adresse aux vigilants.

La question russe n'est pas russe mais mondiale. L'occidentalisation anti-occidentale tentée sous les couleurs du marxisme-léninisme diffère-t-elle dans sa stratégie dominante et ses passions fondamentales des révolutions conservatrices et intégristes que suscitent à répétition les métropoles éclairées, Paris, Londres et New York, lorsqu'une culture périphérique s'affronte au défi des Lumières et de la corruption modernes? L'Allemagne hier, le pourtour méditerranéen aujourd'hui, un tiers-monde à géométrie variable toujours, tels sont les éternels bancs d'essai des terribles bonds en avant façon soviétique. La partie qui se joue à Moscou est exemplaire et décisive pour l'ensemble de la planète.

Sommes-nous, Européens de l'Ouest, capables d'évaluer les enjeux de l'immense bataille, de débrouiller les investissements croisés, les intérêts contradictoires grouillant derrière des mots d'ordre catégoriques et creux? Peut-être, à condition de consentir à penser contre nous-mêmes. Probablement oui, si nous nous déterminons à remettre en chantier nos vœux et nos concepts, celui de terminer-les-révolutions, celui d'en-finir-une-fois-pour-toutes avec la violence et l'inégalité, celui de la der des der. « Il y a des moments dans la vie où la question de savoir si on peut penser autrement qu'on ne pense et percevoir autrement qu'on ne voit est indispensable pour continuer à regarder ou à réfléchir », écrivait Michel Foucault.

Qui creuse l'énigme russe bute forcément sur le mystère occidental, il court, depuis l'agora athénienne, de l'indépassable oxymoron politico-métaphysique des « révolutions démocratiques » à la croix économico-théologique de « l'éthique du capitalisme ». La difficulté « russe » d'exister nous dévisage sans pudeur, elle n'est pas exotique, elle renvoie à notre histoire, elle nous dit d'où nous venons et qui nous sommes. Raison pourquoi sans cesse nous inclinons à la fuir.

André GLUCKSMANN

Introduction

RETOUR VERS LE FUTUR

Le « putsch » et la révolution d'août sont désormais « entrés dans l'Histoire »... Du même coup, l'État totalitaire qui s'était baptisé l'« Union des républiques socialistes soviétiques » a quitté la scène.

Avec la reddition des « putschistes », ce sont deux échecs historiques majeurs que le monde vient d'enregistrer : celui du régime communiste, et, parallèlement, celui du dernier empire moderne, l'empire russe. Il s'agit de deux processus autonomes bien qu'ils soient imbriqués, de même que l'empire russe restait contenu dans l'Union soviétique. Ces deux histoires non synchrones ont trouvé une fin commune qui fait de cet événement du 22 août 1991 un phénomène original, sans aucune analogie dans l'Histoire.

D'où un certain vertige : on proclama officiellement la victoire de « la révolution démocratique ». Tout d'un coup, nous nous sentions obligés de recourir à ce mot fétiche de « révolution ». Retour à la case départ : l'édifice communiste se brise, avec toute sa rhétorique révolutionnaire pétrifiée, et pourtant il faut bien donner à cet événement aussi le nom de révolution...

Par l'élection démocratique du 12 juin 1991 [1], le peuple russe avait pris congé de la dictature, fait preuve de sa maturité, de son désir de prendre sa place parmi les peuples civilisés. En août, il a confirmé ce choix.

Mais nous, Russes, nous les ex-Soviétiques qui venons de vivre ces événements — nous avons tous été acteurs et témoins

---

1. L'élection au suffrage universel de Boris Eltsine à la présidence de Russie. (Toutes les notes de cet ouvrage sont du traducteur.)

de notre révolution, à des degrés divers –, nous disons, encore une fois : « Assez parlé du passé! »

De tous côtés on l'a entendu répéter, et dès septembre 1991 : « Assez discuté de ce qui s'est réellement passé en août! Il y a bien d'autres problèmes à l'ordre du jour! Confrontons-nous à la nouvelle réalité, à l'hiver qui vient, à tout ce qui doit garantir désormais aux citoyens une vie normale... »

Oui, moi aussi je trouve ce genre d'injonctions aujourd'hui tout à fait fondé. Et pourtant nous aurons à y revenir, et plus d'une fois, sur ces événements d'août. Faute de quoi, c'est de l'avenir que nous ferions encore « table rase »...

Derrière le show, quelle révolution?

Comme acteur de cette histoire, et comme historien, je pense que nous avons besoin d'en savoir beaucoup plus sur nous-mêmes : au-delà du mensonge et de la légende, il est vital que nous essayions de saisir le sens de ce qui s'est passé dans l'histoire russe, et soviétique, et dans ces années dites de la perestroïka.

Prenez les événements d'août 1991, le « putsch » : certains en sont, maintenant, à se demander si nous n'avons pas assisté à un simple show télévisé, à une nouvelle mise en scène pour habiller un changement d'équipe programmé par avance, dans notre dos...

Avons-nous vraiment fait notre révolution, ou bien avons-nous été embarqués dans un nouvel événement-fiction?

Non. Ce qui s'est passé durant cette semaine d'août ne relève pas de la fiction. Ce putsch d'opérette qu'on nous a joué visait à arrêter un mouvement bien réel, celui de la révolution démocratique : on prétendit une fois encore nous interdire de « choisir la liberté », comme j'en avais prévenu les militants de Russie démocratique au mois de février [1].

Mais il faut garder à l'esprit toutes les questions qui restent posées depuis lors concernant l'étrange incapacité des conspirateurs, et l'étonnante impréparation des démocrates qui leur ont tenu tête. Finalement, quelles nouvelles alliances se sont-

---

1. *« Allons-nous choisir la liberté? »* est le titre de l'adresse solennelle lancée par Iouri Afanassiev le 15 février 1991, lors du coup de force soviétique à Vilnius. Il appelait à une coalition antitotalitaire, contre le tournant conservateur du « camarade-empereur », contre la réaction néo-bolchevique et les hommes du complexe militaro-industriel.

elles alors formées entre certains hommes du nouveau pouvoir démocratique et divers secteurs de l'ancienne nomenklatura?

À propos d'août, nous sommes loin d'avoir tous les éléments en main pour juger. Mais je tiens à présenter ma version des faits, et mes premières hypothèses.

Derrière l'URSS, quelle Russie?

De la même manière, avant d'évoquer les entraves qui nous maintiennent dans un cercle vicieux fatal et interdisent le passage à une nouvelle époque, je reviendrai sur ma vision de notre histoire, russe et soviétique.

Je suis loin de vouloir uniquement noircir le tableau de l'histoire de la Russie. Nous sommes une grande nation, peuplée de gens admirables. Nul ne saurait oublier que l'exploit guerrier dont elle fut capable – et dans quelles atroces conditions! – face aux nazis restera une contribution décisive à la cause de la vie sur cette planète.

Nous verrons en quoi l'histoire de la Russie diffère de celle des autres nations d'Europe, en quoi consiste à proprement parler le fameux « malheur russe ». Notre peuple est « d'une patience infinie », c'est vrai. Mais, comme on commence à le savoir aujourd'hui, il ne s'est jamais tu. L'esprit de résistance à toutes les formes d'anti-humanisme que nous avons subies ne s'est jamais avoué vaincu.

Il doit aujourd'hui affronter les risques d'un retour à des traditions « impériales » dépassées, fût-ce sous la forme d'une nouvelle république de Russie « une et indivisible »... qui ne respecterait pas les droits des minorités...

Et quelle « privatisation » de l'économie?

Nous avons à reconquérir toute notre histoire, qui nous réserve, nous le verrons, bien des surprises. Et notamment – c'est en effet commandé par les urgences qui nous assaillent –, nous devons étudier la nature historique de ce système économique et social qui nous a conduits au marasme et plongés au cœur du désastre actuel. Nous devons analyser pourquoi et comment toutes les tentatives de réforme et de modernisation d'un tel système ont jusqu'à présent échoué. Il faut cerner notre mentalité d'homme soviétique, nos déformations programmées, dont nous devons guérir. Il s'agit de mieux mesurer aussi l'écart entre la façade de l'économie verticale et son fonctionnement réel, de savoir de quelle économie nous parlons et de ce qui s'était mis en place, bien avant les bouleversements des derniers mois : « marché noir », « économie grise », « horizontale », « transversale » ou « parallèle ».

Quelle « restauration » peut-il y avoir chez nous d'un capitalisme qui n'y a jamais existé? Nous devons comprendre comment, aujourd'hui, de « nouveaux boyards » issus de la nomenklatura, comment des hommes du complexe militaro-industriel notamment, peuvent concevoir et pratiquer – à leur façon – la « privatisation » de l'économie « socialiste ». Nous devons réaliser à quel point, à l'ombre de l'économie totalitaire, le troc, le marché noir et ses mafias ont généré, depuis longtemps, un marché sauvage « à la russe », qui présente des aspects positifs, mais d'autres aussi très dangereux.

Il faudra bien, pourtant, promulguer l'amnistie des crimes économiques, avant d'en venir, sur une base légale et moralisée, au code d'éthique de la Russie libérale, qui proclame, lui aussi : « Enrichissez-vous! »... Nous devons savoir que le capitalisme moderne ne se décrète pas et que, pour permettre cette libération par la propriété privée, la privatisation doit s'accomplir, et qu'il y aura une part de « sale travail » là-dedans... Mais avec quelles garanties de droit et de transparence?

Faute de cette transparence, que deviendra le nouveau pouvoir démocratique du « tsar populiste » Eltsine et de son équipe hétéroclite, soumise à toutes les dérives nationalistes et autoritaires? Et, plus profondément, faute d'un long et douloureux travail sur nous-mêmes, faute d'un « développement intérieur » de l'éthique de la démocratie, pourrons-nous enfin répondre à l'appel de Tchaadaev et « réarrimer la Russie à l'humanité »?

Comme on le voit, ces retours sur les profondes racines chez nous du despotisme ne seront pas faits pour le plaisir de se replonger dans des détails historiques sans conséquence. Ils sont nécessaires pour comprendre les conditions dans lesquelles, désormais, nous, Russes, nous devons vivre. Et agir.

I

HISTOIRES D'UN PUTSCH
HISTOIRE D'UN DEUIL

Ce que nous avons vécu en août 1991 n'avait rien d'un putsch. Ce fut le dernier hoquet d'un système qui a fait du mensonge historique une véritable industrie.

Ce que nous avons vécu en août 1991 ne fut pas un putsch, mais un point final : ce fut le couronnement logique de toute la politique de Gorbatchev qui a porté ce nom de « restructuration » : la « perestroïka ». Logiquement, sur cette page d'histoire, à la place du point qui devait conclure cette action visant l'impossible réforme du système soviétique, s'inscrivit donc ce gros pâté, abominable et honteux : le prétendu « coup d'État ».

1

LEUR DERNIER MENSONGE

À s'en tenir au point de vue habituel sur ces événements, à tenter d'analyser ces quatre jours du 18 au 22 août 1991 en termes de « complot », de « putsch », de « coup d'État », on se retrouve toujours devant une foule de questions simples, mais sans réponse.

Un putsch d'opérette

Par exemple : comment se fait-il que la future « junte » du *GuéKaTchéPé*[1] n'ait pas, dès la nuit du 18 au 19 août, tenté de faire couper les lignes téléphoniques de ses futures victimes? Ces « golpistes » n'ont touché à aucun des moyens de communication à Moscou, ni dans la région de Moscou ni nulle part ailleurs où l'on devait évidemment s'attendre à quelque réaction après l'annonce du coup d'État.

Pourquoi aucun de ceux qu'on savait capables d'agir contre les factieux n'a-t-il été arrêté? À commencer par Eltsine, Popov, Sobtchak... Et jusqu'à des centaines et des milliers d'autres, connus ou moins connus, mais dont les listes étaient parfaitement établies, en double exemplaire, au KGB comme au ministère de l'Intérieur?

Il est évident que les « organes compétents » auraient pu, à leur demande, s'emparer de tous les dirigeants du Mouvement démocratique (à l'exception peut-être de ceux qui ne se trouvaient pas dans l'une des capitales).

---

1. Le « comité d'État pour l'état d'exception » comprenant le vice-président de l'URSS, le Premier ministre, les ministres de la Défense et de l'Intérieur, le président du KGB, etc.

Le général-major Karpoukhine, commandant la célèbre division Alpha du KGB chargée de ce genre d'opérations spéciales, ne s'est pas fait prier pour le dire, très ouvertement. Pour lui et ses hommes, s'emparer de Eltsine à Moscou ce matin-là [1], à n'importe quel moment sur son trajet vers la Maison blanche du Parlement russe ou avant même qu'il n'entre dans Moscou, ne lui aurait pas coûté la moindre peine. Les moyens pour le faire étaient à sa disposition.

Le KGB connaît toutes les adresses des acteurs du drame. Ses moyens techniques suffisent amplement pour dépêcher sur chaque objectif deux ou trois hommes chargés de procéder à l'arrestation. Et remarquez bien qu'à ce stade il n'est pas nécessaire d'exécuter les prisonniers. Le général Jaruzelski en a fait la démonstration, variante polonaise : presque tous les dirigeants de Solidarność ont été internés en une nuit et ont passé un certain temps en prison. Pourquoi nos « putschistes » n'ont-ils pas même amorcé ces procédures classiques des états de guerre ?

Foros, villa des mystères

Quant à Gorbatchev, pendant ce temps-là... dans sa villa-forteresse de Foros, en Crimée, a-t-il été vraiment assiégé ? Ou ne serait-ce que réellement isolé ? Officiellement, il avait conservé près de lui une garde armée de plus de trente hommes. Ce n'est pas si mal. Ses gardes disposaient de moyens de transport. On dit même que ces gens « coupés du monde » pouvaient à leur gré circuler, parcourir plusieurs kilomètres pour appeler d'une cabine téléphonique. Ils pouvaient parfaitement se rendre à Yalta, et même plus loin. Mais croyez-vous qu'avec tous ces moyens et ces hommes armés, et bien entraînés, Gorbatchev ait tenté une sortie pour gagner un aéroport ?

On a affirmé que le système de liaisons téléphoniques avec le Kremlin et d'autres centres de liaison avait été coupé. Mais le responsable de l'installation de ce mini-central, lui, a déclaré qu'il était impossible en fait de couper toutes ces lignes

1. Le président russe élu, Boris Eltsine, se trouve à l'aube du 19 août dans sa résidence officielle d'Arkhangelskoe, à plus d'une demi-heure du centre de Moscou... où il a convoqué d'urgence tout son état-major politique et militaire (et le maire de Pétersbourg, Sobtchak). Tous, de concert, et sans encombre, se rendront au Parlement russe vers 9 heures.

secrètes, très nombreuses, sans saboter l'appareil installé...
dans la villa elle-même.

Non : la version de la captivité de Foros que l'on continue
de nous chanter conduit plutôt à imaginer que si des télé-
phones de la datcha présidentielle ont été coupés, c'était pour
couper court aux soupçons sur une responsabilité du « prison-
nier » dans le prétendu « putsch » de Moscou. Ce seul geste
a permis d'afficher que Gorbatchev « était isolé, soumis à un
blocus total, sans aucun moyen de communication »...

Il y a aussi la fameuse expédition du général Routskoï [1] :
trois dizaines de personnes décident d'aller libérer Gorbatchev... Elles sautent dans le premier avion... Si, réellement,
des détachements militaires et des spécialistes du KGB assié-
geaient alors le président soviétique, on peut douter qu'une
opération si improvisée ait eu la moindre chance de succès.
Pourtant, Routskoï a narré avec beaucoup de franchise les
conditions de son raid : débarqué en Crimée, il se trompe à
un croisement et un agent de la circulation lui indique,
benoîtement : « Pour la datcha, c'est pas par là, c'est au
croisement d'avant... » Et notre petit détachement, Routskoï
à la tête des troupes, de rebrousser chemin : on suit les
indications du pandore... et on ne croise pas un seul garde !
Pas la moindre petite tentative d'interception des « libéra-
teurs » !

Eltsine contre GuéKaTchéPé en direct à la télévision

En ce qui concerne la presse et les médias, c'est encore
plus lunaire. La « junte » annonce officiellement la fermeture
de toute une série de journaux et de programmes télévisés
pour Moscou ou la Russie. On dit que cette décision a été
prise. En tout cas, les factieux ne font pas le moindre geste
pour gêner l'édition et la diffusion des journaux interdits. À
moins... à moins qu'ils n'aient pas vraiment voulu s'y opposer?
L'impression des *Izvestia* – à cinq millions d'exemplaires! –
a continué sans aucun problème. Et ces cinq millions d'exemplaires furent acheminés dans tous les coins du pays. On peut
y lire les décrets pris par Eltsine contre le « putsch »! Le plus
comique : la manchette des *Izvestia* titrait sur l'interdiction...
des *Izvestia*.

1. Célèbre colonel de la guerre d'Afghanistan devenu vice-président de
Russie aux côtés de Boris Eltsine. Un des participants de la réunion matinale
d'Arkhangelskoe, le 19 août.

La télévision, en principe, avait été réduite à une unique chaîne bien-pensante. Mais cette chaîne, après avoir diffusé cette fameuse conférence de presse des « putschistes » – une prestation si révélatrice : ces gens suintaient la honte face aux caméras... –, cette chaîne autorisée montra ensuite Eltsine lisant son appel au peuple, du haut de son tank, devant le bâtiment du Parlement russe. Tout le pays l'a vu, de ses yeux vu, et a pu apprécier la scène le jour même!

Bref, toute l'information indispensable pour s'opposer à la « junte » a été transmise immédiatement dans toute l'Union soviétique par la télévision officielle. Qui plus est, cette chaîne a diffusé tous les jugements, officiels et officieux, y compris les plus sévères, émis à l'étranger sur le compte de la « junte » : les gouvernements, américain et allemand notamment, dénoncèrent le caractère illégal, anticonstitutionnel, du *GuéKa-TchéPé*... Et la télévision soviétique de le souligner, sans faire un pli. A-t-on jamais vu un tel « coup d'État »?

On peut espérer bien sûr que des journalistes de télévision, y compris sur cette première chaîne, étaient prêts à risquer leur vie au nom de leurs convictions de citoyens. On peut imaginer que, dans les circonstances, ils aient été en mesure de forcer l'accès au direct avec de telles informations, bravant leur direction. La probabilité de telles improvisations – et de leur diffusion continue! – est négligeable dans le cas d'un véritable état d'exception. Mais de tels exploits, de telles opportunités ne furent guère nécessaires : on doit supposer, simplement, qu'aucune mesure de censure n'a été prise alors à la télévision.

Du point de vue militaire, les divisions blindées ont été mises en état d'alerte, et certaines dirigées sur Moscou... sans que leurs commandants aient été mis au courant de leurs objectifs... C'est ce qu'ont assuré ces commandants, y compris ceux qui se sont retrouvés dans leurs chars au pied même de la Maison blanche, jurant ne rien savoir de ce qui avait bien pu les conduire jusque-là! Et, finalement, l'ordre « suicidaire » d'évacuer Moscou a bien été donné. Mais par qui?

Les hommes du camarade-président

Enfin, parmi des dizaines d'autres questions, il faut encore souligner la plus importante : comment ont pu se retrouver dans ce « coup d'État » tous ceux qui étaient déjà au sommet de l'État et du Parti : ministres de la Défense et de l'Intérieur, chefs du gouvernement et du KGB, tous autour du vice-président de ce même État...? En fait, on ne peut parler de « coup d'État » qu'en négligeant ce léger détail : tous ces gens, qui avaient déjà été nommés à la tête de l'État par Gorbatchev, sont allés voir Gorbatchev et discuter avec lui à la veille même de leur coup. Que cette conversation ait mal tourné, c'est Gorbatchev qui le dit. Sur le contenu de cette discussion et ses conclusions, nous en sommes réduits à son seul témoignage. De fait, leur « coup d'État » accompli, et avorté, les mêmes ont repris le même avion... Fuyant vers qui? Vers l'homme de Foros! Inutile d'en rajouter : la thèse du « coup d'État » laisse toutes les questions en suspens.

Mais si l'on considère au contraire ces événements comme la conclusion naturelle et logique de la politique gorbatchévienne, ces questions – ou du moins la plupart d'entre elles – tombent d'elles-mêmes.

Il paraît clair que tous les dirigeants qui ont pris la responsabilité des événements d'août 1991, et Gorbatchev avec eux, allaient très consciemment, depuis des mois, droit vers un dénouement de ce genre.

Il ne faut pas se contenter des formules toutes faites sur les « hésitations » de Gorbatchev, son légendaire esprit d'indécision. On s'en tient généralement là parce que la chronique des événements l'a mis en valeur : « l'inconséquence politique » de Gorbatchev, son penchant pour la droite, ses retours réguliers vers les conservateurs communistes, furent une constante de toute la période. Assurément, c'était de l'inconséquence, des contradictions, une politique superficielle... Mais derrière toutes ces inconséquences, il y avait un but, une méthode, des manières de procéder qui ont un contenu politique précis : il y avait la volonté de « restructurer » sans transformer, de conserver les bases de ce régime qui s'est enkysté chez nous depuis plus de soixante-dix ans.

« Tout changer pour que rien ne change », telle fut la perestroïka de Gorbatchev, courant vers une fin annoncée.

2

L'ŒUF DE MIKHAÏL GORBATCHEV

Si je ne me trompe, c'est Michel Heller qui a proposé ce paradoxe, désormais célèbre, du perfectionnement de la forme de l'œuf : quelle que soit la façon dont vous tentez de perfectionner l'œuf en lui donnant une nouvelle forme, vous devrez de toute manière le casser; mais si vous avez besoin de conserver l'œuf, vous ne pourrez pas en rectifier la forme. C'est exactement ce qui s'est passé sous nos yeux avec l'œuf soviétique.

Il faut un effort pour s'en souvenir aujourd'hui : dans la première interview qu'il donna en août 1991 à son retour de Foros, Gorbatchev répéta, avec force et conviction, qu'il était « possible, et même indispensable, de réformer le Parti », qu'il fallait s'accrocher à « l'Idée socialiste »... Après tout ce qui s'était passé – « putsch » et révolution démocratique –, Gorbatchev s'acharnait à proclamer, *urbi et orbi,* sa foi inchangée dans les certitudes archaïques sur lesquelles il avait fondé sa politique.

La voie monarchique vers « l'avenir radieux »

Si l'on se remémore tous les jalons qui ont marqué l'involution de la perestroïka avant le « putsch », on réalise avec quelle fermeté, avec quelle suite dans les idées, la tentative de coup d'État a été préparée. Plus d'une fois on a dénoncé, plus d'une fois il m'est arrivé de publier, le fait que Gorbatchev instituait un régime de pouvoir personnel, pseudo-constitutionnel. Tout d'abord, il a créé, spécialement à sa mesure, le poste de président de l'URSS, réforme adoptée à la hâte, au prix de grossières entorses de procédure parlementaire. Puis on a élargi les pouvoirs qui lui étaient accordés, au mépris des règles élémentaires du droit. Ont suivi des oukazes qui contredisaient la Constitution. Cette institution progressive – et pseudo-juridique – d'un régime de pouvoir personnel était la voie de Gorbatchev vers le but qu'il se proposait.

Notez bien que tous les acteurs du prétendu putsch n'étaient pas seulement des membres de la haute nomenklatura du Parti, formés à l'école du Politburo et du secrétariat du Comité central. C'étaient aussi des hommes de Gorbatchev, placés par lui aux plus hautes fonctions. Et il n'a pas subi leur promotion : au contraire, il n'a pas ménagé ses efforts, il a fallu qu'il se décarcasse pour les hisser au premier rang. Beaucoup de Soviétiques ont gardé en mémoire le combat entêté que le président-secrétaire général a mené pour que Pougo, Iazov et Ianaev soient confirmés à leur poste. Et comment il a insisté pour faire de Pavlov son Premier ministre, lui dont le credo était : « Le système est bon, c'est le peuple qui est pourri... » Krioutchkov lui-même, c'est bien à Gorbatchev qu'il devait la direction du KGB.

Ma rencontre avec les « putschistes »

À part le soutien de Gorbatchev, ce que tous ces hommes avaient en commun, c'étaient la fadeur, la grisaille typiques de la nomenklatura, un itinéraire qui n'a rien de personnalisé. Ce qui les rassemblait, c'était leur allégeance commune au « socialisme réel », donc à la personne du secrétaire général.

Il m'a été donné de rencontrer quelques-uns des « putschistes » dans une circonstance particulière. C'était lors de la préparation de la manifestation du 28 mars 1991 à Moscou. La manifestation était prévue pour soutenir Eltsine à l'occasion de l'ouverture de la session du Congrès des députés du peuple de Russie [1]. Le 26, Ianaev me convoque en compagnie de Loujkov, premier adjoint du maire de Moscou, et de Mourachev, secrétaire du mouvement Russie démocratique. Mourachev et moi avions signé l'appel à manifester. Loujkov avait autorisé la manifestation au nom du conseil municipal. Chez Ianaev, nous attendaient Krioutchkov et Pougo. Ianaev

---

1. L'enjeu était de taille : la création du poste de président de la Russie, élu au suffrage universel direct, à laquelle Gorbatchev s'opposait, et qui fut acquise le 5 avril (au lendemain de cette manifestation, et sous la pression aussi des grèves de mineurs).

nous dit qu'il devait nous transmettre un avertissement du président Gorbatchev : au cas où des troubles se produiraient dans cette journée du 28 mars, toute la responsabilité nous en serait imputée à titre personnel. Cette menace fut réitérée le lendemain, publiquement, par le biais des journaux télévisés.

Ce jour-là, nous avons subi une discussion d'une heure et demie avec ces messieurs, nos trois futurs « putschistes ». Nous leur avons répondu que nous serions responsables de notre scénario à nous, mais que nous ne voulions pas répondre du leur. Ils nous ont longuement détaillé comment ils entendaient riposter à d'éventuels débordements : unités spécialisées, canons à eau, camions de sable... De notre côté, nous leur avons demandé quelles mesures ils comptaient prendre pour garantir la sécurité de centaines de milliers de citoyens pacifiques, pour éviter qu'une panique soudaine ne fasse des victimes. Ils s'en lavèrent les mains : aucune mesure de sécurité ne serait prise, nous serions seuls responsables de tout.

Krioutchkov et Ianaev étaient impénétrables, des murs. Je réalisais que ces gens ne comprenaient absolument rien à ce qui se passait dans le pays. Ils pouvaient vous écouter sans vous entendre. Incapables d'analyser les informations dont ils disposaient, ils étaient terrorisés à l'idée d'être confrontés à la population. Cette inquiétude pouvait les conduire aux décisions les plus folles. Je suis porté à croire qu'ils songeaient déjà, dès ce moment-là, à l'état d'urgence. Quant à nous, ce jour-là, pour éviter la confrontation dans la rue, nous dûmes céder sur l'itinéraire initial de la manifestation.

La préparation psychologique du « putsch »

Tout au long de l'hiver et du printemps 1991, on a préparé la population à une suspension des libertés publiques et à la présence de l'armée dans les villes : formation de la division Alpha du KGB, élargissement des fonctions de l'armée, pleins pouvoirs accordés aux officiers des troupes spéciales, les fameux « bérets noirs ». C'est le président de l'Union soviétique qui fit adopter, début 1991, le décret sur les patrouilles en milieu urbain : les miliciens seraient désormais accompagnés de soldats en armes. L'utilisation des canons à eau et des gaz avait été légalisée lors des affrontements de Vilnius, en Lituanie. La société était quotidiennement abreuvée d'informations dramatiques sur le comportement criminel de tel ou tel bataillon de soldats. Les responsables de pogroms n'étaient pas poursuivis... Et le président Gorbatchev et ses ministres d'expliquer au monde entier qu'ils ne savaient rien : rien sur les opérations de maintien de l'ordre, rien sur les méthodes employées, rien sur les troupes engagées dans les pays Baltes et ailleurs... rien sur les ordres auxquels ces officiers pouvaient bien obéir!

Ce cynisme paraît, *a posteriori,* dérisoire. Mais il jouait alors – c'était une lourde menace – sur une psychologie sociale héritée de notre passé, sur une conscience de masse toujours prête à s'incliner devant ces notions habituelles de « soumission », d'« ordre », de « discipline »...

J'ai eu alors plusieurs fois l'occasion de rappeler ce que beaucoup oubliaient, et veulent encore oublier : les structures totalitaires de notre pays n'ont pas toutes été inventées par les bolcheviks, mais aussi développées par eux à partir de traditions russes. Ce n'est qu'au début du XXᵉ siècle qu'ont commencé à prendre forme en Russie les germes d'une société civile, mais dans la majorité absolue de la population se maintenaient encore les schémas du patriarcat, du communalisme [1] et du servage généralisé que le communisme a recyclés. Ce « totalitarisme intériorisé » constitue toujours un danger d'une ampleur inouïe par la prépondérance de ses stéréotypes de comportement : l'irresponsabilité, l'inertie sociale, les fameux « on » – « on » y pensera pour moi, « on » décidera, « on » fera, « on me doit » mon travail, mon salaire, mon appartement.

Le chantage du complexe militaro-industriel

Dans toute cette dernière période de l'activité de Gorbatchev, on assista à l'éviction progressive au sein de son entourage de tous ceux qui appréciaient la situation avec un minimum de réalisme, et qui ne pouvaient donc que lui conseiller un maximum de transformations. Au nombre des initiateurs de la perestroïka alors mis sur la touche, il y eut Iakovlev, Chevernadze, Bakatine, et, à une certaine étape, Iavlinski. À chaque altercation entre Gorbatchev et Eltsine transparaît à l'époque la volonté obstinée du premier d'éloigner les hommes « de gauche » de tous les leviers de commande

1. La tradition culturelle communautaire, anti-individualiste, née de la « commune » paysanne de base. Voir plus loin « Les racines du despotisme russe ».

pour transférer le pouvoir réel à « la droite ». Au printemps
1991, Gorbatchev ne se gêne plus pour déclarer qu'il est
temps de revoir la loi adoptée en 1989 sur la liberté de la
presse, et que certains partis politiques se conduisent de
manière par trop irresponsable.

Or, en ce mois de mai 1991, se sont réunis à Moscou les
« directeurs des principales entreprises d'État à l'échelon de
l'URSS ». En clair, il s'agit de l'élite du complexe militaro-
industriel. Par la place exceptionnelle qu'il tient dans ce pays
depuis des siècles, ce complexe est encore une de ces spéci-
ficités de l'histoire russe que les communistes ont portée à
son paroxysme. L'État conçu par les bolcheviks pour faire la
guerre au reste du monde a été monstrueusement développé
dans cette perspective. Et nous sommes loin encore à ce jour
d'évaluer toutes les dimensions, ahurissantes, de cette monstruosité. D'autant que généraux et directeurs de ces grands
combinats industriels sont les rois des statistiques caviardées...
C'est de ce côté-là que s'est toujours situé le plus grand
danger pour la démocratie naissante : les généraux à épau-
lettes contrôlent directement les millions d'employés de
l'énorme appareil répressif, tandis que les généraux en civil
ont les mains sur tous les leviers industriels et financiers.

Les déclarations de ces hommes se font à ce moment-là
transparentes : la commission militaro-industrielle présente
littéralement à Gorbatchev son propre plan de réformes économiques, et de financement des programmes militaires. Des
exigences qui ont été, de fait, acceptées par le président-
secrétaire général. Chacun connaît alors les interventions
pseudo-secrètes des futurs « putschistes » Iazov, Pougo et
Krioutchkov dans le pseudo-huis clos du Soviet suprême de
ce mois de juin. Leurs discours sont un ultimatum : « Mettre
un terme à la politique d'indécision, cesser de se laisser porter
malgré soi vers le marché et les changements démocratiques »,
en fait revenir à une époque prégorbatchévienne. Mais ces
interventions ne provoquent aucune réaction de la part dudit
Gorbatchev. Qui pourrait croire qu'il ne les a pas remarquées?

À l'appui de ces discours, une brochette de généraux réputés
durs signent avec Baklanov et Starodoubtsev leur « Appel au
peuple », indigne conclusion d'une série de textes d'écrivains
« patriotes » aux intonations de plus en plus chauvines. Ce
qu'ils exigent, c'est que l'histoire se remette à faire marche
arrière. Et les députés Alksnis, Petrouchenko et Kogan les
épaulent : il faut, d'urgence, rétablir l'ordre.

Poker menteur du « camarade-empereur »

Décidément, cet état d'urgence du mois d'août a été planifié de longue date. Il entrait en grande partie dans les faits dès avant le « putsch », avec la bénédiction de Gorbatchev. De celle-ci, nous avons d'ailleurs un aveu. Réunissant les « présidents » des républiques autonomes, le 19 août, pour les mettre dans le coup, Ianaev laisse échapper : « Gorbatchev est au courant. Il nous rejoindra plus tard. »

Mais admettons que soient apparues, tardivement, quelques divergences entre Gorbatchev et le groupe des « putschistes ». Si divergences il y avait, elles portaient sur des points de détail, sur telle ou telle méthode, ou peut-être sur la personne. Certains ont pu préconiser une prolongation de la session du Soviet suprême pour faire adopter sur-le-champ les pouvoirs spéciaux par sa majorité conservatrice. Et Gorbatchev a pu juger cet empressement panique hasardeux ou stupide. Il n'est donc pas exclu, à ce moment du moins, que certains « putschistes » aient envisagé d'écarter définitivement du jeu « leur » secrétaire général. Ce calcul pouvait intégrer l'incroyable impopularité accumulée par Gorbatchev. Une image qu'on pouvait dès lors retourner : le peuple ne descendra pas dans la rue pour sauver l'homme du grand désordre et des magasins vides. Puisque le Comité central est acquis; et qu'en province, les comités de Parti ne sauraient broncher...

Ce ne sont que suppositions : nous n'avons nul témoignage de ces supputations entre conjurés, et ce n'est pas au jeu des devinettes que s'analyse l'Histoire. On peut en revanche s'en tenir fermement à cette constatation : à compter de septembre 1991, il n'aurait plus été possible de maintenir dans ce pays le régime « socialiste » sans recourir massivement à la force.

Pendant l'hiver 1991, on pouvait encore penser que Gorbatchev ne donnait du pouvoir aux conservateurs que pour équilibrer la pression des démocrates, qu'il ne renforçait le Parti que pour mieux résister à Eltsine. Mais, dès le printemps, il était devenu évident que les trois mouvements de masse qui s'opposaient à Gorbatchev, à savoir le Mouvement démocratique, les divers mouvements de libération nationale et le très puissant Mouvement des ouvriers animé par les mineurs étaient sur le point de parvenir à un accord tactique. Les discussions entre les dirigeants de ces trois mouvements sont restées informelles, mais la population ne s'y est pas trompée :

elle a voté massivement pour Eltsine et ses amis le 12 juin
1991.

Face au premier président élu démocratiquement en Russie,
Gorbatchev joue alors, dans sa datcha de Novo-Ogarevo, à
la réforme de l'Union entre les républiques. Du moins avec
celles qui acceptent, traînant les pieds, de négocier encore
avec lui : les « 9 » + 1, lui. Notez qu'au passage, s'il est
contraint de faire des concessions aux divers représentants
des républiques, il prétend notamment le faire en échange
d'un arrêt des grèves, et même de leur interdiction par la loi.
Dans le document final du traité de Novo-Ogarevo, on peut
lire que les instigateurs de mouvements de grève sont... « les
ennemis de la classe ouvrière »! Alors la grève générale de
Biélorussie s'interrompt, les mineurs de Sibérie sont déso-
rientés, ceux du Donbass s'essoufflent. Je me souviens qu'à
ce moment nous avons critiqué Eltsine, l'accusant d'avoir,
d'une certaine façon, trahi les mineurs.

Mais derrière la façade des négociations et du nouveau
traité de l'Union qui doit, en principe, être signé fin août,
Gorbatchev tente une manœuvre plus délicate : il prend ses
vacances. Vraisemblablement, du fond de la villégiature où
il s'est retiré, il laisse filer le complot, de manière à réapparaître au bon moment, en pacificateur : « Débrouillez-vous;
plus ça ira mal, plus on aura besoin de moi... » Gorbatchev
veut rentrer en vainqueur, en maître. Pour fustiger quelques-
uns de ces « comploteurs », tout en confortant leurs options
fondamentales. Qui sont les siennes.

C'est bien cette figure du « camarade-empereur » qu'on
avait fait mûrir en sous-main, dans la perspective d'une
restauration qui aurait intégré jusqu'aux plus anciennes traditions religieuses et militaires russes, exigeant pour le tsar
sur terre « le sacrement par onction divine ».

En guise de coup de poker, c'est un mauvais *remake* qu'on
veut nous jouer là : Ivan le Terrible se retirant à Alexandrovo
pour que le peuple s'empare des icônes et s'en vienne, en
procession repentante, implorer le retour du tsar...

Mais c'était sans compter avec de nouveaux acteurs montés
sur la scène russe. Entre autres, un acteur presque inouï de
notre histoire : la société russe elle-même.

3

LA « RESTRUCTURATION » À RECULONS

Ce qu'avaient été le dernier secrétaire général, Gorbatchev, et sa perestroïka, et comment tout avait commencé – si timidement –, il nous faut quand même le rappeler. Au-delà des mots pièges et des stéréotypes que chacun s'est forgés pendant ces années charnières, qui furent avant tout celles de la glasnost et d'un long travail de deuil.

Pendant six ans, la société soviétique a été le théâtre de processus très dynamiques, difficiles et contradictoires, dont on ne saurait donner une définition laconique. Le terme de perestroïka – dans son acception la plus large, intraduisible – est entré tel quel, avec celui de glasnost [1], dans le vocabulaire politique international. En lui-même, ce mot ne dit plus rien; il n'a d'ailleurs jamais rien expliqué, puisque la vraie question, soulevée à son corps défendant par le nouveau *Guèn-sek* [2], était : « Qu'est-ce donc qui se " reconstruit " ou se " restructure ", et dans quel but? »

Naissance du pluralisme, implosion des clichés

Pourquoi cette perestroïka a-t-elle apporté, à côté de tant de bonheur, de joie d'avoir recouvré la vue et de pouvoir enfin dire ce qu'on pense, ces tragédies interethniques, ces conflits

1. Autre traduction impossible : la glasnost, c'est le « caractère public » d'un jugement ou d'une décision, leur « publicité », au final l'information libre et la « transparence » des institutions, selon la traduction courante, mais à la lettre inexacte.
2. *Guèn-sek :* abrégé russe courant pour « secrétaire général ». Du Comité central du Parti communiste, de l'Union soviétique, bien sûr.

sanguinaires entre communautés? Comment expliquer qu'au fil de toutes ces années, la situation sociale de citoyens qui vivaient déjà dans des conditions misérables n'a fait qu'empirer? On pourrait allonger sans fin cette liste de questions. À l'évidence, diverses personnes, diverses couches de la société, de culture politique différente, y répondraient de façon diamétralement opposée. Normal : nous sommes différents les uns des autres; c'est ce dont nous avons pris conscience au fil de ces années.

Entre autres mythes, celui de l'unité idéelle de la société soviétique s'est effondré. L'unité politique a disparu et le pluralisme est devenu une réalité dans notre pays. Dans ces conditions, certains entendront par « perestroïka » la démolition du système totalitaire et la transition vers la démocratie. D'autres y comprendront qu'il fallait surmonter les déformations et combattre les vieillissements de la structure, éliminer des détails incongrus, en un mot ravaler la façade de l'édifice socialiste.

Les trois étapes de la perestroïka

Que s'est-il passé en réalité depuis avril 1985? Dans le processus de transformations entamé avec l'autorisation de la nomenklatura du PCUS et qui s'est poursuivi en échappant à son contrôle, je crois pouvoir discerner trois étapes, radicalement différentes. J'appellerai la première de ces étapes (les années 1985-1986) le « nouveau dégel ». La deuxième étape, de 1987 à l'été 1989, peut être désignée à juste titre comme une période de (tentative de) « restructuration du régime », la perestroïka proprement dite. Le troisième stade de transformation se poursuit encore aujourd'hui, après la chute du régime communiste. Il s'agit d'un processus qui demande plus de temps : celui de la lutte de la société pour la démocratie. Comment l'histoire s'est-elle remise en marche en URSS?

Une conscience mystifiée, gagnée par... le rire

Il faut d'abord prendre en compte l'état particulier dans lequel se trouvait la conscience sociale en 1985. Elle était réellement mystifiée. Les idéaux officiels dont on rebattait les oreilles des citoyens quotidiennement, et tout au long de leur vie, étaient en complète contradiction avec la réalité. Les gens en avaient dans l'ensemble une vague idée, mais bien peu mettaient en cause l'idéal lui-même. La puissante machine de propagande parvenait à l'essentiel de ses fins : elle engendrait une conscience mensongère chez des millions de gens qui prenaient pour argent comptant les slogans tels que : « Nous sommes la société de l'égalité sociale », « Nous sommes le peuple le plus cultivé de la terre », « Notre science est la plus avancée », « Nous sommes le régime le plus progressiste du monde », etc.

À l'époque, les contradictions entre l'idéal et la réalité étaient présentées à la population comme le résultat des intrigues ourdies par l'étranger, comme de pures conséquences de « l'agression impérialiste ». Cette agression constante n'était pas seulement – selon cette propagande – la cause du surarmement, c'est elle qui engendrait la plus grande partie des phénomènes reconnus comme négatifs – et censés être d'essence capitaliste – dans la société soviétique elle-même : bureaucratie, spéculations, prévarications, incompétence, etc.

Dans son ensemble, la population attribuait tous ces désordres et dysfonctionnements à un manque de rigueur dans l'application du scénario annoncé, à des retards dans le calendrier des mesures socialistes. Pourtant, les gens étaient fatigués de voir sur le petit écran des vieillards s'échanger des médailles, de voir la belle allure des manifestations politiques et le bel agencement des slogans mensongers. Toutes les informations concernant les réunions du Bureau politique, qui accumulait des décisions sans cesse renouvelées et des discours sans fin, les reportages chantant les victoires sur le « front du travail » avaient cessé même d'agacer le public. Ils faisaient rire.

En marge de ces discours, la société avait conscience que rien ne se faisait de la façon dont le bon sens l'aurait dicté. Mais, paradoxalement, le citoyen moyen affirmait généralement ne pas croire à la possibilité des changements auxquels il aspirait. Certains groupes de hauts fonctionnaires du Parti espéraient la venue d'une direction plus dynamique qui soit en mesure de renforcer le système, de raffermir le pouvoir. C'est la somme de tous ces espoirs que Mikhaïl Gorbatchev se fit un devoir de recueillir, avec sollicitude, dès que les moyens lui en furent donnés.

Un monde où la politique n'existait pas

À quelque niveau que ce soit, les changements n'étaient possibles en URSS que s'ils étaient décidés au plus haut niveau de direction. La société en avait parfaitement conscience, et cela en dépit des affirmations cent fois répétées selon lesquelles c'étaient les dix-neuf millions de communistes, « avant-garde ouvrière » et « porte-voix du peuple tout entier », qui discutaient des principales orientations en congrès, laissant au Comité central et au Bureau politique la tâche de mettre à exécution les décisions prises.

La réalité était exactement à l'inverse. Si l'on comprend sous le terme de « politique » l'ensemble des phénomènes liés à l'expression publique des intérêts des différents groupes sociaux, ainsi que les processus d'harmonisation des rapports économiques, alors il faut avouer qu'un phénomène tel que la « politique » n'a jamais existé en URSS. Il ne pouvait en être autrement dans les conditions du monopole absolu de l'expression publique. Quant à la fameuse capacité supposée d'un parti unique à exprimer les intérêts de toute une nation, elle n'est qu'un mythe de plus parmi ceux qui se sont rapidement écroulés avec la perestroïka.

On manquait de sujets agissants pour une véritable vie politique. Le PCUS n'en était pas un. Ce parti rassemblait des millions de gens, les convoquait régulièrement à des réunions au cours desquelles ils étaient censés débattre et s'interroger sur les problèmes de la société, mais il ne travaillait à aucun programme politique et ne préparait jamais la moindre thèse alternative à celle de la direction. L'élaboration du programme du PCUS revenait exclusivement à un petit groupe de hiérarques dont l'art politique se limitait à celui des manœuvres d'appareil, avec pour but exclusif le renforcement de leur propre pouvoir. Les structures du Parti et les militants de base n'avaient qu'une fonction d'exécution disciplinée de la volonté des chefs. En vertu de règles du jeu admises depuis belle lurette, tous les changements intervenant dans la société soviétique étaient pourtant attribués à l'ensemble du Parti, même si aucun leader n'avait jamais songé à consulter ses troupes.

Les leaders portaient d'ailleurs seuls toute la responsabilité de leurs choix politiques. Il était traditionnel de reporter le poids du négatif présent sur les agissements des chefs du passé. Tous étaient donc coupables, à l'exception de Lénine. Une savante terminologie en demi-teinte servait à désigner les époques maudites : l'époque du « culte de la personnalité », l'époque du « volontarisme », du « subjectivisme »... Sur ce point, Gorbatchev ne déroge pas quand il stigmatise la « période de stagnation » qui l'a précédé. Il confirme la culpabilité de Leonid Brejnev sans mettre en cause la masse des apparatchiks dont il est, lui aussi, « l'élu ».

Le Parti doit rester une entité abstraite, une espèce de divinité collective au-dessus de tout soupçon dont la politique est invariablement sage et clairvoyante. C'est probablement à cette convention tacite que l'on doit l'apparition, à partir de l'automne 1985, sur certains murs des grandes villes, d'un slogan en larges lettres rouges : « Le PCUS est l'initiateur de la perestroïka! » Ah, bon? Pour en avoir le cœur net, revenons aux événements du printemps 1985.

Le nouveau dégel s'inaugure en langue de bois

Le 10 mars mourait Constantin Tchernenko [1], à l'âge de soixante-quatorze ans. Dès le 11 mars se tenait une session extraordinaire du plénum [2] du Comité central, convoquée avec une diligence enviable. On y décida bien entendu de l'élection du nouveau secrétaire général. Andreï Gromyko proposa la candidature de Mikhaïl Gorbatchev au nom du Bureau politique. N'ayant aucune autre alternative, le Comité central vota à la quasi-unanimité pour Mikhaïl Sergueïevitch. On annonça cette élection au pays le 12 mars au matin, en même temps que la mort de son prédécesseur. Le plénum du Comité central de mars se tint donc selon les règles, avec, comme il convient, le premier discours du trône du nouveau secrétaire général. Il ne faut rien chercher dans ce discours qui ne soit tristement rituel, dans le contenu comme dans la forme, et surtout pas l'exposition du moindre programme politique.

Il est convenu de considérer que le point de départ de la nouvelle époque a été le plénum du Comité central convoqué en avril 1985, dont on dit qu'il donna le coup d'envoi à la perestroïka. C'est ce dont nous ont persuadés la majorité des hauts dirigeants, la propagande officielle et le secrétaire géné-

1. Après l'intermède Andropov, ce vieux brejnévien fut le très bref et agonisant prédécesseur de Gorbatchev au poste de *Guèn-sek*.
2. Session plénière du Comité central, avec suppléants et décorum. L'organe souverain du régime.

ral lui-même. La population a fini par s'en convaincre. Qu'en est-il en réalité? Le plénum a été réuni pour avaliser des décisions portant sur des questions de routine, liées aux modalités de la préparation du Congrès : de l'opportunité de réunir le XXVIIe Congrès du Parti et des dates auxquelles il conviendrait de convoquer les délégués, des normes de représentativité des élus, etc. Bien entendu, le plénum « s'acquitta de ce travail avec succès ». Pourtant, il a bien dû se passer quelque chose... Si l'on en croit la version officielle du discours du nouveau secrétaire général, un programme de réformes radicales conduisant à une refonte de la société, à une restauration de la « Maison socialiste », pour le plus grand bien de tous ses habitants, aurait été proposé au PCUS.

Mais que trouve-t-on en fait dans ce premier rapport « historique » de Gorbatchev? Le rapporteur y confirme la priorité stratégique élaborée au XXVIe Congrès du PCUS : « Notre ligne générale est celle du perfectionnement de la société du socialisme développé. » Et, toujours dans l'esprit des traditions impérissables de la direction, il souligne qu'il s'appuie sur la supériorité d'un système qui, en un temps record, a permis un développement économique et social sans précédent, dans un pays dont, « pour la première fois dans l'Histoire, les travailleurs sont devenus les maîtres et les auteurs de leur destin ». Etc. S'agit-il là uniquement de courbettes rituelles? Quelle est la part de conviction? Si l'on a vraiment atteint des sommets de développement, pourquoi une « restructuration » révolutionnaire s'avère-t-elle nécessaire?

Peut-on encore tricher avec le PIB?

En réalité, les dirigeants réformateurs ne peuvent ignorer que le PIB [1] par habitant n'atteint qu'environ 37 p. 100 du niveau du PIB par habitant aux USA. Une telle situation n'autorisait pas l'URSS à prétendre à un statut supérieur à celui d'un pays en voie de développement.

Quelques années plus tard, la glasnost apprendra aux Soviétiques que la productivité du travail avait diminué de moitié au cours de la décennie précédente, que le système de santé publique et celui de l'éducation avaient pris un retard catastrophique sur ceux des pays développés, que seuls les indices

1. PIB, total du produit intérieur brut annuel d'une nation. Les comparaisons Est-Ouest – statistiquement complexes – se faisaient aussi en termes de PNB (produit national brut) dont la définition est légèrement différente.

de production d'énergie hydroélectrique étaient enviables, que la seule parité à laquelle on était parvenu avec les États-Unis était celle des missiles stratégiques...

En avril 1985, Gorbatchev parle dans des termes vagues de l'apparition de nouvelles difficultés et de la recrudescence des « phénomènes négatifs ». Il affirme que depuis 1983 – en clair grâce aux efforts d'Andropov – on est parvenu à infléchir positivement la courbe des chiffres négatifs. Quelles sont les causes de ces difficultés? Aux yeux du rapporteur, elles sont nombreuses, et « il convient d'élaborer au plus vite un train de mesures de grandes dimensions en ce qui concerne la sphère économique ».

De toute évidence, Mikhaïl Gorbatchev et son entourage ont fait leurs comptes sur la situation du pays et ils en tirent la conclusion suivante : la raison essentielle de l'apparition des difficultés tient à l'incapacité, au manque d'esprit de décision de la précédente direction politique, à son refus de prendre le risque d'une réforme économique en profondeur.

Fallait-il vraiment considérer l'incapacité de la direction politique comme raison essentielle de l'état désastreux de l'économie soviétique? L'expérience des années écoulées depuis ce « grand virage d'avril » nous permet de répondre catégo-riquement par la négative. Cette faute d'appréciation a coûté cher aux peuples d'URSS. Car cette façon de tout ramener à des facteurs subjectifs n'est pas chez Gorbatchev une simple figure de style; il en fit la base de sa stratégie et de sa tactique pour les années qui suivirent.

En tentant de réanimer une économie mourante sans tou-cher aux fondements du système, il empruntait un sentier battu. Les affaires vont mal? C'est donc que l'encadrement n'est pas à la hauteur, que les chefs manquent de dynamisme, que les responsables n'ont pas assimilé les nouvelles méthodes de direction du personnel, que la politique d'investissements est erronée, que la formation permanente et l'éducation poli-tique des ouvriers sont à l'abandon, que les organisations du Parti n'ont pas mis tout en œuvre pour mobiliser les travail-leurs...

On « mobilise » donc, on exerce des pressions, on accélère la rotation des cadres, on limoge à tour de bras, on corrige, on rééduque... Rien ne bouge? C'est donc que l'on n'a pas remplacé ceux qu'il fallait, que l'on a mal rééduqué, que la pression était trop faible, que l'on n'a pas su mobiliser. Au bout de quelques mois, on s'aperçoit que l'on n'a pas avancé d'un pouce. Ce cercle vicieux a fonctionné des décennies durant, bien que son coefficient d'efficacité soit extrêmement faible.

Gorbatchev était-il en mesure de rompre ce cercle? Est-ce que quiconque à sa place aurait pu s'adresser à ses « camarades du Parti » assez franchement pour dire : « Mes amis, peut-être que nous nous trompons de direction, que nous n'avons pas pris le bon chemin, qu'il faut libérer l'économie de toute contrainte idéologique, qu'il faut en finir avec le monopole d'État sur la propriété, autoriser la concurrence, donner la terre aux paysans, réduire l'effort de guerre... »

À l'évidence, c'était impossible. Un tel discours n'aurait pas pu être tenu en 1985. La direction du PCUS se serait immédiatement débarrassée d'un tel chef et l'aurait fait enfermer en asile psychiatrique.

Ce n'est qu'au bout de quatre années de préparation du Parti et de la société à une appréciation objective des véritables raisons de la crise, que les Soviétiques se sont peu à peu libérés du carcan des « principes ». Pendant ces longues années d'acclimatation, de familiarisation avec la vérité, le pouvoir est saisi d'une activité fébrile. Gorbatchev est pressé de sauver le « choix socialiste » et, pour y parvenir, il est déterminé à faire usage des méthodes bolcheviques. Il lance la campagne anti-alcoolique, impose des transformations à la structure de direction de l'économie, modifie plusieurs fois le cours des réformes. Bilan : aggravation de la crise, pénurie généralisée, secousses sociales...

Le complexe agro-industriel : dada et fiasco du nouveau Guèn-sek

Qu'aurait-il pu se passer d'autre? En théorie, Gorbatchev avait la possibilité, par exemple, en réformateur conséquent, de libérer le secteur agricole sans procéder à aucune réforme politique, sans céder un pouce de terrain idéologique, en se fondant sur l'expérience de la Chine de Deng, qui donnait en 1985 d'excellents résultats. Quant au fait qu'une telle réforme pouvait en deux ou trois ans résoudre le problème de l'approvisionnement en denrées alimentaires, l'expérience vietnamienne conduite trois ans plus tard (1988-1990) le démontre amplement.

Mais Gorbatchev rejette cette voie *a priori*. L'auteur du « Programme de ravitaillement de l'URSS », l'homme qui en a dirigé pendant trois ans la réalisation pratique [1], était persuadé d'avoir la solution : il suffisait de consacrer un maximum d'énergie et de ressources à la constitution d'un complexe industriel agro-alimentaire et d'en parfaire la gestion. Ce n'est pas de petits propriétaires dont l'agriculture a besoin, selon lui, c'est d'un seul exploitant, le monopole d'État. En 1985, le fiasco de ces méthodes n'est pas encore sensible. On ne tint pas compte du triste bilan des expériences antérieures dans l'agriculture. Les auteurs du programme se persuadaient d'être des novateurs et voulaient mettre leurs projets en chantier sans barguigner. C'est bien ce que signifient les discours prononcés par le nouveau maître du pays devant les délégués du plénum d'avril : « Il faut prendre des mesures en vue de planifier, gérer et financer le complexe industriel agro-alimentaire pour en faire un seul organisme à tous les échelons. »

On va bien vite s'en occuper. En novembre 1985, le Comité central du PCUS et le Conseil des ministres de l'URSS adoptent un décret commun portant sur « l'amélioration de la gestion du complexe agro-industriel ». On crée un « Comité agro-industriel » pour chapeauter les nombreuses structures constituées à tous les échelons : directions agro-industrielles de région, directions agro-industrielles de canton, etc. On attribue au nouveau monstre des budgets qui se chiffrent en milliards de roubles. Au cours de la seule année 1990, pour faire face à l'augmentation des prix d'achat des denrées et à l'endettement des sovkhozes et kolkhozes, on accorde près de 100 milliards de roubles au complexe industriel agro-alimentaire. Ce qui n'améliore en rien l'approvisionnement. Bien au contraire, la pénurie des produits de consommation courante s'aggrave à partir de 1988. Le sucre et le tabac viennent à manquer. Toutes sortes de réglementations s'installent, et, à partir de 1990, l'usage des cartes de rationnement s'est généralisé sur tout le territoire.

---

1. Avant d'être nommé secrétaire général, Gorbatchev avait régné sur l'agriculture soviétique.

4

LA « TRANSPARENCE » DISSOUT
LE DERNIER EMPEREUR

Subitement, au printemps 1986, les citoyens inquiets s'aperçoivent que, du haut de leurs tribunes, les principaux dirigeants du Parti se sont mis à parler de plus en plus fréquemment de forces obscures qui freinent l'accélération des « rythmes de développement » et du processus de « rénovation ». Les imprécations visent les forces conservatrices tapies au cœur des organes de décision. Chacun comprend que les chefs vont procéder à une nouvelle épuration de l'encadrement.

Les Soviétiques sont alors certains d'avoir tout à craindre de ce genre de chambardement qui s'accompagne habituellement, comme ils viennent encore d'en faire l'expérience avec Andropov, d'un renforcement de la discipline et d'un durcissement de la législation pénale. Une minorité d'intellectuels très préoccupés par le vide politique et moral va cependant se faire un devoir de contribuer à la rédaction du nouveau programme du PCUS.

La restructuration, le pied sur « l'accélérateur »

Car un nouveau plénum du Comité central est convoqué, en janvier 1987, qui va donner une première impulsion à la démocratisation de la société. Gorbatchev comprend parfaitement qu'il ne faut pas laisser retomber l'enthousiasme provoqué au sein de l'élite par l'annonce du changement. Il sait aussi que le lancement de la campagne pour « l'accélération » n'est pas une réussite, qu'il faut donner à cette orientation initiale un nouveau contenu, faute de quoi le peuple ne fournira pas l'effort demandé. Le secrétaire général fait alors un choix risqué : celui de proposer au Parti de travailler à un nouveau programme pour réorienter le développement du pays. Gorbatchev lit un rapport au contenu très osé pour l'époque. Jamais un secrétaire général n'avait dressé un bilan aussi dramatique de la situation, n'avait, avec une telle force, remis en cause l'héritage théorique des années trente, jamais personne n'avait appelé ainsi à vaincre les préjugés à l'encontre des rapports monétaires-marchands ni demandé que l'on reconsidère les effets réels de notre « théorie de la valeur ».

Gorbatchev critique la mauvaise appréciation du rôle des coopératives dans le commerce. Il déclare crûment que le contrôle sur la propriété socialiste laisse à désirer, que cette absence de contrôle a permis qu'il en soit fait un mauvais usage par une minorité. Gorbatchev donne en outre quelques indications précises sur le planning des réformes : préparation d'une nouvelle loi sur l'entreprise prévoyant l'éligibilité des directeurs, développement des coopératives, amélioration du système électoral et extension des prérogatives des assemblées élues...

Fidèle aux traditions du PCUS, le nouveau maître accompagne ce train de mesures d'un vaste mouvement de rotation des cadres. Gorbatchev place ses hommes : Alexandre Iakovlev, Anatoly Loukianov, Dmitri Iazov, entre autres. À l'occasion d'un second plénum, en juin 1987, il annonce la tenue d'une Conférence extraordinaire du Parti en juin 1988.

On sent que de grandes décisions vont être prises. Mais les cérémonies du soixante-dixième anniversaire de la Révolution auront de quoi décevoir les idéalistes. Le rapport de Gorbatchev porte le titre : « Octobre et la perestroïka, la révolution continue ». Rien de bien révolutionnaire dans cette apologie sans nuances de l'histoire de l'URSS : la version stalinienne du conflit avec Trotski est confirmée [1], les crimes et les fautes de Staline ne « doivent pas faire oublier son sacrifice au nom de la lutte pour le socialisme et de la défense de ses conquêtes... »

---

1. La réhabilitation à l'ordre du jour est celle de Boukharine, qui s'allia puis s'opposa à Staline au nom d'une continuation de la NEP et d'une politique plus libérale vis-à-vis de la paysannerie.

Un apparatchik se rebiffe : émergence de Eltsine

L'effet mobilisateur du plénum de janvier 1987 retomba et la ribambelle de décrets qui l'avaient suivi resta lettre morte. Mais des bruits invérifiables coururent, cet automne-là, sur ce qui s'était passé au nouveau plénum d'octobre. On disait qu'une altercation avait opposé Boris Eltsine, alors secrétaire du Comité du Parti de Moscou, à Egor Ligatchev et Mikhaïl Gorbatchev, que Eltsine avait abandonné toutes ses fonctions. Le script de cette prise de bec ne sera disponible que près de trois ans plus tard, lorsque les *Izvestia du Comité central* le publieront. Pour l'heure, on dut se contenter du commentaire laconique que Gorbatchev fit de l'incident : « Eltsine a placé ses ambitions personnelles au-dessus des intérêts du Parti. » Un peu après, il ajoutera que la repartie de Eltsine était « confuse », « contradictoire », « démagogique » et trahissait un « manque de maturité politique ». Il n'en fallait pas plus pour provoquer un large courant de sympathie populaire en faveur de « l'exclu ».

Qu'avait-il dit de si déplaisant? Il avait critiqué le travail du secrétariat du Comité central, égratigné au passage Egor Ligatchev [1], demandé que l'on ne promette pas imprudemment au peuple que « toutes les difficultés seront surmontées d'ici deux ou trois ans », dénoncé ceux qui prenaient à la légère l'indispensable « restructuration », proposé de renforcer la notion de collégialité dans le travail et d'impulser un processus de démocratisation qui exclut, à l'avenir, toute concentration du pouvoir dans un trop petit nombre de mains. Lorsqu'on lit le compte rendu sténographié de ce plénum, ce que beaucoup de Russes ont pu faire début 1990, on est frappé par la justesse de l'intuition de cet homme dont la carrière n'avait jusqu'ici rien révélé.

Eltsine n'avait été jusque-là qu'un apparatchik sans relief et sans saveur, plutôt bien noté par les dirigeants conservateurs. Formation d'ingénieur de l'industrie lourde, expérience de gestion dans une usine-phare de l'Oural, lente ascension de l'échelle des « niveaux de direction »... Il entre au Comité central en 1981. Sa force de caractère, son entêtement, son ardeur au travail et un certain franc-parler dans le privé le

1. « Numéro deux » théorique, et principal opposant conservateur à Gorbatchev pendant les premières années de la perestroïka.

distinguent de ses pairs. C'est certainement à cette énergie
naturelle qu'il dut sa nomination au secrétariat du Comité du
Parti de Moscou. L'organisation du Parti de Moscou a toujours
été surveillée de près par le Comité central, et confiée à des
mains sûres et fortes. En communiste discipliné, Eltsine se
met à l'ouvrage avec fougue. Il s'attaque avec toute la sévérité
requise à la corruption qui gangrène le secteur du bâtiment
et mène tambour battant la bataille de l'approvisionnement
en vivres. Il écarte sans ménagement tous ceux qui tentent
de freiner sa frénésie de changement, à la plus grande joie
du petit peuple de Moscou. Prenant au mot Gorbatchev, il
procède à un remaniement complet de l'équipe dirigeante de
la ville de Moscou, présente de grands projets d'aménagement
urbain, rencontre des intellectuels contestataires... Bref, il se
conduit en homme lige du nouveau chef.

Et voilà que tout à coup, ce second couteau se cabre et
démissionne de toutes ses fonctions officielles. L'opinion
publique est prise à l'hameçon. Elle a furieusement besoin de
croire en l'honnêteté d'un dirigeant. Eltsine a montré qu'il
était capable d'agir dès que l'occasion se présentait.

Par la suite, il évoluera lentement du communisme au libéralisme, porté par le mouvement général de l'opinion. Cette
évolution passera par les temps forts de la XIXe Conférence du PCUS, du Congrès des députés du peuple, de
la coprésidence du Groupe interrégional des députés avec
Sakharov, puis de la présidence du Soviet suprême de la
république de Russie. Ce parcours fut presque un sans-faute
politique. Sa sanction électorale était prévisible dès février
1991, quand les manifestants de la place du Manège scan-
daient : « Eltsine, Eltsine, tu es puissant, tu disperseras ce
banc de nuages! »

Mais en 1987 il est encore un peu tôt pour prévoir la chute
du régime. (Je reprendrai plus loin le déroulement de la
perestroïka, et comment j'y ai participé... car ceci est une
autre histoire, celle du combat avec et contre le Parti, acces-
soirement contre son secrétaire général.) Personne alors ne
peut imaginer que c'est cet homme aux manières de paysan
qui va écarter du pouvoir un Gorbatchev en pleine gloire.

Le phénomène Gorbatchev gâché...
par la vodka et Raïssa

Gorbatchev est incontestablement la première personnalité sympathique à la tête de l'État soviétique. Les Soviétiques n'étaient pas peu fiers, tout au début de son règne, de disposer enfin d'un dirigeant plus présentable sur la scène internationale. Une figure politique de cet ordre peut difficilement être jugée par ses contemporains, elle est rarement comprise par ses concitoyens. Sur Gorbatchev, les opinions sont aujourd'hui très partagées. À tort ou à raison, il est généralement jugé à l'aune de l'état dans lequel il a laissé le pays. Il me semble toutefois que l'on peut compter au nombre de ses mérites un certain souci de sa popularité; c'était la preuve d'un minimum d'égards pour le peuple.

Une certaine mise en scène de son énergie, de la qualité de son écoute et de sa sensibilité aux problèmes du quotidien, semble, dans un premier temps, faire partie de son entreprise de démocratisation limitée du régime communiste. Mais, premier des dirigeants de l'URSS à interroger l'opinion, Gorbatchev aura à souffrir au premier chef de l'inconstance du public.

En 1985, il est certain que le pourcentage des citoyens soviétiques qui font confiance au nouveau secrétaire général atteint des sommets rarement vus. L'autorité du chef s'affirme jour après jour dans le public, la base sociale du soutien dont il dispose s'élargit au point d'être quasiment unanime. Il y a bien des sceptiques endurcis, mais la plupart des Soviétiques veulent croire en leur leader. L'image tremblotante et scintillante que renvoient les téléviseurs ne laisse aucun doute sur le charme personnel du nouveau chef : son visage est calme, assuré et tranquille. On ne le voit pas seulement, au milieu des siens, présider les réunions des organes supérieurs de l'État et du Parti; il voyage beaucoup dans le pays, il est dans les rues, il va voir les ouvriers dans les usines. Ces rencontres avec la population n'ont pas l'air d'avoir été programmées. Dans le rituel de « l'aller au peuple », le *Guèn-sek* apporte un je-ne-sais-quoi de nouveau : il ne se contente pas de lire son rapport, il sourit spontanément, s'exprime impromptu, montre un certain sens de l'humour... Souvenons-nous qu'avant lui, jamais aucun dirigeant soviétique ne s'était réellement soucié de son image dans le public, de ce qui était dit de lui et de son action.

Or, les sondages – mais oui – existaient en URSS, il était seulement difficile de les rencontrer. On est surpris de constater que, dès le début de l'ère Brejnev, des instituts scientifiques de sondages de l'opinion publique s'étaient mis au travail. Les méthodes de questionnement et la fiabilité des réponses étaient certes loin d'être satisfaisantes, mais, quoi qu'il en soit, les scientifiques étaient les seuls à utiliser les résultats obtenus. La direction du Parti communiste se montrait parfaitement indifférente. On savait que, du simple fait qu'il occupait l'une des premières places, tel ou tel homme politique était assuré, sur le papier, de la confiance populaire.

À partir de 1990, de nombreux organes de presse se mirent à publier des indices de popularité des différents hommes politiques. Les chiffres sont plausibles, ils seront par la suite plus ou moins vérifiés par le résultat d'élections de plus en plus libres.

Un premier nuage est venu assombrir le ciel limpide de la popularité du *Guèn-sek* : la résolution du Comité central du PCUS décrétant la sobriété générale. Le texte de l'oukaze adopté par le præsidium du Soviet suprême fut publié par la *Pravda* le 1er juin 1985. Sa lecture montre clairement que la nouvelle direction n'a pas encore élaboré un vocabulaire différent de la langue de bois parlée depuis trente ans. En substance, il est dit : « Le Parti et l'État soviétique fixent une tâche de responsabilité nouvelle dans son essence, et d'une grande signification politique : opposer un front unanime à l'ivrognerie et créer en tous lieux un climat d'intolérance à son égard, afin de l'extirper définitivement. » Quand il s'agit « d'extirper », la « mentalité socialiste » fait preuve d'un zèle intraitable. On s'empressa d'introduire des aires « non-buveurs » dans les lieux publics, on se fit un devoir d'arracher des vignes et de réduire à néant la capacité de production des distilleries et des usines de conditionnement de vins et spiritueux. On en profita pour mettre en chômage technique les usines de fabrication de bouteilles...

L'idée de rendre la vie sociale moins alcoolisée fut plutôt reçue positivement dans la population, mais la méthode choisie pour mettre en pratique ce programme provoqua l'aigreur, et bientôt le rejet. Les conséquences funestes de ce programme paraîtront au grand jour quelques années plus tard; les chiffres seront si parlants que l'action sera reconnue publiquement comme une faute.

Un autre sujet de contrariété dans le peuple était la présence constante aux côtés de Mikhaïl Sergueïevitch de son épouse Raïssa Maximovna; cette présence d'un proche du leader n'était pas dans les habitudes, et Raïssa Maximovna ne semblait pas préoccupée de vaincre l'antipathie spontanée qu'elle provoquait chez ses compatriotes.

La courbe de popularité de Gorbatchev ne baissera cependant notablement qu'à partir de l'automne 1989. C'est le moment où les dysfonctionnements du régime deviennent évidents pour tous. Ni le Bureau politique, où Gorbatchev ne rencontre plus d'opposition, ni le Congrès du Parti, où ses options sont soutenues par la majorité, ne semblent en mesure d'inspirer confiance. Gorbatchev a, en théorie, la possibilité d'imposer sa médiation dans les conflits du Caucase et de proposer un compromis aux indépendantistes des petites républiques périphériques. Et cependant, rien... Impression d'impuissance. Effet pervers des traditions autocratiques : la société qui se démocratise n'a pas encore assez d'éléments pour comprendre comment un chef suprême, conforté dans ses options par une assemblée servile, pourrait être privé des moyens pratiques d'exercer un pouvoir absolu.

L'empereur nu nage dans ses « habits neufs »

Tous les indices fournis aux instituts d'étude de l'opinion publique concordent : à compter des premiers mois de l'année 1990, Eltsine devient le personnage le plus populaire du pays. En revanche, l'« élection » (par un Soviet suprême encore bien peu démocratisé, taillé sur mesure et à sa dévotion) de Gorbatchev à la présidence de l'URSS, en mars 1990, entraîne sa dépréciation définitive dans le public.

Quelle qualité politique doit-on reconnaître au secrétaire général? Cette question a été posée à plusieurs reprises à un échantillon représentatif de la population. En février 1991, les réponses seront confondantes : 28 p. 100 des personnes interrogées considèrent que Gorbatchev se distingue par « son hypocrisie et sa duplicité », près de 20 p. 100 lui reconnaissent une grande souplesse et un « incontestable don de la manœuvre politique », environ 20 p. 100 encore considèrent que le président est un « homme faible, qui manque de sûreté de soi », 18 p. 100 lui reprochent son « indifférence aux souffrances des victimes » de sa politique, seulement 7 p. 100 des citoyens présument que Gorbatchev manifeste un « remarquable esprit de décision », et 4 p. 100, pas plus, lui reconnaissent la capacité de « prévoir la suite des événements ».

Gorbatchev était tombé bien bas si l'on se souvient que bon nombre d'articles et d'analyses politiques le créditaient en 1988 d'une « intelligence supérieure », s'enthousiasmaient de son aisance à se tirer des situations les plus difficiles, et lui attribuaient un « dessein secret », ignoré de ses propres conseillers, un « plan d'action » dont il ne dévierait pas jusqu'à sa réalisation complète.

L'explosion de Tchernobyl déclenche celle de la glasnost

Jugeant le rôle historique de Gorbatchev, Leonid Batkine remarque, avec son habituelle causticité : « Cet homme a décapsulé par inadvertance une bouteille, et c'est là tout ce qu'on lui doit; il ne savait seulement pas quel gin pouvait s'en échapper. » Ce jugement a du bon. Presque tout ce que l'on attribue au mérite de Gorbatchev est advenu, d'étrange manière, avec lui et sous son règne, mais soit de façon inattendue pour lui-même, soit à son corps défendant. Et même ce qui semble devoir être attaché pour l'éternité à son nom, la perestroïka et la glasnost, a fait irruption dans notre vie par la force des choses plus que par la volonté d'un homme.

Nous devons la « restructuration » à la prise de conscience du fait qu'on ne pouvait plus maintenir la parité nucléaire avec les Américains sans profondes transformations. Ce qui veut dire, comme cela a été fréquemment le cas dans notre histoire, que ce ne sont pas les besoins de notre société qui sont l'élément moteur du changement, mais notre choix de développement accéléré lié à notre volonté de dominer le monde. La glasnost nous est tombée dessus avec la catastrophe de Tchernobyl, au moment où il n'était déjà plus possible de mentir, quand les atermoiements ne pouvaient qu'alourdir encore le caractère criminel du silence du Bureau politique dirigé par Gorbatchev. Ce n'est qu'à ce moment-là qu'ils se mirent à parler. Une fois qu'ils se furent mis à parler, ils ne purent plus s'arrêter, et c'est alors seulement que Gorbatchev a prononcé le mot « glasnost ». En le faisant, il n'avoua aucune de ses fautes et n'exprima pas le moindre repentir.

Le coût de ce silence criminel sur une tragédie de dimension planétaire était devenu à ce moment-là trop évident. Mais un mensonge en entraîne un autre, un premier crime en amène un second... Au moment où la glasnost atteignait son point culminant, la perestroïka agonisante de Gorbatchev fit couler le sang à Alma-Ata, Soumgaït, à Tbilissi et dans les républiques baltes.

Plongée au cœur de la crise balte

En tant que député du peuple de l'URSS, j'ai été membre de la commission d'évaluation du pacte Molotov-Ribbentrop; j'en ai même été le vice-président, le président étant Alexandre Iakovlev [1]. Cette commission fut constituée par le premier Congrès des députés du peuple. Ses membres sont devenus à présent des personnages très connus : Landsbergis, Alexis II (le nouveau patriarche orthodoxe), Saavisar, Droutsé, etc. Ma participation à cette commission m'a permis d'être témoin de nombreuses manifestations des ambitions coloniales du Centre [2]. Ces ambitions sont précisément à l'origine de l'effondrement de l'Union. Or, l'inspirateur de cet impérialisme a toujours été Gorbatchev.

Je me suis rendu en de nombreuses occasions dans les républiques baltes pour me confronter à ce qui s'y déroulait, aux résultats de la ligne inébranlable de Gorbatchev. Je puis confirmer en toute conscience que c'est lui qui a démoli l'URSS, en cherchant à toute force à conserver l'empire. Voici quelques faits.

En 1988-1989, l'Estonie, la Lettonie et la Lituanie demandent qu'on leur accorde une certaine autonomie dans le domaine économique. Je dis bien une autonomie limitée à la sphère économique; il n'est, à l'époque, pas question de séparatisme. Je connais bien cette question, ayant eu, à ce moment-là, copie des documents de travail des commissions consultatives réunissant les responsables de secteurs du Centre et des économistes baltes. Ces négociations ont abouti à un refus catégorique de Gorbatchev, ce qui a soulevé un mécontentement bien compréhensible dans les trois républiques. Le

1. Bras droit de Gorbatchev dans la phase d'ouverture de la perestroïka, dont le secrétaire général s'amputa lors du tournant conservateur de l'hiver 1990.
2. « Centre » : le Kremlin, lieu d'où sont traditionnellement lancées toutes les directives, où reviennent toutes les informations.

mouvement démocratique s'est teinté de nationalisme en dur-
cissant son opposition à Moscou. À son tour, le Centre se mit
en devoir de soulever la population russe de ces républiques
contre les autochtones (la même chose a eu lieu en Moldavie).
Il a créé de toutes pièces et gonflé artificiellement les groupes
« internationalistes » en stimulant leur déloyauté à l'égard des
autorités de leurs républiques respectives.

Le résultat ne s'est pas fait attendre : les outrages anciens
mais non oubliés, les amers souvenirs de l'annexion des trois
États baltes par Staline et de la déportation en Sibérie de
leur élite intellectuelle sont remontés à la surface. Il semble
pourtant qu'il n'y avait rien de plus simple pour la direction
soviétique que de condamner résolument les crimes de Staline,
et, puisque la question était posée, de publier les documents
du Pacte. Notre commission était parvenue à ces conclusions.
Nous avions préparé un texte dont la publication aurait pu
détendre l'atmosphère et conjurer la spirale infernale.

Eh bien, non! On décida de traîner, de manœuvrer. Iakovlev
fit publier, au nom de la commission, des textes qui mécon-
tentèrent encore plus les Baltes. On essaya de trouver des
justifications au pacte contracté entre deux régimes ennemis
de l'humanité, de jouer la honteuse comédie de la disparition
des protocoles secrets qui avaient été signés en marge de
l'accord. Lorsqu'on se trouva dans l'obligation de les « retrouver » et de les publier, il ne fut pas un seul instant envisagé
de porter un jugement officiel sur les événements de l'année
1940, l'année de l'occupation.

J'avais honte de siéger à cette commission; honte de moi,
de ne pas être en mesure d'influer sur les décisions, honte
pour tous les Russes que ces légendes inventées par la direction
du PCUS prétendaient couvrir. On s'est conduit de façon si
ridicule, si mesquine et si odieuse; nous avons fait, de façon
si éclatante, la preuve de notre parenté spirituelle avec Staline,
que les peuples baltes ne pouvaient penser avoir d'autre issue
que se séparer au plus vite d'un tel État et de tels hommes.

J'ai pris, à cette époque, la parole dans un meeting rassemblant plusieurs milliers de personnes à Vilnius. Des hélicop-
tères tournoyaient à basse altitude au-dessus de la foule, et
l'un d'eux, s'étant accroché dans des fils, a bien failli s'écraser
sur nous.

Ayant perdu tout espoir de faire reconnaître leur autonomie
dans le cadre des anciennes relations réciproques avec le

Centre, l'Estonie, la Lettonie et la Lituanie déclarent leur souveraineté. Et, de nouveau, au lieu de reconnaître et d'élaborer sur cette base un nouveau modèle de collaboration (confédération ou souveraineté-association), le Centre, par les voix de Gorbatchev, Loukianov, Ryjkov et Pougo, va les menacer et tenter de contrecarrer les lois et décrets des ministres baltes.

Les trois républiques répondent en déclarant qu'elles quittent l'Union. Gorbatchev leur dit alors : « Non, vous ne sortirez que lorsque nous vous y autoriserons. Pour l'heure, ayez la gentillesse de nous laisser organiser un référendum destiné à renforcer la structure fédérative (comprenez : unitaire) de l'Union. Envoyez vos fils faire leur service dans notre armée, une armée qui, bien sûr, ne va pas vous opprimer... »

Les Baltes refusent, le Centre met en place le blocus de la Lituanie, envoie des renforts de troupes dans les trois républiques et tente de renverser le gouvernement Landsbergis par la force. Permettez-moi de vous donner un autre détail : une nuit, je reçois un coup de fil de Landsbergis, qui me dit que l'on tire dans les rues et que les tanks se dirigent sur Vilnius. Lui ne parvient à joindre personne à Moscou : il paraît que tout le monde est en congé. Toute la nuit, j'ai essayé de trouver un interlocuteur. Je n'ai pu parler à personne. Moscou se taisait.

Tout cela a déterminé la volonté de rupture des Estoniens, Lettons et Lituaniens avec Moscou, quoi qu'il en coûte. Ils ne veulent même pas entendre parler aujourd'hui de « CEI » alors que Gorbatchev a quitté le Kremlin et que Eltsine – il faut lui rendre cette justice – les a soutenus dans les heures difficiles. Le vrai résultat, ce sont les difficultés et les privations actuelles de la population des trois républiques, et leur corollaire : les perspectives encore plus sombres, pour de nombreuses années, des minorités russes résidant sur leur territoire.

L'histoire de la séparation d'avec les Baltes est le modèle de la manière dont l'Union a explosé, mais ce n'est, et de loin, pas le legs le plus terrible du gouvernement du « plus grand réformateur depuis le Christ » (selon les mots d'un commentateur de la télévision allemande). Regardons ce qui se passe au Caucase depuis quatre ans. Ces conflits sont à 99 p. 100 redevables à la politique provocatrice et impérialiste du Centre, qui applique le précepte « diviser pour régner ». J'ai souvent eu l'occasion de parler avec Levon Ter-Petrossian avant qu'il ne devienne président de l'Arménie, j'ai conversé à plusieurs reprises avec des représentants du Front populaire d'Azerbaïdjan, je suis allé à Stepanakert quand il y pleuvait des obus et des roquettes Alazan. Je puis dire que j'ai constaté les effets de la ligne Gorbatchev dans cette région. Les dizaines de villes et de villages brûlés et rayés de la carte, les milliers de morts, de blessés, de mutilés, les centaines de milliers de réfugiés et les millions de gens dont la vie est brisée, dont l'âme est à jamais empoisonnée par la terreur et la haine... tous doivent leur sort aux mots d'ordre de préservation de l'Union, d'intransigeance à l'égard du nationalisme et du séparatisme.

La tragique schizophrénie de Gorbatchev

Gorbatchev, tant comme individu que comme personnage politique, me semble surtout avoir été une victime du phénomène totalitaire de « la double pensée », dont parle George Orwell [1], à savoir cette étrange capacité de concilier en soi la présence d'opinions diamétralement opposées.

Il n'ignore pas, en 1985, que l'essentiel du système politique soviétique est déliquescent; cela ne l'empêche pas de s'atteler à sa réforme au moyen d'un traitement homéopathique faiblement dosé. Son étrange attitude vis-à-vis du peuple que, pourtant, il prétend consulter comme aucun de ses prédécesseurs, sa façon de considérer de haut les « masses populaires » – qui vont lui rendre la monnaie de sa pièce – sont les indices les plus évidents de la tragique schizophrénie de Gorbatchev.

D'un côté, il est fermement convaincu que le socialisme est impossible sans ce qu'il appelle un « élan créateur des masses », et il s'attelle à la libération des citoyens, ce à quoi il a parfaitement réussi. D'un autre côté, il montre à chaque pas qu'il ne fait aucune confiance à la raison, ou même au simple bon sens de son peuple, qu'il ne le croit pas capable de soutenir en toute lucidité une politique de rénovation radicale. Ce sont ces doutes et ces hésitations qui s'expriment à travers les improvisations timorées et les projections futuristes du secrétaire général. On dirait que l'individu Gorbat-

1. Dans *1984*, roman d'anticipation écrit en 1948 et décrivant un système très similaire au totalitarisme stalinien. Il a fait l'objet de nombreuses traductions et éditions clandestines avant de devenir, à partir de 1989, un best-seller dans toute l'Europe de l'Est.

chev cherche en permanence à passer un accord de compromis avec le Gorbatchev qui dirige le PCUS.

Il a sans doute voulu endosser des « habits neufs » trop larges pour lui... en jouant au petit jeu qui, en d'autres temps, avait si bien réussi à Staline et à Mao : il ne parviendra pas à être à la fois le numéro un du Parti et le numéro un de la contestation. Pour cela, il n'aurait pas fallu qu'il se laisse déborder par plus radical que lui. Or, ce rôle d'apôtre de la contestation lui échappe aussitôt que la démocratisation permet à d'autres d'exprimer le mécontentement des masses. Boris Eltsine et Andreï Sakharov lui ravissent la vedette.

Avec l'entrée en scène de ces deux personnages, la glasnost cesse d'être enfermée dans le cadre de la réforme du communisme, elle devient le tremplin d'une contestation radicale du système. Dans un premier temps, Gorbatchev usurpe très consciemment la place des opposants. J'en veux pour preuve alors son silence systématique sur l'existence de contestataires plus radicaux que lui. Jamais il n'avouera qu'il a lu Soljenitsyne, ou qu'il a été très impressionné par certaines thèses de Sakharov. Jamais il n'y fait référence dans ses œuvres. L'idée de « nouvelle pensée » dont il se dit l'auteur a pourtant un air de famille avec les convictions de Sakharov. Mais son esprit bolchevique lui interdit de l'avouer.

« On » salue son grand-œuvre-malgré-lui...

La glasnost elle-même – et c'est la clé de tout – est une notion ambivalente dans l'esprit de Gorbatchev.

La glasnost fut une libération sans précédent dans l'histoire du régime, mais qui n'a pas été conçue au départ comme une véritable levée de toutes les entraves à la liberté d'informer. La glasnost prétend au début limiter, fixer des règles spéciales à la pleine liberté de parole. Elle n'est qu'un élargissement des frontières de l'admissible, et Gorbatchev aime à rappeler l'existence de ces frontières. Quand par exemple il réunit chez lui les rédacteurs en chef des principaux journaux, il leur dit avec colère : « Qu'est-ce donc que l'on nous jette dans la presse? »

Ce sont ses propres termes. La phrase est typique d'une langue qui n'appartient qu'à lui : il s'adressait toujours à ses subordonnés sans définir l'identité du sujet qui parle ou agit. Cette manie fait aujourd'hui l'objet d'une étude linguistique :

Gorbatchev compose des phrases qui comportent un prédicat mais jamais de sujet défini. Cette manière d'être n'est pas un effet du hasard, elle est le produit d'une culture politique, d'un long séjour dans le moule du discours bureaucratique. Staline disait : « Les impérialistes nous jettent de fausses idées. » Gorbatchev dit : « On nous jette... » De Lénine à Tchernenko, tous les dirigeants soviétiques sans exception sont restés fidèles au rituel de l'énoncé impersonnel. Ce caractère impersonnel et quasi anonyme symbolisait dans leur esprit le caractère objectif et la nature de vérité scientifique de leur parole. Gorbatchev rompt avec cette tradition en choisissant systématiquement la narration à la première personne. Mais le ton intimiste de la confession qu'il adopte est d'autant plus saisissant que Gorbatchev continue à se servir du lexique totalitaire et d'un étrange sabir « soviétique » qui semble lui être aussi familier que la langue russe de tous les jours. C'est bel et bien du *Novlangue* totalitaire dont parle Orwell que Gorbatchev tire la matière première de ses discours : le choix des clichés et des formules, celui d'une morphologie et d'une syntaxe qui lui sont propres. Dans ce duel inégal entre la conscience, l'humanité de l'individu et l'esprit collectiviste de la cellule communiste, on retrouve la « double pensée » dont nous avons parlé. Le « on » rituel continue à habiller le caractère ésotérique, le mystère du système auquel appartient le *Guèn-sek*. Il arrive que tel ou tel homme politique de l'opposition reconnaisse ses idées parmi celles qui sont rejetées dans les discours de Gorbatchev. Lui ne cite pas son contradicteur, ne mentionne jamais l'identité de celui qui provoque son mécontentement. De même qu'il ne peut avouer d'où il tire ses nouvelles orientations, il ne peut pas croiser le fer avec un adversaire. Le président est donc un homme inaccessible, qui permet que l'on fasse la publicité des erreurs et des mécomptes du système, mais ne veut pas donner la moindre indication sur ce qui se passe derrière les murs de la cité interdite. Peut-être est-ce simplement pour cacher l'incurie de l'appareil dirigeant et l'isolement dans lequel il se trouve. On peut d'ailleurs douter qu'il ait été correctement informé.

Rien, en tout cas, ne nous autorise à accorder le moindre crédit au mythe qui veut que Gorbatchev ait mis la perestroïka en chantier en raison de sa parfaite connaissance de l'état de l'URSS, et qu'il ait fondé sa démarche sur une analyse sérieuse des besoins de notre société. À l'inverse, la direction

du pays s'est rendu compte de la complexité de la situation
« en marchant », à mesure que la libéralisation faisait se délier
les langues et que les échelons inférieurs de la hiérarchie
osaient enfin répercuter de vrais chiffres vers les instances
dirigeantes.

La grandeur de Gorbatchev, c'est d'avoir compris qu'il ne
fallait pas chercher à échapper au défi de l'époque, qu'il
fallait prendre l'initiative de faire bouger le pays, même
timidement.

Quant au fruit de son action, il n'est certes pas négligeable.
Il s'agit de rien moins que la reconquête de l'initiative par la
société civile. Elle s'est traduite par un débordement d'énergie
populaire, par la formation d'un puissant mouvement d'opinion et la confirmation de la maturité politique de nations
jusque-là contraintes au silence.

Le seul domaine dans lequel les acquis de la perestroïka
sont indéniables est celui de l'information et de l'ouverture
de l'URSS au monde. Le traditionnel rapport maladif de la
Russie à l'Occident « pervers », fait de fascination et de rejet,
s'est peu à peu modifié... Sur ce point, les médias ont joué
un rôle considérable. Surtout la télévision, principal canal
d'information, depuis le fameux jour de 1989 où elle s'est
mise à retransmettre, jour après jour, les séances fleuves du
Congrès des députés du peuple, contestataires compris. Tout
y a été dit depuis lors. On y a montré plus de faits consternants
sur l'état réel du pays que jamais aucune autre télévision ne
l'a fait dans aucun pays. Et cela sans discontinuer pendant
plus de cinq ans.

Des critiques – très bien argumentées pour la plupart –
ont fleuri dans la presse et sur les écrans; elles touchaient
des domaines aussi divers que l'économie, le travail des
organes de répression, l'énergie et la vigilance dépensées
consciemment par l'appareil dans le but d'abêtir la population, etc. Certains communistes essayèrent longtemps, bien
sûr, d'intimider la presse, notamment l'hebdomadaire cham-
pion de la glasnost, *Les Nouvelles de Moscou*. En 1989, le
Comité central lui-même est intervenu pour que soit relevé
de son poste le rédacteur en chef du plus populaire des
journaux – *Arguments et Faits*. Mais, dans l'ensemble, à
compter de l'adoption de la résolution sur la glasnost prise
par la XIXᵉ Conférence du Parti en juin 1988, ces tentatives
pour rétablir une censure autoritaire furent rares et pratiquement sans effet.

On a beaucoup critiqué Kravtchenko, le dernier directeur de la télévision nommé par Gorbatchev. Sans doute a-t-il restauré une certaine censure et limité, notamment, la couverture des événements dramatiques dans les républiques baltes, mais, dans l'ensemble, il faut reconnaître que la télévision est restée l'outil principal de la critique du régime pendant toutes les années Gorbatchev. C'est la télévision soviétique qui a fait le plus pour détruire le communisme de l'intérieur.

Parallèlement, la radio donnait la parole aux dissidents et aux soviétologues occidentaux. Tous les livres auparavant interdits furent publiés en URSS, bien avant août 1991. De 1987 à 1990, le tirage global de l'ensemble des périodiques édités en *samizdat* [1] a été multiplié par dix. L'essentiel de cette presse était distribué librement dans les rues.

On ne saurait donc diminuer sur ce point le mérite historique énorme de Gorbatchev. Le dernier *Guèn-sek* communiste fut bien, de ce point de vue, l'initiateur malgré lui de... la révolution anticommuniste d'août.

Un tournant majeur de l'Histoire

Quel que soit le rapport personnel que chacun entretient avec ce qui se passe en ce moment sur le territoire de l'ancienne Union soviétique, nous devons tous convenir d'une chose : à compter d'avril 1985, les habitants de ce territoire vivent une coupure historique de première importance. Les despotes de l'Antiquité avaient réussi à isoler leurs empires des Barbares pendant de nombreux siècles. Mais, lorsque au XXᵉ siècle de notre ère, dans un pays pris séparément, on a tenté, à une échelle jamais vue auparavant et qui laisse de côté l'ensemble de l'expérience humaine, de « pousser d'une main de fer le peuple sur la voie de l'avenir radieux », le processus d'accumulation des contradictions a fait imploser l'État totalitaire en moins de sept décennies. L'influence du monde extérieur n'est pas pour rien dans cette croissance exponentielle de la rapidité avec laquelle s'accumulaient les contradictions. Les nouvelles technologies et les nouveaux moyens de communication y ont contribué. De sorte que notre pays n'est pas le seul à avoir connu une telle fracture. Le

1. « Auto-édition », autrefois dissidente, puis, simplement, ne dépendant pas de l'État.

passage de l'humanité à une autre forme de civilisation se fait sous nos yeux. Les gens ont rêvé pendant des siècles d'une vie sans guerres, sans génocides, sans violences contre les personnes. Si paradoxal que cela paraisse, c'est précisément au moment où se sont accumulés les moyens d'anéantissement thermonucléaires, chimiques et bactériologiques, au moment où la situation écologique devient catastrophique, que pour la première fois les conditions d'une consolidation de la paix universelle et de l'union de tous les États sont réunies pour permettre de sauver l'humanité. Dans les années quatre-vingt, il aurait été ridicule de formuler de telles idées, alors que la guerre se poursuivait en Afghanistan et que des milliers de soldats et officiers russes occupaient l'Europe centrale.

La perestroïka, notre période de deuil obligée

La crise de la perestroïka, son enlisement au bout de trois années d'efforts, s'explique par la perte d'énergie des deux vecteurs du mouvement social : tout d'abord, les économistes officiels mirent tout en œuvre pour sauver un système qui n'avait tout simplement plus de perspectives; ensuite, la société tout entière, tant les gouvernés que les gouvernants, n'était pas prête, psychologiquement, à reconnaître que l'expérience socialiste entreprise à une si grande échelle (celle de la moitié du monde habité) était un échec complet.

Il était trop difficile de tirer ainsi un trait sur la vie des générations passées... Et comment nous accorder sur le fait que nos propres vies ont été sacrifiées en vain? C'est ce qui explique que nous ayons, pendant six ans, refusé de reconnaître l'échec du système socialiste en tant que tel. On trouvait des échappatoires : c'était le « socialisme de caserne », le « socialisme administratif » que l'on mettait en cause. Tout pour ne pas toucher aux fondements de l'idéologie.

La nouvelle époque qui s'ouvre est celle d'un redémarrage à zéro; un retour à la case départ qu'il faut assumer sans « révolutions », sans violences. Cette nouvelle époque n'aura rien de commun avec toutes les périodes « de transition » généralement évoquées, censées durer tout au plus une quinzaine d'années. Elle prendra la forme d'une évolution plus lente qui s'étalera sur un très grand nombre d'années, sur une durée comparable à celle dont les autres sociétés ont eu besoin pour accéder vraiment à la modernité.

Une nouvelle fois dans son histoire, la Russie est à la croisée des chemins : l'empire est déchiré, le totalitarisme agonise. Nous n'avons plus de Parti communiste pour nous empêcher de nous rendre maîtres de notre vie. Deux possibilités s'offrent à nous : soit nous avançons résolument sur la voie démocratique, imposons le respect des droits de l'homme et des libertés économiques, soit nous rebroussons chemin et nous nous blottissons sous l'aile protectrice de nouveaux « guides du peuple ».

Pour l'instant, il subsiste une bonne part d'autoritarisme dans les mœurs politiques russes. Il n'y a encore, pour faire face au vieux système, aucun des instruments de la démocratie : ni courants politiques organisés massivement, ni partis politiques ayant pignon sur rue, ni collectivités sociales, ni lobby religieux, ni partenaires économiques... La tentation est grande d'instituer une de ces périodes de « transition accélérée » et autoritaire vers la démocratie. Une de plus dans l'histoire de cette société. Mais, quels qu'en soient les prétextes, ce serait – l'histoire nous l'apprend – ajouter un nouveau frein à la démocratisation en profondeur de la Russie.

II
LA MÉMOIRE BRISÉE

Nous nous regardons dans le passé comme dans un miroir et nous ne parvenons pas à nous reconnaître. Notre reflet s'est brisé en mille morceaux. De plus en plus de gens comprennent qu'on ne peut plus vivre comme ça. Leur seule issue est de restaurer ce qui leur a été volé par le système, de retrouver la mémoire historique pour la restituer à la société.

Seulement voilà, on ne peut pas le faire sans se débarrasser du monopole qui a régné sur notre passé. Ce passé, dont le Parti se fit une chasse gardée, appartient à tous, et à personne en particulier. Ce travail de restauration de notre mémoire collective, on ne peut pas se contenter de le déléguer à un Parlement, si bien élu soit-il. Le passé n'appartient pas plus aujourd'hui aux députés qu'il n'appartenait naguère aux comités et aux camarades responsables. C'est l'affaire de tous, et en premier lieu des historiens et des sociologues, des professionnels qui travaillent dans les bibliothèques et les archives. C'est un travail et un combat.

Parmi ces professionnels de l'archive, un petit groupe d'historiens soviétiques s'est battu depuis le milieu des années soixante contre le monopole du Parti sur l'enseignement de l'histoire dans notre pays. Dans cette bataille, la plupart d'entre eux ont tout perdu : pour certains leur chaire de professeur, pour d'autres leur sinécure aux Archives centrales ou leur petite place de « planqué » dans les bibliothèques, dans les rédactions des revues officielles, dans les multiples administrations dépendant du Parti.

Depuis 1986, leur voix a pu se faire entendre à nouveau, distinctement. Je me suis alors engagé dans cette

bataille, remettant en cause publiquement notre méconnaissance du passé, m'interrogeant ouvertement sur la longue
lutte que le Parti communiste a toujours menée contre les
historiens.

1

L'HISTOIRE BROYÉE
PAR *L'ABRÉGÉ*

Bien peu de gens le savent aujourd'hui : à partir de 1917 et jusqu'à la moitié des années trente, l'Histoire, chez nous, n'existait plus! Ensuite Staline créa la sienne, immuable, pour cinquante ans.

C'est un fait : l'Histoire, l'enseignement de l'histoire, est restée complètement absente de nos écoles pendant près de vingt ans, pour des générations entières d'enfants de sept à quinze ans. Rares sont ceux qui s'en souviennent, et on compterait sur les doigts d'une main les étrangers assez bien informés pour concevoir une telle monstruosité. C'est en effet difficile à imaginer : des millions, des dizaines de millions de gens sont entrés dans la vie, ont suivi des carrières professionnelles, ils ont profondément transformé ce pays... sans savoir le moins du monde d'où ils venaient, sans aucune représentation sérieuse du passé de leur patrie, *a fortiori* sans la moindre idée de l'histoire de l'humanité.

Cela n'empêchait pas le régime de se réclamer constamment d'un prétendu « matérialisme historique »... Mais faut-il vraiment expliquer à qui cette occultation de l'histoire était utile?

Le stade industriel de l'obscurantisme

Ce n'est qu'après de fameux oukazes de Staline, appuyés par une bordée d'anathèmes contre les historiens émis par Kirov et Jdanov, que l'on se mit à élaborer des manuels d'histoire de l'URSS. Production parfaitement planifiée puisque ces premiers manuels ne commencèrent à être rédigés qu'au moment même où paraissait *L'Abrégé d'histoire du PCP (b)* [1]... Les imprimeries d'État roulèrent avec lui à la tonne tous ces manuels pour les écoles élémentaires. Qui ne furent donc qu'un sous-produit – raconté aux enfants – de cette perle de pensée stalinienne que tous les historiens sérieux tiennent pour un pur tissu de mensonges. Résultat : à partir de la seconde moitié des années trente, le point de vue totalitaire sur l'Histoire s'est définitivement ancré dans les esprits et les mémoires des écoliers, des étudiants, et ainsi, progressivement, de toute la population. Cette « explication » de l'Histoire s'y est fixée tout d'un bloc. Elle présentait une vérité indiscutable, dont tout écart était perçu comme une divergence idéologique, un affront au Parti, un refus du régime. De l'histoire générale de l'humanité, les communistes avaient fait une science exacte, dont les théorèmes devaient être appris par cœur.

Les décennies passant, toutes les générations, jusques et y compris celles des années quatre-vingt, ont continué d'ânonner *L'Abrégé* stalinien, soit à travers les vieux manuels des années trente toujours en service, soit par le biais de leurs rééditions modifiées. Celles-ci reprenaient le schéma initial. Et ce modèle de falsification fut bien sûr exporté dans tous les pays « frères ». On ne s'étonnera plus que, jusqu'à ce jour, une grande partie de la population (y compris celle qui a fait des études supérieures) ait confondu l'histoire de ce pays avec l'histoire du Parti communiste, celle qu'il s'était construite sur mesure. L'enseignement de l'histoire dans nos écoles – et dans les instituts supérieurs – n'avait précisément pas d'autre but : illustrer l'intangibilité du marxisme-léninisme, la doctrine qui avait découvert les lois du devenir de l'homme. En prenant le pouvoir, les bolcheviks n'avaient jamais fait que suivre et « appliquer » ces lois naturelles de l'Histoire. Leur domination en tout s'avérait inéluctable, éternelle leur suprématie.

Cette histoire-là connut cependant quelques développements originaux : il fallut ainsi démontrer par la suite que nous vivions dans une société « socialiste développée ». Il fallait surtout nier l'évidence : la tragédie humaine sans aucun précédent historique qui avait conduit à cette société, tout ce cortège de crimes, la terreur, le vandalisme qu'on nous imposait. Il fallait taire le goulag. Passer sous silence les famines

---

1. « Parti Communiste panrusse (bolchevique) », première appellation officielle du PCUS. *L'Abrégé*, supervisé, revu et corrigé par Staline, en devint le catéchisme officiel. Transplanté en français sous le nom de *Précis d'histoire du parti bolchevique*.

volontairement organisées, et les déportations massives des peuples « punis ».

Au bout du compte, les procès des « ennemis du peuple » laissèrent logiquement la place à un autre procès, perpétuel, celui mené contre toute pensée scientifique.

Lavage des cerveaux, nettoyage des traces

D'un côté, on procédait au lavage de la mémoire collective des peuples, de l'autre on leur forgeait une mémoire « utile », susceptible de servir au régime totalitaire. Ce pouvoir – dit « du pays le plus libre du monde »... – avait condamné son peuple à l'amnésie, une amnésie qu'il voulait militante. Et la condamnation s'exerçait à la source même de toute mémoire. Souvenons-nous que lors de chaque arrestation, de chaque perquisition, on confisquait les livres, les archives, les photographies personnelles. Les livres interdits étaient mis au pilon, à l'exception de rares exemplaires consignés dans « leurs » dépôts secrets. Les condamnés laissés en vie devenaient des « non-êtres » privés du droit de correspondre avec ceux qu'ils avaient quittés. Le poinçon du silence que le régime apposait sur les destins individuels devait empêcher que le souvenir des rebelles s'imprimât jamais dans le tissu social.

Le décor lui-même basculait, tous les points de repère effacés : les rues, les quartiers, les villes et les villages changeaient de nom; des monuments étaient déplacés, les lieux de culte démolis... Le poète Nicolas Roubtsov le dira : « Je ne regrette pas la couronne des tsars piétinée, mais je regrette les églises blanches mises à bas. »

Une large majorité des citoyens ex-soviétiques ignorent donc tout de leur propre histoire. Ils n'en connaissent qu'une version officielle, qui est intégralement mensongère. Aucun pays au monde n'a vu son histoire aussi profondément et durablement falsifiée. J'ai dû attendre la Conférence des historiens et écrivains d'avril 1988 pour pouvoir enfin exprimer cette idée, dont j'étais convaincu depuis longtemps, dans toute sa crudité.

Aucun peuple au monde n'a été à ce point mystifié par une réécriture de l'Histoire remontant, de proche en proche, jusqu'aux faits les plus lointains. Prenons l'exemple classique de la lutte de la majorité du Parti bolchevique contre son opposition, à la fin des années vingt : tout ce qu'on nous en a dit, tout ce qui est rapporté des discussions à l'intérieur du

Comité central, n'est que mensonge. Bien. Mais au-delà, aucun détail n'aura échappé aux censeurs : ils ont suivi pas à pas, durant cinq décennies d'« Histoire » officielle, les « pistes » qu'avaient ouvertes *L'Abrégé* stalinien dans cette affaire : ils ont donc été contraints de remonter d'autant en amont de l'événement, falsifiant les sources, modifiant la biographie des principaux acteurs de la révolution bolchevique, réécrivant du coup l'histoire prérévolutionnaire, et ainsi de plus en plus loin dans le passé...

Le terreau du mensonge nationaliste

Il faut malheureusement l'avouer : l'affabulation, voire l'idéologisation, ne furent pas le fait de la seule période soviétique de notre histoire.

« Nos ancêtres, les Scythes... » par exemple : personne ne soutient plus que les Slaves furent les descendants immédiats de ces Scythes de l'Antiquité, comme on l'a prétendu jusque dans les années quarante. Cette certitude d'appartenir de toute éternité à un sol, le sentiment d'une sorte d'assignation à résidence providentielle et immémoriale, n'en reste pas moins vivace. Tout notre enseignement a jusqu'ici abondé dans ce sens. Au lieu de détailler la carte complexe des nombreuses migrations historiques, on a pris l'habitude d'un schéma simplifié « prouvant » la prééminence par ancienneté de tel peuple sur tel territoire.

Les diverses versions que l'on donne de la formation du premier État slave, la principauté de Kiev, et de la société qui le précède, sont ainsi devenues un enjeu terrible : ces montages « patriotiques » nourrissent toujours deux interprétations qui s'excluent mutuellement, celle des partisans de l'empire panrusse et celles des nationalistes ukrainiens.

Il serait temps de dépasser ce jeu dangereux. Chaque peuple a de quoi être fier de son histoire sans qu'on ait besoin de l'enjoliver. Songez combien il peut être humiliant pour une nation rattachée de force à notre empire d'entendre dire – de voir écrit dans des ouvrages qui se prétendent scientifiques – qu'elle s'est liée à notre sort de son plein gré...

Ce que je dis vaut tout autant pour ceux qui furent annexés par les tsars que pour ceux qui furent vaincus par les soviets. Seul l'aveu de la vérité sur l'épopée coloniale russe nous aidera à éviter les dangereux écueils de l'impérialisme, et du morcellement.

La logique de la photo caviardée

Même notre histoire la plus récente a été maquillée jusqu'au bout. On a hésité à dire la vérité, y compris pendant la période de perestroïka. Ainsi, début 1987 la télévision soviétique présentait une série documentaire dans laquelle on pouvait voir le jeune Iouri Gagarine arpenter un long tapis rouge sous les ovations, après son retour sur la Terre. Notre premier cosmonaute s'en va faire son rapport, adresser ses premiers mots, tendre la main, bien sûr, à l'homme qui dirige à cette époque-là l'ensemble du monde communiste. Mais... où est donc passé cet homme? Vers quel néant s'en va sous nos yeux la main de Gagarine? Arrêt sur image. On passe à la suite du programme... Selon quelle logique, en 1987, était-il donc obligatoire de nous cacher encore le visage de Khrouchtchev, d'en « protéger » la jeunesse?

On pourrait énumérer une quantité infinie d'exemples de cette mystification. Il faut pénétrer les raisons des divers remodelages, faute de quoi on irait se noyer dans les détails de toutes ces falsifications. Il faut situer les lignes de force du grand mensonge : les insurrections à Petrograd en 1917, la dispersion de l'Assemblée constituante en 1918, la campagne de Pologne en 1920, l'insurrection de Kronstadt en 1921, puis la collectivisation des terres au tournant des années trente, puis le pacte germano-soviétique, etc. Tous ces événements clés ont fait l'objet d'une relecture intégralement partisane. On les a affublés d'un nombre incalculable d'inventions totales, d'élucubrations « élégantes » ponctuées de légendes « merveilleuses »... sans aucun fondement.

Logique : des générations d'experts ont déployé des prodiges d'acrobaties dialectiques pour expliquer cette nouvelle nature de la vérité :

> « La vérité est un concept de classe...
> l'objectivité, un mythe bourgeois...
> dire la vérité, c'est choisir parmi les faits...
> les éléments utiles à la révolution... »,
> disait leur credo.

2

LA CONTRE-HISTOIRE
« DES CUISINES »

La population n'a pu résister à cette entreprise de décervelage qu'en maintenant vivante, par le bouche-à-oreille, son histoire souterraine. Cette vision parallèle de l'Histoire, que nous devons exhumer à travers les témoignages oraux, est évidemment parcellaire. Pour l'excellente raison que nombre de ceux qui la transmettaient furent exterminés par le régime.

Mais cette « contre-histoire » colportée par les victimes vient combler bon nombre de lacunes entretenues par le pouvoir. Elle est incomplète, bien sûr : elle se contente souvent de prendre le contre-pied exact des mythes propagés par l'école soviétique. Par là, elle est susceptible de diffuser à son tour certains mythes dangereux.

Magnétophones d'historiens contre table rase

L'étude de cette tradition orale a été autorisée depuis peu. Elle est notamment conduite au sein de mon université par le Groupe d'étude de l'histoire orale dirigé par Daria Khoudovaïa. Nous commençons à prendre la mesure exacte de la part d'aimables fictions qu'elle véhicule. Ce qui saute aux yeux, dès que l'on aborde l'histoire orale des peuples de l'URSS, c'est qu'elle est incomparablement plus véridique que l'histoire officielle. Elle illustre certaines croyances enracinées par l'interdit : la foi, par exemple, en la bonté du tsar Nicolas II, ou bien en l'esprit supérieur de l'amiral Koltchak... Toutes choses dont on peut douter en étudiant leur comportement à l'époque [1]. Pour le reste, cette histoire anecdotique reste généralement bien plus fidèle aux faits que la version bolchevique.

Une mémoire qui revient de loin : Moscou 1917

Mettons en parallèle quelques exemples. Prenons d'abord le compte rendu officiel de la victoire bolchevique de novembre 1917 à Moscou. Ça donne :

« La jeunesse ouvrière prit part à l'insurrection armée avec un courage à toute épreuve. De nombreux jeunes gens offrirent leur vie dans la lutte pour le pouvoir des soviets... Pour venir en aide aux travailleurs de Moscou en butte aux junkers [2], Lénine fit venir de Petrograd en renfort plus de deux mille marins et gardes rouges qui prirent position dans toute la ville le 1er novembre. Le Kremlin fut encerclé et soumis à des tirs d'artillerie. À l'aube du 3 novembre, les junkers déposèrent les armes. L'insurrection armée avait vaincu. »

Voyons maintenant les souvenirs d'un témoin oculaire, qui avait seize ans au moment des faits :

« Nous vivions à ce moment dans une maison qui se trouva au cœur de la fusillade, près des portes Borovitski. Pendant la bataille, nous ne pûmes ni sortir de chez nous, ni bien sûr rester dans nos appartements où volaient quantité d'éclats de verre. Nous étions donc confinés dans les escaliers, sur les marches, les paliers, les antichambres, pêle-mêle avec les proches, les voisins et toutes sortes d'invités, assis sur des oreillers, des matelas... On mangeait, on dormait, les adultes jouaient aux cartes... Une volontaire de la Garde avait traîné là son piano à queue. Elle avait couvert les fenêtres de grands draps et nous jouait des airs d'opéra. Je ne sais pas combien de temps cela a duré, peut-être cinq jours... Nous étions gais, insouciants, désinvoltes. On chantait, on dansait...

» Au matin de la première nuit de bataille, je les vois réunis en foule, par milliers, tous en vestes de cuir, pour la plupart

1. Nicolas II fut le dernier tsar, exécuté par les bolcheviks avec toute sa famille. L'amiral Koltchak mena en son nom les armées blanches de Sibérie, en 1919-1920. Il semblerait plutôt s'y être distingué par son manque de clairvoyance et son mépris des paysans.
2. Corps d'élite de l'ancienne armée russe, modèle prussien.

des Lettons [1]... Au milieu de cette foule, une interminable file d'étudiants et de junkers qui déposaient leurs armes et leurs munitions avant d'être emmenés par des gardes rouges...

» La fusillade avait fait beaucoup de victimes. Un décret obligea tous les enfants des écoles et des lycées à se joindre aux obsèques... Une gigantesque procession se rendit sous les murailles du Kremlin pour enterrer les bolcheviks... Il y eut des gens piétinés... Quant aux junkers, personne ne s'occupa de les enterrer. »

Servage kolkhozien : à chacun son « vertige »

Prenons la version stalinienne de la collectivisation des terres :

« La paysannerie travailleuse prenait toujours plus profondément conscience du caractère indispensable de la collectivisation menée sous la direction du Parti communiste, lequel préparait progressivement et méthodiquement toutes les conditions pour un mouvement de masse vers les kolkhozes. À partir de l'automne 1929, des villages et des districts entiers vinrent s'inscrire dans les kolkhozes, passant volontairement des anciens rapports de production aux nouveaux rapports socialistes. La fracture avait eu lieu dans la seconde moitié de 1929, lorsque les larges masses paysannes s'étaient convaincues des avantages offerts par l'exploitation collective... Elle avait donné la possibilité au Parti de passer à une nouvelle étape politique, celle de la liquidation des koulaks [2] en tant que classe. Le 2 mars 1930, le Bureau politique fit paraître un article de Staline, qui, sous le titre " Le vertige du succès " expliquait quelle devait être la politique du Parti dans les campagnes, soulignait le principe du volontariat et condamnait les pressions administratives exercées contre les paysans. »

Voyons comment ces mêmes événements ont été vécus de l'intérieur d'un village cosaque :

« Début décembre, on décréta la constitution du kolkhoze :

1. Les vestes de cuir sont le signe distinctif du corps d'élite chargé de la protection des dirigeants bolcheviques, les « tirailleurs lettons ». Ces gardes du corps mercenaires seront bientôt incorporés à la police politique, la célèbre Tcheka. Il y a contradiction avec la thèse officielle faisant état de gardes rouges, qui sont encore, à cette époque, une milice d'ouvriers volontaires.

2. À l'origine, les paysans propriétaires les plus riches. Cette étiquette soviétique désigna en fait tous les paysans à liquider « en tant que classe ».

toute la *stanitsa* [1] reçut le nom de kolkhoze Ilitch. Le président nous dit que tout avait été décidé lors du meeting : tout le monde doit y rentrer! Les gens avaient peur, terriblement peur. Ils disaient qu'on allait organiser une commune, que dans la commune tout le monde devrait se coucher les uns à côté des autres, entre deux solides gaillards aux deux bouts de la couverture... Cela faisait peur : tout le monde dans la même maison et sous la même couverture... Terrible! Mais ce qui inquiétait le plus, c'était la terre, et le bétail. Comme nous avons pleuré lorsqu'ils sont venus chercher les bêtes! Ils nous disaient de les sortir de l'étable, mais personne ne voulait le faire. C'était toujours un étranger au village qui s'en chargeait. Une de mes tantes s'est emparée d'une fourche et les a empêchés de prendre ses deux chevaux. Le lendemain, ils sont venus pour l'emmener en exil, laissant ses deux enfants seuls... Subitement, on a dit que Staline avait eu la tête qui lui tournait devant tant de succès, et on a fait le calcul inverse... Ceux qui ne veulent pas rester au kolkhoze n'ont qu'à reprendre leurs bêtes. Au bout de deux mois, l'un avait récupéré sa vache, l'autre sa jument... C'est que les bêtes étaient en mauvais état au kolkhoze : le troupeau mourait littéralement de faim... »

Le chagrin et la pitié, version biélorusse

En ce qui concerne la guerre, l'écart entre la vision officielle et les témoignages vécus atteint des sommets. Officiellement :
« L'armée allemande faisait une propagande antisoviétique débridée, elle propageait la haine de notre pays. Chaque soldat recevait pour instruction de tuer tout ce qui était russe ou soviétique, de n'avoir aucune pitié pour les vieillards, les femmes et les enfants. Dès les premiers jours de leur irruption sur la terre soviétique, les hitlériens entreprirent le massacre systématique de la population. Les citoyens soviétiques éduqués par le Parti organisèrent une résistance courageuse aux troupes d'occupation. Manifestation brillante du patriotisme vivifiant des masses, le mouvement des partisans fut d'une aide considérable pour l'Armée rouge. »
Écoutons ce témoignage d'une paysanne de Biélorussie :
« Il n'y avait pas beaucoup d'Allemands chez nous, et ils se conduisaient plutôt bien. Dans le cas contraire, nous nous

1. La communauté traditionnelle du village cosaque.

plaignions au commandant qui punissait ses soldats. Bien sûr, ils voulaient manger; ils demandaient des œufs et du lard. Pourquoi ne pas leur donner? Ils voulaient nous donner de l'argent qui n'a pas cours chez nous... Parfois ils nous donnaient du sucre, ils ne voulaient pas prendre sans payer. Lorsqu'ils sont partis, ils nous ont fait savoir que les Russes seraient là dans trois jours. J'en ai profité pour rejoindre les partisans. Pourquoi mentir? J'avais peur des bombardements. Ma sœur avait passé la guerre dans la forêt avec les communistes et les komsomols [1] qui n'avaient pas été évacués (vers l'arrière). Tant qu'il y eut à manger, ils se tinrent tranquilles, mais quand il commença à faire faim, ils se mirent à voler des veaux, des poules. Les paysans les ont dénoncés à la Kommandantur. Les Allemands ont organisé une grande battue et les ont presque tous attrapés et emmenés en Allemagne... »

Il n'est pas étonnant, dans ces conditions, que d'autres témoignages biélorusses insistent sur un point clé, furieusement refoulé par la thèse officielle : quand un groupe de partisans arrivait dans un village, les gens leur demandaient : « En admettant que vous gagniez la guerre, que vous remportiez finalement la victoire... allez-vous restaurer ici le kolkhoze? » Et les partisans soviétiques de répondre : « Mais voyons, grand-mère, jamais de la vie! » Que pouvaient-ils répondre d'autre, s'ils voulaient manger [2]?

La morale de l'Histoire et le sens moral

Les trois exemples que j'ai cités – parmi des milliers qu'on doit exhumer à l'encontre de tous nos manuels – se passent de commentaires.

Nous, historiens russes, nous portons une lourde responsabilité. Il nous revient de réviser de fond en comble notre enseignement. Qui donc voudrait revenir à l'époque où les cours s'inspiraient du seul manuel officiel, où l'on n'offrait aucun éclairage alternatif des faits? Qui voudrait revenir à un énoncé mystique de l'Histoire?

Nous pensons que la mémoire n'est pas seulement un élément de la conscience sociale parmi d'autres. Elle en est le point de départ, la première marche. La conscience histo-

1. L'organisation des Jeunesses communistes.
2. Voir aussi *Cette grande lueur à l'Est,* dialogues entre Iouri Afanassiev et Jean Daniel, aux Éditions Maren Sell, 1989.

rique est un phénomène complexe, qui ne se résume pas à la seule connaissance du passé. Dans notre discipline, c'est l'aiguillon de la conscience morale historique du chercheur qui donne son mouvement à la recherche scientifique. Cette conscience est à la fois le résultat et l'une des sources primordiales de sa quête.

Mémoire, Histoire, conscience : trois notions étroitement liées, parce que chacune est la condition des autres, et qu'il n'y a nulle frontière entre cause et conséquence. La conscience historique, c'est un rapport au passé qui reste intrinsèquement lié à notre représentation du monde présent. Le jugement sur le passé forme une part de la conscience sociale des générations futures. Le dialogue avec le passé se change alors en une recherche des valeurs de la vie, en points de repère. Nous ne pouvons pas rester indifférents à notre passé si nous voulons aujourd'hui vivre, faire des choix.

De même que l'amnésie est un mal qui ronge l'individu, déstructurant sa personnalité, de même l'absence de mémoire historique fait perdre tout sens à la trajectoire d'une société. Elle rend indifférent et barbare.

Notre société a vécu sous le joug d'une « histoire » qu'elle n'avait pas vécue. C'est le lit d'une déformation de notre conscience sociale dont nous mettrons longtemps à guérir.

3

LA TRADITION LIBÉRALE ESCAMOTÉE :
LE CAS TCHAADAEV

Une autre part, très significative, de notre histoire a été occultée : l'histoire des idées de nos élites. Sur ce terrain, aucune « contre-histoire » populaire n'est venue contredire les mensonges divulgués par l'enseignement communiste. Il est donc indispensable, aujourd'hui, de revenir sur la teneur du débat d'idées qui agita la Russie du siècle dernier, et de faire la preuve que la spirale de la pensée symétrique entre despotisme et révolutionnarisme était en passe d'être surmontée... Je voudrais évoquer rapidement ici l'importance d'une pensée comme celle de Tchaadaev, mais ce sont toutes les données de l'histoire intellectuelle du XIXe siècle qui sont à réévaluer : on ignore ainsi, généralement, que les universités russes étaient, au début du siècle, de véritables pépinières de gestionnaires libéraux formés par des professeurs ouverts sur les réalités modernes... Dès le règne de Nicolas Ier [1] les plus doués des étudiants de nos universités purent aller poursuivre leurs études en Europe, notamment en Allemagne. Le tsar permit ainsi que se constitue une pléiade de scientifiques et de juristes partisans des réformes sociales et de la monarchie constitutionnelle, qui, depuis leurs chaires, disputeront avec leurs étudiants radicaux et conservateurs tout au long de la seconde moitié du XIXe siècle. Ces savants seront à l'origine de la très faiblement influente – mais très riche – tradition du libéralisme russe.

1. Le tsar conservateur qui monte sur le trône au moment de l'insurrection manquée de décembre 1825 et meurt après l'échec de la guerre de Crimée en 1855.

L'histoire communiste officielle a monté en épingle les conflits entre l'intelligentsia et le pouvoir interprétés selon une grille monochrome, comme si une ligne unique traversait le XIXᵉ siècle, allant de Radichtchev à Lénine, *via* Pestel, Herzen [1] et Plekhanov [2]. Elle ne fait mention que du radicalisme russe et considère que la rupture entre l'administration et les intellectuels est totale, définitive et sans retour après l'échec du mouvement décembriste de 1825. De ce mouvement, elle n'a retenu que les figures dont la pensée autoritaire corrobore et « préfigure » l'action des bolcheviks.

Le big bang décembriste

Le mouvement des décembristes occupe en effet une place particulière dans le développement du processus de libération en Russie. Le principe de souveraineté du peuple, celui de libération de la personne et des libertés civiques sont communs aux différents acteurs de ce mouvement. L'analyse des projets de constitution et des règles de la Société des Slaves réunis atteste de l'orientation éclairée, encyclopédiste et « libre-penseuse » des décembristes. L'un des textes de base prévoit, après la réussite de l'insurrection, l'instauration d'une monarchie modérée, dans laquelle les droits des sujets seraient garantis par l'État et qui adopterait une forme fédérale; les paysans seront libérés et dotés d'un lopin minimal.

Mais, dans un autre projet de transformation politique dû au décembriste Pestel (de l'Union du Sud), le tsar doit être assassiné; après le renversement de l'autocratie, doit être installé pour dix ans au moins un gouvernement provisoire révolutionnaire centralisé, dont les fonctionnaires auront pour tâche de faire adopter les libertés formelles bourgeoises, mais... qui limitera sévèrement leur application dans l'intérêt du bien public.

Bien évidemment, les historiens soviétiques ont pris, par principe, l'habitude de considérer ce dernier *Projet* de dictature de salut public comme empreint d'un plus grand matérialisme politique et d'une connaissance plus grande de

1. Le polémiste des brûlots intitulés *La Cloche* et *L'Étoile polaire,* édités à Londres; ancêtre commun de toutes les formes de socialisme russe.
2. L'ancêtre fondateur du marxisme russe, le maître, puis la tête de Turc, de Lénine. Leur brouille fut à l'origine de la rupture entre mencheviks et bolcheviks.

la réalité russe. Une réalité qui recouvre ici un ensemble de traditions jalousement conservées par l'autocratie et qui ont poussé leurs racines très profondément dans la conscience populaire : les illusions nationalistes de superpuissance et les traditions niveleuses de la communauté paysanne.

La tradition de la pensée symétrique

Les deux branches de cette alternative, présentes déjà chez les décembristes, vont s'écarter de plus en plus l'une de l'autre. Ce qui est plus grave, c'est que le schisme entre la société et l'État se creusera et que chacun se mettra à élaborer pour soi, en secret, un programme en opposition totale avec celui d'en face. Le décembrisme porte en lui bien des germes des divers courants de pensée qui animeront la société tout au long du XIXᵉ siècle, des ultra-révolutionnaires aux libéraux conservateurs.

L'exceptionnel degré de centralisation et de contrôle de la société par les hautes sphères de l'État amène l'apparition de structures d'opposition dont l'alibi idéologique est strictement antinomique mais dont le principe pratique est tout à fait semblable. C'est suivant ce même principe – ce cercle vicieux – qu'on assiste à la multiplication d'organisations cherchant à faire contrepoids au pouvoir. La société se passionne pour l'organisation de sociétés secrètes et pour les stratégies de prises de pouvoir, ceci dans la perspective de l'établissement d'une dictature du Bien.

La synthèse faite par Pestel entre l'acquis de la Révolution française et les archaïsmes de l'étatisme russe a donné naissance à un dangereux hybride à la postérité nombreuse. En faisant le bilan de l'expérience des décembristes et de la crise des Lumières dans l'Europe contemporaine, l'intelligentsia ne cesse de s'interroger sur le dilemme de la fin et des moyens, sur le danger des transitions et sur la perspective de la transformation d'un pouvoir révolutionnaire en despotisme bonapartiste. Chaque nouvelle génération de théoriciens et de praticiens de la lutte pour la libération en Russie sera placée devant cette question centrale et se devra de la résoudre.

Générosité de l'intelligentsia russe

Mais il y a un autre aspect de cette histoire, et qui apparaît dès les années 1830, notamment avec Tchaadaev. L'idée du développement intérieur, l'espoir mis dans les forces jeunes de la nation sont aussi au cœur du romantisme politique de cette époque. Cette génération de l'intelligentsia a eu ses martyrs, tels les membres des cercles des frères Kritski et Petrachevski, et ses héros romantiques, comme le révolution-naire impétueux Michel Bakounine... On assista à l'émergence d'une citoyenneté dans une société pourtant soumise à un régime hyper-répressif interdisant toutes les formes légales d'opposition.

Cette nouvelle génération d'opposants, issue presque exclu-sivement de la noblesse, a choisi de renoncer à la conservation jalouse de ses intérêts, de ne pas prendre part à la vie politique en tant que classe sociale. Elle s'est lancée dans la bagarre en tant que rassemblement de personnes hors classe, luttant pour le bien public, du moins pour l'idée que s'en faisaient les plus éclairés des nobles... Cette situation caractéristique de la Russie a eu deux conséquences principales. Cette lutte « désintéressée », menée au nom des intérêts généraux, a donné des traits utopiques et entraîné une dramatisation de la vision du monde chez la jeune intelligentsia en formation. En même temps, en s'élevant au-dessus des buts immédiats et des contraintes du quotidien, les meilleurs éléments de cette génération ont donné l'exemple d'une pensée originale et universelle, visant au-delà des seules exigences de leur triste époque.

Tchaadaev a joué le rôle de ferment dans le processus de formation de cette minorité intellectuelle agissante. Son inces-sante quête spirituelle et les constants rebondissements de sa pensée ont tiré la pensée russe de sa léthargie. Tchaadaev a anticipé sur l'avenir russe. Son désir de se rapprocher de l'Europe a fait la preuve de son effet bienfaisant dans l'histoire russe. Le sentiment de l'isolement géographique et spirituel en est devenu d'autant plus douloureux, génération après génération.

Actualité de Piotr Tchaadaev

Quelque part dans le courant de l'année 1987, participant à une émission de télévision très populaire à ce moment-là, j'ai évoqué Tchaadaev, le sens de son œuvre et le destin qui lui avait été réservé. J'ai cité quelques-unes de ses réflexions sur la Russie et avoué que sa pensée avait une influence sur

mes prises de position, parce qu'elle soulevait des questions
qui restaient tout à fait d'actualité.

De même que la plupart de mes allocutions et publications
concernant le passé de la Russie et sa place dans l'histoire
du monde, cette intervention a soulevé des réactions d'une
vivacité inattendue dans le public. Bien entendu, beaucoup
de gens ont tenu à manifester leur soutien, mais, dans l'ensemble, j'ai été bombardé de lettres indignées, voire inju-
rieuses, de télégrammes et d'articles de protestation émanant
de gens pour qui je suis – à jamais – un russophobe invétéré,
et par conséquent un Juif.

Cette certitude que toute critique de notre impérialisme ne
peut être que le fait d'un élément étranger a conduit les plus
vindicatifs de mes contradicteurs à m'affubler d'un nouveau
nom de famille, à leurs yeux « authentique », dont la conso-
nance confirmerait mes origines : Schneenson. Dans la foulée,
certains ont refait ma généalogie et « découvert » que j'étais
un descendant de Trotski, un petit-fils de Zinoviev... Quand
je me permets de considérer que les réformes de Pierre le
Grand ont renforcé le servage, je noircis à plaisir notre passé;
quand je prouve que les îles Kouriles du Sud ont appartenu
au Japon et n'ont été annexées qu'à l'issue de la Seconde
Guerre mondiale, je mets ma patrie en vente; quand j'invite
des professeurs à quitter leurs universités pour rejoindre celle
que je dirige, je monte un repaire de sionistes...

Ceci dit, je ne mentionne pas Tchaadaev dans le seul but
de faire valoir que son destin se répète à un siècle et demi
de distance, ou que le sort qui m'est réservé est semblable
au sien. Je suis loin d'être le seul, beaucoup d'intellectuels
russes sont considérés par leurs contemporains comme des
traîtres. En cette fin du XXᵉ siècle, de larges couches de la
société russe continuent à assimiler à des russophobes tous
ceux qui portent un œil critique sur notre expérience historique. Au moment où j'écris ces lignes, le 15 juin 1992, le
centre de retransmissions télévisées d'Ostankino, probablement coupable de diffuser trop d'images véridiques, est assiégé
par des « national-patriotes » qui se disent prêts à donner
l'assaut dans une semaine...

Je crois en outre qu'un grand nombre de Russes ont encore
aujourd'hui suffisamment de raisons de se sentir franchement
troublés par certaines paroles de Tchaadaev; ne serait-ce que
celles-ci : « On peut dire de nous que nous constituons en
quelque sorte une exception parmi les peuples. Nous appar-
tenons à cette catégorie d'entre eux qui ne semble pas être

un élément constitutif du genre humain et qui n'existe que pour donner une grande leçon au reste du monde. » La grande leçon étant, vraisemblablement, de savoir ce qui fait que nous nous sommes détachés du genre humain et de quelle manière nous pouvons procéder pour nous réinsérer. Se référer aujourd'hui à Tchaadaev, c'est aussi une bonne façon de faire apparaître une étonnante concordance des époques, une indéniable ressemblance entre la Russie de la fin des années quatre-vingt du xxᵉ siècle et celle du premier quart du xixᵉ siècle. Aujourd'hui comme alors, on ressent la nécessité de grands changements dans la vie russe et le thème de la « spécificité » russe est revenu à la mode.

La Russie à la « Lettre »

La frange la plus éclairée de la noblesse russe des débuts du xixᵉ siècle a été sous le charme des fameuses *Lettres philosophiques* que Tchaadaev a rédigées entre 1828 et 1830. En se faisant le porte-parole du libéralisme russe, tel qu'il se définit à son époque, Tchaadaev s'est avéré plus que tout autre en phase avec son époque. Le libéralisme idéaliste et romantique de ce temps repose sur la certitude d'un futur éblouissant et met en accusation le passé et le présent de la Russie au nom de ce futur original, au nom du déploiement d'une « idée russe » qui dort depuis toujours dans « les profondeurs de l'âme du peuple », et qui n'a jusqu'ici pas été sollicitée.

Né en 1794, Piotr Iakovlevitch Tchaadaev était issu d'une vieille famille noble. Orphelin de bonne heure, il fut élevé par sa tante, la princesse Chtcherbatova, fille du célèbre historien et écrivain du xviiiᵉ siècle. Le jeune Tchaadaev fut d'abord un brillant officier qui participa à la guerre contre Napoléon en 1812 et fit campagne en Europe. Il s'était lié avec Pouchkine au lycée et resta par la suite l'un de ses plus fidèles amis. Il se disait libéral-patriote et partageait l'essentiel des idées des décembristes; il était membre de la loge des Amis du Nord. Tombé en disgrâce après l'échec de l'insurrection, Tchaadaev donna sa démission et voyagea en Europe, pour combler les lacunes d'une culture déjà brillante. Il y subit l'influence des philosophes de l'époque : les Allemands Kant, Hegel et, bien sûr, Schelling, les Français De Maistre, Bonald et Chateaubriand.

La question russe, la prise de conscience de l'histoire de

ce peuple, la caractérisation de son présent et l'élucidation de son avenir sont au centre de sa pensée. C'est du moins ce que beaucoup de commentateurs de son œuvre pensent. Il me semble que sur ce point il faudrait prendre en compte l'opinion du père Zenkovski, qui suppose que le regard sur la Russie ne constitue pas le centre de la pensée de Tchaadaev mais que, au contraire, il ne constitue qu'un développement logique de ses idées plus générales sur la philosophie du christianisme. Pour Tchaadaev, la raison du siècle exige une « nouvelle philosophie de l'Histoire » et le providentialisme est appelé à être cette nouvelle philosophie. Dans ce contexte plus large des points de vue du « philosophe chrétien », ainsi que Tchaadaev aimait à se désigner lui-même, le problème de la Russie prend tout naturellement sa place.

Tchaadaev était persuadé de la nature providentielle de toutes les conquêtes de la civilisation occidentale : « [En Europe] toutes les révolutions politiques ont été en fait des renversements de l'ordre moral; on cherchait des vérités, on a trouvé la vérité et la prospérité. » Ailleurs : « En Occident, tout a été fondé par le christianisme [et] malgré toute l'imperfection, la dépravation et le caractère inachevé propres au monde européen, on ne saurait nier que, jusqu'à un certain point, le royaume de Dieu s'est réalisé en lui. »

Le christianisme a forgé l'esprit et le caractère de l'homme occidental, il a engendré la richesse de sa culture, la robustesse de la notion de citoyenneté. En parallèle à cette image d'un progrès indéfini dont la société occidentale est redevable, selon lui, au catholicisme (particulièrement après la Réforme), Tchaadaev se représente à première vue la Russie comme un pays oublié de Dieu, et les Russes comme un peuple exclu de l'ordre du monde.

Ayant hérité son christianisme de Byzance, la Russie a été isolée de la famille des peuples européens. Soumise au pouvoir temporel, l'Église orthodoxe s'est révélée incapable de remplir sa mission sur terre. Trop superficiellement christianisés, n'ayant même de chrétiens que le nom, les Russes n'ont pu goûter aux fruits du christianisme. Tchaadaev se laisse parfois aller à des accès de désespoir, lorsqu'il décrit le caractère amorphe et malléable de la nation russe : « Nous avons quelque chose dans le sang qui réprouve tout progrès véritable; nous vivons dans le plus confiné des présents, sans passé ni futur, dans une stagnation uniforme. »

Les *Lettres philosophiques* constituent l'essentiel de l'œuvre de Tchaadaev. Il y expose sa vision religieuse et philosophique du monde. Ces *Lettres* vont longtemps passer de main en main et ce n'est qu'en 1836 que l'une d'elles, écrite en 1829, sera publiée dans la revue moscovite *Télescope*. Cette *Lettre* sera la seule que Tchaadaev publiera de son vivant. Herzen y verra un cri de douleur et d'imprécation, un impitoyable acte d'accusation de la Russie.

On y lit en effet des phrases comme celle-ci : « Coupés par un étrange caprice du sort du mouvement général de l'humanité, nous n'avons pas adopté les idées communes au reste du genre humain. » Ou encore : « Nos souvenirs ne remontent pas plus loin que la veille; nous sommes en quelque sorte étrangers à nous-mêmes. » Enfin : « [En nous affranchissant du joug tataro-mongol] nous sommes tombés dans un esclavage encore plus terrible, un esclavage sanctifié cependant par le fait même de notre libération. »

Ces affirmations ont le goût amer de la honte, de l'humiliation et de la mortification. La dernière me semble particulièrement consternante, surtout si l'on étend cette réflexion à toute notre histoire, y compris l'histoire contemporaine. Combien de fois, bien après Tchaadaev, sommes-nous retombés dans l'esclavage, dans un esclavage sanctifié par nos « victoires libératrices » !

À la suite de cette parution, Tchaadaev acquit la réputation à double tranchant d'être l'un des plus courageux accusateurs de la réaction, mais aussi l'un des enfants les plus haineux de la Russie. Cette publication « fit l'effet d'un coup de feu dans la nuit noire », dira Herzen. Une infime minorité de Russes accueillit ce texte avec fierté et exaltation. L'écrasante majorité en conçut de l'aigreur et de l'indignation. *Télescope* fut fermé et N. I. Nadejdin, son rédacteur, exilé. Le censeur qui avait laissé passer le texte fut remercié. Tchaadaev lui-même, ainsi qu'il le racontera par la suite, s'en sortit plutôt bien : Nicolas Ier ordonna de le traiter comme un aliéné et le fit placer sous surveillance médicale et policière. (Remarquons au passage que cette méthode connaîtra un succès croissant dans notre pays, où on en est venu à construire des hôpitaux psychiatriques « spéciaux ».) Tchaadaev répondra à la disgrâce du tsar et à l'indignation du public par la célèbre *Apologie d'un fou,* un texte qui, de par son exceptionnelle grandeur morale, reste une des perles de la littérature du XIXe siècle russe.

La vocation de la Russie : occidentalistes et slavophiles

Par un paradoxe dont l'Histoire a le secret, quand Tchaadaev publie, en 1836, une *Lettre* rédigée en 1829, il est déjà un autre homme et son regard sur la Russie est moins partial. Ne reniant pas son idée première, il se prononce pour sa publication. Mais il ne voit plus seulement l'isolement de la Russie du reste de l'humanité, l'absence de racines et de mémoire, le passé si difficile à assumer, l'apathie et les vaines tentatives de restructuration de ses souverains. Tout ce qu'il en a dit reste vrai, mais, en même temps, il lui semble qu'on a toutes les raisons d'attendre une reconnaissance internationale de la Russie, de croire en sa mission et en l'avenir providentiel du peuple russe.

En appelant ses compatriotes à identifier leur destin à celui de la société européenne, Tchaadaev n'a pas seulement en vue une assimilation plus profonde et plus complète de la culture occidentale, il souhaite que les intellectuels russes changent leur façon de penser et que, précisément, ils cessent de se cantonner à l'imitation pour retrouver le chemin de la création. Tchaadaev lui-même est l'un des rares nobles russes de ce temps qui se soit mis sérieusement à l'étude, au travail opiniâtre et prolongé sur son héritage spirituel, qui ait « creusé le sillon du développement intérieur et du véritable progrès de la pensée russe ».

Tchaadaev ne renie pas le génie spécifique de son pays, il s'interroge sur les moyens de le rendre utile au monde. Avec lui, toute une génération de poètes, d'historiens et de scientifiques se demande : « À quoi le Créateur a-t-il destiné la Russie? » Il y répond dans une lettre privée : « La Providence nous a fait trop gigantesques pour être des égoïstes... Elle nous a placés au-dessus des intérêts des nations, elle nous a chargés des intérêts de toute l'humanité. »

C'est au moment où il prend conscience de l'universalité de la destinée de l'élite cultivée russe que Tchaadaev décide de publier ses *Lettres philosophiques*, en Russie même, quoi qu'il puisse lui en coûter. « Parce que pour obtenir le résultat exigé, il faut que certaines idées naissent dans notre pays. » Cependant, la parution dans la revue *Télescope* n'a pas donné lieu à une campagne d'autocritique ni de mise en accusation de la Russie autocratique. Bien qu'il ait surtout heurté les sentiments patriotiques et les préjugés de ses concitoyens, Tchaadaev va néanmoins accélérer le développement de la conscience nationale en donnant le coup d'envoi à la césure idéelle entre occidentalistes et slavophiles, qui divise jusqu'à nos jours la société russe.

En fait, Tchaadaev donne sa première assise religieuse, philosophique et géopolitique à la tradition occidentaliste dans le milieu intellectuel russe. La publication de son texte permet par contrecoup la cristallisation rapide de l'enseignement slavophile. Dans leur polémique contre les postulats de la *Lettre philosophique*, les slavophiles insistent sur la valeur intrinsèque du passé russe.

Tchaadaev fondait sur la particularité russe ses espoirs d'un futur accomplissement de la Russie au sein du monde chrétien; il partageait avec les slavophiles une insatisfaction quant au bilan du développement culturel du pays. Ils avaient en commun la pensée providentialiste, la soif d'une prise de conscience nationale, la conviction du caractère unique de la civilisation russe et l'aspiration à déterminer la place qui revenait à la Russie dans le développement du monde. Ce débat sur le destin historique de la Russie et sur la position médiane qu'elle occupe entre l'Orient et l'Occident devait connaître un destin particulièrement riche. Cette pensée est toujours vivante, et la dispute n'est jamais retombée.

La signification particulière des idées de Tchaadaev, la force de l'influence qu'elle exerça sur ses contemporains et sur les générations suivantes s'expliquent probablement par le fait que personne d'autre n'est parvenu à formuler de façon plus convaincante le propos de l'énigme russe. D'un côté, la Russie a reçu en partage un destin providentiel, elle a été chargée « des intérêts de toute l'humanité ». D'un autre côté, la Russie est maudite : « La providence nous a exclus de son action bienfaisante sur la raison humaine. » Mais, et c'est une énigme de plus, le retard russe n'est-il pas lui-même providentiel?

La mission universelle de la Russie est pour Tchaadaev le résultat logique de notre longue solitude : « Laissée à l'écart du mouvement impétueux qui, là-bas [en Europe], emporte les esprits, elle a reçu en partage la tâche de donner, le jour venu, la solution de l'énigme humaine. » C'est dans cette certitude qu'il faut voir l'origine de l'universalisme de Tchaadaev, l'origine de sa certitude que « ce n'est pas à travers la patrie mais à travers la vérité que passe le chemin vers le ciel ». Et s'il faut aimer sa patrie, alors il doit s'agir là d'un

amour particulier : « Je n'ai point appris à aimer mon pays
les yeux fermés, le front baissé, la bouche close. Je trouve
que l'on ne saurait être utile à son pays qu'à condition d'y
voir clair... »

4

SOUBRESAUTS D'UN MONDE ORWELLIEN

À partir de 1985, après soixante-dix années d'un régime monolithique, la société soviétique a été projetée dans le maelström d'une remise en question générale. Les historiens de cette société, bien sûr, y furent propulsés aussi.

Les historiens dans la mêlée...

Ils étaient concernés au premier chef dès lors que la direction du parti qui monopolisait le pouvoir depuis 1917 estimait tout à coup que ce parti s'était écarté du projet initial, conçu par ses premiers dirigeants. Cette direction exigeait une refonte complète de toute l'organisation sociale...

Mais une première question venait à l'esprit : pourquoi avoir obstinément construit pendant tant d'années ce qu'il fallait « reconstruire » désormais. Ensuite, puisqu'on nous disait qu'on « s'était écarté de la voie tracée en octobre 1917 », il fallait bien s'interroger sur le moment, les circonstances, les causes de ces « écarts ». Pour s'orienter dans le présent, il fallait avoir à l'esprit les variantes qui s'étaient offertes au cours de l'Histoire...

Il ne faut jamais perdre de vue que l'Histoire est un processus qui s'accomplit chaque jour. Chaque jour de nouvelles alternatives s'ouvrent aux divers protagonistes. Même dans le cadre d'un choix général déjà opéré – démocratie ou dictature –, certaines possibilités de choix sont ouvertes. Ces inflexions influent à leur tour sur la nature du processus en cours.

Il importait d'étudier de près les causes des échecs de tous ceux qui avaient tenté de démocratiser la société russe, les échecs des tentatives antérieures au régime bolchevique, autant que de celles qui avaient ponctué soixante-dix ans de dictature. Il devenait essentiel de saisir ce qui s'était passé de l'année 1921 à 1929. Et de comprendre pourquoi la critique du stalinisme entreprise de 1956 à 1964 était restée incomplète... Pourquoi les structures mises en place sous Staline étaient-elles si vivaces qu'elles avaient entravé le développement de la société pendant trente ans? De fait, elles faillirent encore tout bloquer à partir de 1989...

Au début de la perestroïka, mes revendications en faveur d'une restauration rapide de la mémoire collective et d'une réhabilitation de la vérité historique furent prises pour des revendications corporatistes d'historien! Je veux insister sur l'idée que la déformation de la conscience historique qui est gravée dans la mémoire de nos concitoyens est aujourd'hui encore très dangereuse : elle conduit au refus obstiné d'en finir avec ce système absurde et nuisible. Je l'ai répété en toutes occasions depuis la publication du recueil *La Seule Issue* en 1988 : la seule issue, si l'on veut que cette société adopte en profondeur des habitudes démocratiques, c'est que chacun puisse prendre une part active, donc historiquement consciente, à la démocratisation. Il faut que la jeunesse ait les moyens de remettre en question les usages dictatoriaux qui sont enracinés dans notre passé.

...ou le brave soldat Chveïk dans la perestroïka

C'est un fait incontestable : ce sont des écrivains, des journalistes, des essayistes qui, les premiers, exigèrent que toute la lumière soit faite sur l'histoire de la Russie. Les historiens adoptèrent dans un premier temps une position plus prudente...

Cette situation s'explique aisément. Elle mérite qu'on entre dans quelques détails du fonctionnement de nos institutions d'« histoire » soviétiques, et que le lecteur pénètre avec moi pas à pas dans le labyrinthe aux sigles de bois. Ce que je veux raconter là semblera relever du fantastique. On croirait une fiction inspirée d'Orwell... Ce fut notre réalité. Je ne doute pas que le lecteur européen aura de la peine à imaginer que ces péripéties – dignes du brave soldat Chveïk [1] – se sont déroulées réellement, et hier encore.

1. Personnage du romancier tchèque Jiri Hašek *(Les Aventures du brave Švejk au temps de la Grande Guerre)*, repris par Brecht pendant la Seconde Guerre mondiale.

Je souhaite qu'on réalise que de telles clowneries n'avaient rien d'exceptionnel jusqu'à la chute du régime communiste. Ce que je sais de la vie universitaire et de ma discipline vaut pour l'ensemble des disciplines scientifiques et techniques enseignées en URSS. On sait quels coups le régime totalitaire a porté à la littérature, à la génétique, à la cybernétique. Il ne faut donc pas s'étonner de l'énergie qu'il a dépensée pour domestiquer l'histoire. Il a persécuté des savants aussi universellement connus que les historiens Tarlé et Platonov. Dans les domaines, moins « sensibles », des sciences exactes, le Parti communiste exerçait un contrôle plus souple. Mais il a littéralement étouffé des matières comme la sociologie et la philosophie.

S'en souvenir n'est pas qu'affaire de vigilance. Cela permet de comprendre mieux l'ampleur du désarroi d'exécutants aujourd'hui livrés à eux-mêmes, d'imaginer dans quelle désorganisation complète se retrouve après ça notre pays. Ces anciennes structures de contrôle sont légions, entièrement obsolètes et non réformables. Il faut les supprimer, recycler tout leur personnel. Et les cadres doivent s'habituer à prendre leurs responsabilités par eux-mêmes.

Persécutions toujours recommencées

La génération d'historiens qui s'est trouvée confrontée au démarrage de la « révolution par le haut » de 1985 avait clairement conscience de la dépendance de sa discipline à l'égard de la conjoncture politique. Elle était payée pour savoir avec quelle facilité le pouvoir donnait à « l'Histoire », comme par enchantement, l'orientation de son choix.

La pratique leur en donna des confirmations à chaque pas. Ils avaient tous assisté, en 1957, à l'exemplaire mise au pas de la revue Questions d'histoire, qui avait poussé un peu loin la critique des bases dictatoriales du régime, et dont la rédaction finit par être liquidée par les staliniens. Les campagnes dites « d'études approfondies » lancées par le Parti contre les travaux des historiens démocrates Hefter, Kardine, Nekritch [1], Pankratov, Zimine, et de bien d'autres, avaient conduit, en 1967, à la dispersion de la rédaction de la Revue

1. Alexandre Nekritch choisira l'exil à la fin des années soixante-dix. On lui doit une étude détaillée des déportations de populations des années 1944-1946 : Les Peuples punis, Paris, La Découverte, 1982.

d'histoire militaire. Et à la purge de la rédaction de *Novy Mir* en 1969-1970.

Les historiens avaient suivi la guerre de résistance menée par le Bureau du Parti de l'Institut d'histoire de l'Académie des sciences contre le Bureau central du Parti de cette Académie, lutte qui ne fut interrompue, en 1968, que par la liquidation de l'institution déviante : plus de Bureau du Parti de l'Institut d'histoire puisque plus d'Institut d'histoire à l'Académie; on le cassa en deux, isolant l'Institut d'histoire de l'URSS de l'Institut d'histoire générale... Les partisans de cette résistance furent montrés du doigt, les travaux des groupes d'historiens discrédités furent examinés à la loupe. Et on ferma celles des unités de recherche qui n'avaient pas obéi assez vite au signal d'avoir à interrompre toute recherche sur la déstalinisation et sur la nouvelle lecture du marxisme.

Un dernier coup fut porté en mars 1973 par la conférence consacrée à la mise en accusation des « historiens révisionnistes [1] ». Cette « victoire sur le front de l'idéologie » s'accompagna de la nomination de personnes « sûres » à de nombreux postes clés. C'est à ce prix que l'on obtint quinze années de silence complet à la section d'histoire de l'Académie des sciences.

Pris dans la toile d'araignée de la Vieille-Place

Le système mis en place consistait en un contrôle très serré de tous les mouvements au sein des unités de recherche. Tous les fils de la toile d'araignée idéologique menaient à la Vieille-Place [2], au bâtiment du secteur d'histoire du département des sciences du Comité central du PCUS. Ce département était dirigé par le biographe officiel de Félix Dzerjinski [3].

Les instituts « scientifiques » contrôlés par les plus serviles et les plus réactionnaires des historiens et les revues *Questions d'histoire, Archives soviétiques* et *Le Messager de l'université de Moscou* formaient les principaux fils de cette toile d'araignée, dont les nœuds étaient l'Académie des sciences sociales, l'Institut du marxisme-léninisme (dépendant du Comité cen-

1. Il s'agit de « révisionnisme » en regard de l'orthodoxie marxiste. Rien à voir avec le négationnisme des crimes nazis.
2. L'énorme siège central des services du Comité central, près du Kremlin : le centre du Centre.
3. L'illustre fondateur de la Tcheka, donc du KGB et de toute la superpolice politique.

tral du PCUS) et l'Institut d'histoire militaire (dépendant du ministère de la Défense de l'URSS). Et chacun de ces organismes avait ses métastases dans chacune des quinze républiques de l'URSS.

Ces centres de contrôle avaient pour fonction essentielle d'exercer une censure idéologique pointilleuse sur tous les matériaux venant des unités de recherche. Pour les tâches plus délicates de « rééducation » et de remise dans le droit chemin des chercheurs récalcitrants, on comptait sur la pédagogie des « organes » *ad hoc,* c'est-à-dire du KGB.

Une clé : l'autocensure collectiviste

La rédaction collective de tout le produit de nos recherches était cependant le meilleur moyen, d'un emploi quotidien, pour contrer la pensée dissidente. Cette contrainte coutumière s'était imposée à partir des années trente et n'avait jamais depuis lors été remise en cause.

Chaque chercheur se devait de participer à des travaux collectifs, et de soumettre ses résultats à des collègues, à des rédacteurs de toute confiance. Au cours de la préparation de tels travaux, on recourait à des collègues passés maîtres dans ce jeu dont les règles n'autorisaient aucune faute politique. Ils avaient assimilé jusqu'au moindre détail des nuances perceptibles dans le cannage de la toile idéologique. On mettait donc ces efforts en commun pour nettoyer le manuscrit de tout ce qui aurait pu ne serait-ce qu'éveiller le plus léger mécontentement parmi les curateurs. De cette manière, le matériau enfin jugé bon à publier tombait sur le bureau des censeurs déjà lavé de toute « impureté », volontaire ou involontaire.

Ce système de surveillance était parvenu à son fonctionnement optimal. Il se doublait d'habitudes vieilles de soixante ans, dont la validité se renforçait jour après jour... Dans ces conditions, les chercheurs ont évidemment accueilli avec une parfaite incrédulité les appels à rouvrir le débat scientifique, lancés, à partir de 1985, par... les « historiens » du département des sciences du Comité central du PCUS.

En fait d'appel, cela prit la forme d'un ordre écrit qui descendit lentement, mollement, degré par degré, la voie hiérarchique. L'écran à traverser était épais.

L'ombre de la Pologne et de Khrouchtchev

Ceux-là mêmes qui ne s'étaient montrés capables que d'une chose : faire respecter le silence dans les rangs... étaient maintenant censés faire l'éloge du débat ouvert, chargés d'organiser une franche opposition des opinions!

Au seuil même de la perestroïka, ces gens venaient de boucler une de leurs campagnes de « discussions scientifiques ». Cette fois, ils avaient soumis à la question, et cloué au pilori, un spécialiste du Moyen Âge, l'historien de la vieille Russie de Kiev, Froïanov.

Ces « chasseurs de sorcières » étaient encore aux basques d'Ambartsoumov. Ils avaient déclenché la bagarre contre la parution, dans *Questions d'histoire*, d'articles « à tendances khrouchtchéviennes » : ils avaient « démasqué » Ambartsoumov pour un article où il avait osé comparer la Pologne de Jaruzelski avec la crise russe de 1921. Cet article avait le « défaut » de poser une question suspecte, voire séditieuse : il évoquait la possibilité de crises politiques... dans les pays « socialistes développés »! Hypothèse exclue! La Pologne n'existait pas! Et la nouvelle crise russe ne viendrait pas à exister...

L'occasion était bonne à leurs yeux de donner à nouveau la chasse aux « khrouchtchéviens » : ils visaient en fait une tentative globale du département international du Comité central d'obtenir une appréciation un peu plus positive de la politique de Khrouchtchev, premier secrétaire du PCUS à avoir dénoncé les crimes de Staline.

Cette mission – complexe, délicate... – échut à la revue *Questions d'histoire*. Effrayée par le sujet, la rédaction proposa... trois variantes de l'article commandé : une positive, une négative, et une nuancée! C'est la dernière qui parut, après moultes consultations dans tous les recoins de la toile d'araignée. Ce texte *a priori* ne semblait pas devoir provoquer de collision dangereuse, mais il y eut, là-dessus, l'article d'Ambartsoumov. D'abord apprécié dans un sens positif par la revue *Komounist*, cet article, finalement, n'avait pas pu être publié dans cet organe; alors, toujours à la demande du département international du Comité central, la chose atterrit, elle aussi, sur le bureau de la revue *Questions d'histoire*.

Ce n'est qu'à la sortie du numéro contenant l'article d'Ambartsoumov que la toile d'araignée frémit, puis s'affola : l'alerte

– on est en 1984... et pas dans un roman – a été déclenchée dans le bureau de Tchernenko soi-même! On obligea la rédaction de *Komounist* à publier un article incendiaire contre *Questions d'histoire,* dont le rédacteur en chef dut se fendre à son tour d'un article de repentir en bonne et due forme.

L'appareil de direction de l'Histoire venait donc de remporter une victoire sur toute la ligne, sur la Pologne, sur Khrouchtchev, et sur... la nouvelle *voie* de son maître.

La perestroïka... tous freins serrés

Voilà que cet appareil de direction de la « science » historique reçoit des ordres étranges : en 1985, les initiateurs gorbatchéviens de la « révolution par le haut » viennent de débarquer au sommet. Ne pouvant refuser frontalement leurs ordres, l'appareil choisit la seule forme de résistance qu'il connaisse, celle qui permet d'éviter d'attirer sur soi une attention critique : l'immobilité parfaite. Silence en direction des échelons inférieurs de la hiérarchie et, pour masquer cette étanchéité, élaboration d'un plan de « restructuration » à destination des instances supérieures. Et quel plan! On rédigea pas moins de six plans de « restructuration » de l'Histoire, tous différents! Essayez un peu, après ça, de dire que la perestroïka était restée lettre morte dans le secteur de l'Histoire!

Ces tenants de l'historiographie officielle feront preuve de leur état d'esprit agressivement conservateur jusqu'au bout. La querelle sur la qualité des manuels scolaires ne retombera qu'avec la mise en minorité du PCUS et l'élection de Boris Eltsine. En mars 1988 encore, deux académiciens responsables du secteur d'histoire affirmeront dans le quotidien *Moskovskaïa Pravda* que tout va pour le mieux au royaume des manuels scolaires soviétiques. Et à une question du nouveau ministre de l'Éducation, il fut répondu que les manuels traitant de l'histoire du Moyen Âge n'avaient pas été révisés depuis le début des années soixante... parce qu'ils n'avaient pas besoin de l'être!

Dernier verrou : l'enjeu des archives secrètes

Par la suite, six ans de perestroïka ont permis aux chercheurs de choisir des sujets de thèse de plus en plus « audacieux ». Mais, malgré la suspension de la censure préalable, malgré la liberté de ton dont la presse a fait usage, et bien que beaucoup de travaux auparavant interdits aient été publiés, il est resté jusqu'au bout un verrou : l'accès aux documents nécessaires à la compréhension de notre histoire fut barré. Plusieurs fonds d'archives du ministère des Affaires étrangères, dont certains remontent au siècle dernier, l'essentiel des archives des deux guerres mondiales, sont sous clé.

Dernier exemple en date : le 18 juin 1991 se réunissait une énième commission consacrée à la rédaction d'un ouvrage collectif en dix volumes intitulé *La Grande Guerre patriotique du peuple soviétique*. Il s'agit d'un ouvrage de référence sur le conflit de 1941-1945. Les militaires convoqués répondirent au célèbre professeur Volkogonov, maître d'œuvre de ce projet : « Nous ne laisserons à personne l'accès à nos archives! » Et le secrétaire du Comité central, le très gorbatchévien Valentin Faline, de les appuyer avec un cynisme rare : « Travaillez donc comme le veut l'usage! En matière d'archives secrètes, nous ne tolérerons aucune désinvolture... »

Juger les champions de la pensée servile?

Pour en finir avec l'Histoire mensongère, il n'a pas suffi de jeter un seul pavé dans la mare, il a fallu s'y reprendre à plusieurs fois, inlassablement, de 1988 à 1991.

J'ai répété alors que je trouvais absurde que 30 p. 100 du temps consacré aux études supérieures soient occupés par l'enseignement, sous les divers noms de « marxisme-léninisme », de « matérialisme scientifique » ou de « matérialisme dialectique », d'une doctrine qui n'avait d'ailleurs rien de marxiste, ni rien de scientifique. En obligeant les étudiants à assimiler cette scolastique, l'Université a contribué à former un type de pensée servile; elle a dressé les jeunes à s'enfermer dans une passivité stérile.

J'ai dénoncé le monopole idéologique sur le savoir théorique, qui mettait la sociologie et l'Histoire au service de la propagande et du Parti. J'ai expliqué que le principe même d'un contrôle politique sur la science était en contradiction avec la tradition « libre-penseuse » de la gauche socialiste. Nous devions cette idée d'inquisiteur, à l'origine, à la défiance maladive de Staline.

Au début de la perestroïka, dans le feu des controverses, bon nombre d'historiens s'en sont pris nominalement aux responsables des centres de surveillance de l'Histoire officielle. Je me suis moi-même attaqué à quelques vieux dinosaures auxquels on pouvait reprocher leur participation aux purges des années Brejnev. Mais en fin de compte, je considère qu'il ne serait pas juste de les rendre seuls responsables. On ne peut leur imputer un refus général de regarder la vérité historique en face. On ne pourra jamais expliquer le déferlement du mensonge par les convictions personnelles de tel ou tel. Ces gens travaillaient sur commande. Leurs convictions furent de peu de poids en la matière. Ce n'est pas tel ou tel d'entre nous qui a forgé ces mythes que l'on fait encore réciter aux enfants.

Ce régime en était venu « naturellement » à faire de son histoire un mensonge à sa mesure. C'est la société tout entière qui avait perdu la notion du vrai et du faux. On s'était habitué à donner aux choses des noms qui ne leur convenaient pas : le totalitarisme était alors « le stade suprême de la démocratie » ! Selon le principe orwellien que « la paix, c'est la guerre », et « la liberté, l'esclavage »...

III

VIE ET RUPTURES
« D'UN INDIVIDU DANS LE GENRE
D'AFANASSIEV »

En 1987, après mes premières interventions dans le sens d'une autre perestroïka − réellement démocratique −, les conservateurs communistes appelèrent dans la *Pravda*, selon la bonne vieille formule [1], à « se débarrasser des individus dans le genre d'Afanassiev ».

Quel « genre d'individu » avais-je donc été jusqu'à cette époque, sinon du genre « communiste exemplaire »? En revanche, il n'en allait plus vraiment ainsi, deux ans plus tard, quand Gorbatchev épingla à son tour « les types comme Afanassiev »...

Mes interrogations sur l'histoire de mon peuple m'ont amené à me repencher sur mon histoire personnelle. Je la tiens pour symptomatique. Dans la mesure, précisément, où elle n'a eu, jusqu'à ces années quatre-vingt... rien d'exemplaire!

Un « héritier d'Octobre », la honte au cœur

« Nous sommes les héritiers d'Octobre »... Tel était le nom de la rubrique journalistique sous lequel, au printemps 1987, prit place mon premier texte de combat pour... la démocratie! Cinq ans plus tard, maintenant qu'ont basculé, pour la majorité des gens, les postulats bolcheviques sur lesquels presque tous alors nous nous fondions, il s'est trouvé de mes adversaires conservateurs pour attaquer mon... « origine politique douteuse »! Ils prétendent stigmatiser − *a posteriori* − mes

1. « Les individus du genre de X... » est un stéréotype lancinant de la rhétorique dénonciatrice depuis Lénine.

anciennes fonctions dans l'appareil du Parti, et ma participation – passive – à bien des méfaits de la stagnation brej-
névienne... Les mêmes, naturellement, tentent d'opposer mes
intérêts d'intellectuel « au front haut » à ceux du simple
travailleur « rivé à l'établi », ou du paysan « sur sa charrue »...

Cette accusation est le prolongement d'une méthode de
pouvoir vieille comme le monde : diviser pour régner. Les
puissants ont trop intérêt à monter l'une contre l'autre cette
partie de leurs sujets qui travaille de ses mains et la partie
qui est occupée à réfléchir, sur ce qui a été fait, sur ce qu'il
conviendrait de faire. Ces deux catégories de citoyens sont
en fait indispensables l'une à l'autre. Nous diviser, c'est alléger
la tâche de ceux qui nous gouvernent, et qui ne savent
généralement ni travailler de leurs mains, ni penser l'avenir.
Nos intellectuels ont bien moins de raisons de se séparer du
peuple que ces gens qui font profession de défendre – à leur
profit – « les intérêts de la classe ouvrière »...

Nier son passé personnel est absurde, aussi absurde que la
prétention de récuser l'histoire de son pays. Comment pourrions-nous nier notre participation aux événements des trente
dernières années? Comment nier la honte qui restera le lot
de la plupart de ceux qui y furent mêlés? Jusqu'à la fin de
leur vie.

Oui, je suis, moi aussi, un « héritier d'Octobre ». Et l'école
du Parti, et le travail dans ses organisations de jeunesse, ne
nous ont certes pas inculqué la pureté morale...

Mais c'est peut-être précisément parce que cette honte
m'étouffe, parce que je sais – de l'intérieur – comment ça
marche, comment « ça se faisait » dans le Parti, et quelles
sont les pratiques de ce genre qui persistent encore aujour-
d'hui, que je mets toutes mes forces dans la balance pour
qu'à présent, « ça » se fasse d'une autre façon!

Le fils du dégel bat le Parti à Elektrostal

Je considère que mon destin d'avant la perestroïka n'a rien
de plus exceptionnel que mon actuelle évolution d'idées et de
sentiments. Cette évolution est typique de celle de beaucoup
d'intellectuels soviétiques de ma génération, et je pense même
qu'elle est significative d'une nouvelle dynamique intellectuelle en Russie.

Je pense, en tout cas – je l'ai vérifié notamment lors de

mon élection comme représentant démocrate d'Elektrostal [1],
en 1989 –, avoir été d'abord la voix de ceux qui, comme moi,
ont vécu les espoirs du dégel khrouchtchévien. Nous avons
ressenti toute l'étendue de la glaciation brejnévienne. Nous
avons réalisé tout le mensonge de la définition de notre société
« socialiste ». On est passé des « bases du socialisme » au
« socialisme réalisé », « développé », « mûr », « achevé », avant
d'en revenir au « socialisme réel », apparemment « déformé »...
mais qu'on nous présentait toujours comme la seule alternative. Ces mots, qui couvraient pudiquement l'état d'arriération
dans lequel croupissait notre pays, n'avaient pour nous plus
aucun sens.

1. Ville champignon de la circonscription de Noguinsk, dans la lointaine
banlieue de Moscou, où Iouri Afanassiev s'est fait élire député – par 72 %
des voix – contre les caciques du Parti.

1

LE DÉGEL
D'UN SOVIÉTIQUE ORDINAIRE

Je suis né en 1934, à Maïna. C'est un village perdu dans la forêt, non loin de Simbirsk, sur la Volga. Simbirsk, qui avait vu naître Vladimir Oulianov, dit « Lénine », portait alors le nom d'Oulianovsk, et ce chef-lieu de province perdu se transformait progressivement en une cité industrielle moderne. Maïna, à son tour, est de nos jours devenue une petite ville.

Ma mère était institutrice; et mon père, maçon, construisait alentour maisons et cheminées. Nous étions trois enfants. La vie était dure. C'est-à-dire que nous menions une vie aussi dure que tout le monde autour de nous. Je n'ai jamais cessé de travailler depuis mon plus jeune âge. À la maison, j'étais chargé de couper le bois, d'aller puiser l'eau, de faire les foins... Dès l'âge de douze ans, j'ai travaillé pendant toutes les vacances scolaires, et certains jours, même, après l'école. En fait, je gagnais ma vie.

Tout de suite après la guerre, nous avions connu la famine. On avait tellement faim qu'on était tout gonflé... Mais les années les plus terribles ont été 1947 et 1948. En 1947, mon père fut arrêté et exclu du Parti. Il ne fut libéré qu'au bout de quatre ans, puis rétabli dans ses droits.

Quand ils emmenèrent mon père...

Mon père avait été arrêté... comme les autres : accident sans motif apparent. La chose paraîtra plus qu'étrange aujourd'hui : quand ils ont emmené mon père, je ne me souviens absolument pas de m'être interrogé sur sa culpabilité. Nos sentiments étaient assez bruts, frustes, comme l'était alors notre vie. L'arrestation, la prison, c'était chacun son tour, un coup de malchance qui tombait, comme ça, sur l'un ou sur l'autre. À cette époque, les arrestations avaient pris un tour tellement massif... on ne se posait pas de questions sur les raisons du condamné, ni sur celles du pouvoir. Comme si on avait cessé de donner une signification particulière à telle ou telle arrestation. Elles ne choquaient même plus vraiment. On arrêtait partout, sans arrêt, sous n'importe quel prétexte, pour avoir glané dans les champs... Ça faisait partie du cours ordinaire des choses, de l'ordre naturel : un phénomène météorologique, un non-événement !

Renseignements pris – bien plus tard –, le motif qui avait été invoqué pour l'arrestation de mon père était « vol de stocks de nourriture de l'État ». En fait, il travaillait à la distribution des vivres, dans un des bureaux du canton, et il avait accordé à une mère de famille nombreuse un supplément – trois kilos de farine – pour ses gosses.

Boursier, catégorie Staline

Les difficultés familiales n'avaient pas empêché que je progresse dans mes études. Après le bac, j'ai été reçu au concours d'entrée à l'Université. Il s'agissait à l'époque d'un concours très sélectif. Ces années d'étudiant furent à la fois exaltantes et très difficiles. Ce sont celles de mes premières rencontres avec de grands savants dont je ne peux me souvenir sans émotion. J'éprouve de la gratitude, et un grand respect, pour l'historien du Moyen Âge russe Tikhomirov, pour l'orientaliste Reissner, le latiniste Skadkine, et bien d'autres qui m'ont ouvert des horizons nouveaux. Ils nous faisaient travailler énormément.

Les conditions matérielles étaient, elles aussi, très difficiles. L'obtention d'une bourse n'était pas un privilège. Tout le monde y avait droit, une fois passé le concours d'entrée. Mais il y avait des différences énormes entre les divers types de bourses.

La bourse ordinaire se situait au-dessous du niveau de survie : elle permettait d'acheter chaque jour du pain, un peu de sucre, et de prendre un repas dans une cantine. Je dis bien : un repas, et pas deux ! Le soir, nous nous contentions d'un peu de pain avec du sucre et de la margarine. Pour les étudiants originaires de Moscou, c'était bien sûr un peu plus facile. Certains étudiants de province recevaient des colis de leur famille... Pas moi : mes parents n'avaient pas de quoi m'aider.

De plus, mes parents partageaient l'opinion générale des provinciaux sur Moscou et ceux qui y vivent. Il ne leur venait pas à l'idée que je pouvais avoir besoin d'argent. Ils pensaient que je devais au contraire les aider, maintenant que j'étais dans la capitale, où l'on trouve tout et où tout est possible. Pour eux, j'étais déjà « au Centre » : je représentais déjà pour eux, en quelque sorte, le pouvoir tout-puissant.

Cette notion de « Centre » a toujours eu en russe un sens bien précis : c'est l'endroit d'où partent toutes les directives; c'est le sommet de la hiérarchie; géographiquement, c'est le Kremlin. Dès l'État moscovite hypercentralisé du XVe siècle, le pouvoir central, le « Centre », conçoit la « périphérie » comme recouvrant en fait toute la population, toute la masse des exécutants sous-informés.

J'ai travaillé pendant presque toutes mes années d'études à charger et à décharger des camions. Il fallait bien s'habiller et manger. Je travaillais la nuit. Pas toutes les nuits, bien sûr, mais au moins cinq, parfois dix nuits par mois. En troisième année, j'eus la chance de décrocher la Bourse de Staline, qu'on n'accordait qu'à un ou deux étudiants sur trois cents. C'était la plus élevée à l'époque, deux fois plus que ma première bourse.

À partir de la troisième année, j'avais choisi de me spécialiser dans l'histoire de l'Union soviétique et du Parti, plus particulièrement les années vingt. Je ne travaillais qu'à partir des sources soviétiques autorisées. Nous n'avions pas accès aux écrits de l'émigration russe, bien sûr; plus scandaleux encore : nous ne pouvions même pas consulter de nombreux écrits publiés en URSS dans les années vingt et trente. Quant aux sources étrangères, il n'y avait que quelques livres traduits avant la Révolution d'octobre ou dans les toutes premières années qui l'ont suivie. De rares livres étrangers contemporains, « bien orientés » du point de vue soviétique, étaient accessibles. Mais l'ensemble de l'école des Annales [1] était tout à fait interdite : Marc Bloch, Jacques Le Goff... Même

---

1. Du nom de la revue des *Annales* fondée avant guerre par Lucien Febvre et Marc Bloch (et actuellement animée par Marc Ferro), l'école française des Annales a profondément renouvelé toutes les conceptions historiographiques.

Lefebvre était interdit [1]! Les cours d'histoire de l'URSS et d'histoire de la Russie prérévolutionnaire étaient les plus orientés. Celui qui portait sur l'histoire du Parti était le plus dogmatique. Mais les cours sur l'Antiquité, le Moyen Âge, l'histoire de l'Orient étaient bien argumentés, fondés sur des sources assez riches, avec une approche stimulante. Dans ces domaines, il est clair que le niveau général des cours était plus élevé qu'aujourd'hui.

Dostoïevski? Connais pas...

J'étais membre des Jeunesses communistes, évidemment. Il ne s'agissait pas là d'un choix idéologique personnel; c'était l'aboutissement du système de valeurs dans lequel nous étions formés. Notre système de pensée était tout à fait stalinien. Comme beaucoup d'autres, j'étais imbibé de dogmatisme et de citations du « maître ». Nous savions exactement à quelle page de *L'Abrégé d'histoire du Parti communiste (bolchevique)*, il était dit que Plekhanov « cachait sa pensée obscure derrière des buissons de phrases creuses ».

Nous ne soupçonnions même pas l'existence des courants les plus importants de la pensée humaniste occidentale. Nous connaissions tout aussi mal notre culture nationale. Notre approche était tout à fait unilatérale. Nous nous intéressions uniquement à la tradition des révolutionnaires démocratiques des débuts à la fin du XIXᵉ : les décembristes, Herzen, Tchernychtchevski [2], et les populistes. Rien de ce qui était en marge de cette lignée, ou de ce qui, *a fortiori,* s'y opposait, n'existait pour nous. Comme toute ma génération j'ai terminé mes études sans même connaître Dostoïevski, ni Essenine ou Marina Tsvetaïeva [3].

Nous ne connaissions les historiens russes Klioutchevski, Soloviov et Milioukov [4] qu'à travers des manuels qui nous les présentaient comme des bourgeois ou des monarchistes hostiles au pouvoir soviétique.

1. Georges Lefebvre : première référence française en matière d'histoire sociale, d'orientation marxiste mais proche de certains pionniers des Annales.
2. Auteur, bien avant Lénine, du roman, *Que faire?*, référence des premiers populistes.
3. Deux des poètes des années vingt, restés tragiquement en marge du régime.
4. Historiens du début du siècle. Milioukov fut aussi le principal dirigeant libéral, à l'époque des (premières) révolutions russes.

Il est à présent évident que le caractère et le contenu de nos études universitaires nous ont profondément modelés. C'est de cette formation que viennent nos difficultés à accepter des modes de vie différents, des systèmes de pensée différents de nos propres valeurs. Cette éducation nous a convaincus de notre spécificité et du sens messianique de la mission dont nous étions investis sur cette terre. Elle est à l'origine d'un certain esprit catégorique, d'une tendance à l'impatience et à l'agressivité dans la discussion. Nous étions naïvement persuadés que nous étions entourés d'ennemis, prêts à fondre sur nous pour nous détruire. Nous pensions que les ouvriers des pays occidentaux étaient réellement plongés dans la misère la plus noire. Nous nous voyions perchés sur le plus haut sommet du monde. L'Ouest était le monde du malheur, il nous fallait le libérer. Nous étions tous profondément persuadés qu'il n'y avait qu'un seul moyen pour ça : la révolution.

« Ce chien de Staline a enfin crevé!... »

En mars 1953, au moment de la mort de Staline, j'étais à Moscou, en plein deuxième cycle de mes études. J'ai assisté aux funérailles, et j'ai partagé les sentiments les plus communs à ce moment-là.

Il était pratiquement impossible de pénétrer dans la salle des Colonnes où était exposée la dépouille de Staline : il y avait une foule énorme, une file d'attente gigantesque. Tout Moscou était rempli de gens qui voulaient y aller; pas seulement des Moscovites, des gens venus de toute l'Union. Or, moi, il s'est trouvé qu'en quarante-huit heures j'ai réussi à entrer deux fois dans la salle des Colonnes! La première fois parce que je voulais y aller, la deuxième, sans le faire exprès : je me suis retrouvé là parce que la foule m'y a porté, de force, une seconde fois!

Puis j'ai dû passer cette nuit-là à la station de métro Kalininskaïa. J'ai vu beaucoup de gens pleurer. Toutes ces larmes ne m'ont pas fait grande impression. Je considérais qu'en de telles circonstances, il était normal d'avoir envie de pleurer. La perte du « Père bien-aimé » devait faire de la peine à tout le monde. Ce qui m'a stupéfié, en revanche, c'est d'entendre aussi à trois reprises, dans la pénombre de cette station de métro, en marge de la foule, des injures, des grossièretés incroyablement fortes à l'égard de Staline, des expressions du genre : « Ce chien a crevé, c'est exactement ce qu'il fallait!» Jeter des choses pareilles à la face de la foule aurait sans doute été dangereux. La foule elle-même aurait pu lyncher l'audacieux. Mais ça se disait quand même. Et ce qui m'a marqué, c'est que ces réflexions critiques venaient à l'esprit de gens tout à fait ordinaires.

Pour ma part, je ne comprenais absolument pas que l'on puisse dire des choses pareilles de Staline, se réjouir de sa mort. Ces phrases sont restées gravées dans ma mémoire, elles m'ont obligé à me demander pourquoi Staline était si intensément haï. Pourtant, mon père avait été arrêté. Mon oncle aussi avait fait dix ans de camp. Mais j'avais considéré jusque-là que c'était la norme, l'inévitable. Ces paroles entendues dans la nuit précédant les funérailles, cette colère ouvertement exprimée, c'était quelque chose de nouveau pour moi. J'ai commencé à m'interroger.

Un groupe rebelle au « socialisme de caserne »

La franchise avec laquelle Khrouchtchev a exposé les crimes de Staline au XXᵉ Congrès du Parti constitua une thérapie de choc pour toute ma génération. Nous fûmes contraints de regarder en face ce que nous étions devenus. Nous avons commencé à comprendre que nous n'étions pas du tout ce que nous nous étions figuré. Ce fut l'origine d'une douloureuse crise intellectuelle, l'amorce d'une renaissance spirituelle. Nous nous sommes mis à réfléchir sur notre histoire.

Dans cette remise en cause du passé, il y eut des jeunes gens dans les universités – surtout à Moscou et à Leningrad, pour autant que je sache – qui franchirent les limites posées par le Rapport Khrouchtchev. Certains se sont mis à s'interroger sur la nature de notre régime. Cette critique ne remettait pas en cause, à la fin des années cinquante, le principe même du socialisme marxiste. Le pouvoir réagit pourtant, dès l'apparition de ces groupes de discussion, par la répression.

Un groupe d'étudiants et d'assistants de l'université de Moscou, connu par la suite sous le nom de Groupe de Krasnopevtsev, a été démantelé en 1958. Ils étaient dix ou vingt. Tous ont été arrêtés. Si je n'avais pas terminé mes études un peu auparavant, j'aurais moi-même été arrêté car j'étais lié à ces jeunes gens. Ils furent punis très sévèrement : dix ans de camp. Après leur libération, ils n'eurent pas le droit de revenir vivre à Moscou. Le procès s'était déroulé à huis clos. Personne à l'université, au cœur de Moscou, n'était au courant de ce qui se passait. À ce moment, j'avais déjà quitté la capitale. On m'avait envoyé sur un chantier en Sibérie. Quelqu'un m'a écrit qu'ils avaient été arrêtés.

Les arrestations se passaient exactement de la même façon qu'à l'époque de Staline : les gens disparaissaient. Il n'y avait ni jugement public, ni verdict notifié. Parmi les étudiants et les chargés de cours, personne n'osa plus discuter ouvertement de cette affaire. Il ne serait pas indifférent de savoir ce qui fut reproché aux jeunes historiens du Groupe de Krasnopevtsev que j'avais côtoyés. Je n'obtins jamais d'informations. On racontait qu'ils avaient comparé notre « socialisme » au régime social que Marx avait épinglé sous le nom de « socialisme de caserne ».

Le jeune apparatchik de Krasnoïarsk

Je faisais pendant ce temps mes premières armes sur le terrain de la réalité soviétique. J'étais secrétaire du comité des Jeunesses communistes (Komsomol) à l'échelon du district de Krasnoïarsk, une ville champignon de Sibérie occidentale où les jeunes militants servaient de main-d'œuvre à bon marché aux côtés des appelés de l'Armée rouge.

Cette tâche m'enthousiasmait, et je me souviens de ce séjour en Sibérie comme d'une des périodes les plus heureuses de ma vie. Mais les réalités auxquelles je dus alors faire face m'ont mené, inéluctablement, à interpréter et à juger de façon toujours plus critique notre régime.

Ma carrière sibérienne avait commencé à Divnogorsk. C'est aujourd'hui une bourgade, mais ce n'était alors qu'un hameau formé des baraques occupées par les constructeurs de la grande centrale hydroélectrique sur l'Ienisseï. J'y ai passé trois ans, à compter de 1958. Le barrage de Krasnoïarsk devait être le plus grand du monde. J'étais certain d'accomplir une tâche de premier ordre. La nature était magnifique, nous étions isolés au milieu de la taïga, au bord d'un fleuve puissant et majestueux.... C'est là que je me suis marié et que mon fils est né. J'y ai connu ces joies naturelles que, sans doute, chaque être humain est appelé à connaître à un certain âge.

J'avais aussi d'autres raisons d'être d'excellente humeur : le dégel politique et l'espoir que les erreurs du passé ne se répéteraient plus, le sentiment de contribuer à une grande œuvre, à la naissance d'une société nouvelle... Très bientôt, au bout de deux années, mon enthousiasme allait retomber. Nous vivions d'emblée deux vies parallèles : une vie normale de travailleur et une vie irréelle, la vie officielle des idéologues.

Notre tâche consistait à tenter d'améliorer les conditions de vie des jeunes gens travaillant sur le chantier, de satisfaire à leurs intérêts. La nature était belle, mais cruelle. Le thermomètre descendait jusqu'à moins 50° en hiver. Au démarrage du chantier, on vivait sous la tente, l'hiver suivant dans des baraquements en dortoirs communs; ce n'est qu'en 1958 que nous avons construit de vrais foyers collectifs en bois, avec des chambres. Les toilettes étaient à l'extérieur; nous n'avions pas l'eau courante, elle nous était livrée par camion. Si elle venait à manquer, il fallait aller au torrent, escalader des pentes escarpées dans la pénombre de la taïga, il n'y avait pas de sentier.

Nous devions nous battre contre les conservateurs (eh oui, il y en avait aussi, là-bas!) pour imposer une méthode, nouvelle en ce temps-là, permettant une livraison ininterrompue du béton sur la digue. En dehors des heures de travail, nous avions construit un stade et des salles de bal. Nous étions très solidaires et par conséquent peu respectueux à l'égard des chefs. Cet irrespect me valut une condamnation relativement sévère pour l'époque : la durée de ma « période d'essai » pour devenir membre du Parti fut prolongée au-delà des délais habituels.

Notre vie officielle était faite de ce qu'il était convenu d'appeler « obligations socialistes » et « agitation concrète » : prises de parole, fabrication de calicots portant des slogans, entraînement à la compétition entre les brigades de travail, lutte pour les samedis communistes, nuits de veille... Tout cela n'allait pas sans imprévus. Un beau jour, la brigade de construction d'Evgueny Pytko prit la décision « d'entrer dans la compétition pour le travail communiste ». Cette brigade était composée de trente personnes, pour la plupart adultes et dont beaucoup étaient d'anciens prisonniers des camps. Au tout début, je ne pris pas très au sérieux cette résolution et, chaque fois qu'ils me demandaient de venir constater les « résultats de leur lutte », je m'en tirais par une plaisanterie. Ils travaillaient assez loin des autres, dans un coin à l'écart, dans la taïga profonde, parce qu'ils construisaient pour les puisatiers un dépôt de substances explosives. Bref, c'était un trou perdu.

Leurs invitations se faisaient toujours plus pressantes; je me rendis chez eux. De loin, avant même d'arriver, on était sidéré par la profusion de drapeaux, panneaux et slogans en larges lettres rouges. Ce petit bout de taïga flamboyait littéralement. Jusqu'à la cabane de planches assemblées à la hâte qui servait de lieu d'aisance, où on lisait : « Notre but est le communisme! » ou quelque chose de ce genre. Je pris un air très sérieux pour leur dire que c'était un peu excessif. Mais je ne savais encore rien de ce qui s'était vraiment passé. Ce n'est qu'après mon retour sur le chantier principal que j'appris que, la nuit précédente, quelqu'un avait arraché et emporté toutes les affiches et tous les slogans posés sur les nombreux édifices de notre « chantier pansoviétique de choc »...

« De toute façon, nous vous enterrerons tous! »

La « déstalinisation » amorcée en 1956 se prolongea jusqu'à la deuxième moitié des années soixante. Après la chute de Khrouchtchev, en octobre 1964, ce processus fut petit à petit étouffé par la nouvelle direction. L'invasion de la Tchécoslovaquie en 1968 et la mise au pas de la rédaction de *Novy Mir* au début de 1970 marquèrent le terme définitif de ce « dégel ».

Toutefois, dès le début cette libéralisation avait été contradictoire et arythmique. La vague de remises en cause, qui trouvait son expression avant tout dans le domaine culturel, s'accompagna de signes évidents de réaction : les événements de Hongrie en 1956, la mise au ban de Pasternak en 1958, la dénonciation de l'art abstrait lors de la célèbre exposition de peinture au Manège en 1962. Khrouchtchev a su dénoncer Staline, mais n'a pas pu rompre avec le stalinisme. Khrouchtchev avait conscience que les structures forgées par Staline n'avaient pas d'avenir, mais il était lui-même stalinien jusqu'à la moelle. Toute sa politique puise son inspiration dans la littérature révolutionnaire des années vingt. Sa politique internationale est restée fidèle à l'impératif d'exportation de la révolution à tous les pays du monde. Sa vision du monde a trouvé une expression condensée dans sa célèbre exclamation aux Nations unies : « De toute façon, nous vous enterrerons tous! »

Au moment de la crise de Cuba, l'Union soviétique ne s'est pas sentie, me semble-t-il, au bord de la guerre. Les Soviétiques étaient à l'époque extrêmement mal informés de l'état du monde. La crise des fusées m'a évidemment fait une profonde impression, elle couronnait une longue époque de tension : le survol de l'Union soviétique par l'U2 américain, la construction du Mur de Berlin... Mais nous nous sommes de nouveau contentés des informations officielles. Ce n'est que des années plus tard que nous avons compris que Khrouchtchev avait été, en la matière aussi, victime de sa culture stalinienne. Il ne pouvait pas considérer le peuple comme un sujet politique agissant : il ne lui serait certes pas venu à l'idée de consulter les Soviétiques, lesquels, sous-informés comme ils l'étaient à l'époque, auraient d'ailleurs été assez déboussolés par une telle initiative...

Ambiance du premier « dégel »

Le dégel khrouchtchévien a quand même permis la publication de quelques livres essentiels : ceux de Soljenitsyne, Tvardovski, Doudintsev, Evtouchenko, Abramov, etc. C'est le moment où se sont constitués les courants les plus puissants de la littérature post-stalinienne : le roman rural (Solouchine, Abramov) et le roman de guerre (Nekrassov, Baklanov). L'élément moteur dans ce processus était le rejet du « réalisme socialiste » au nom du droit de l'écrivain à décrire la réalité comme elle est. À partir de cette époque, notre littérature a assumé une nouvelle fonction dans la société, celle de l'esprit critique. Nous avons aussi commencé alors à réhabiliter notre patrimoine culturel. On a repris la publication, interrompue dans les années trente, des œuvres complètes de Dostoïevski; on se mit à publier aussi des écrivains soviétiques interdits par Staline : Boulgakov, Zochtchenko, Akhmatova, Tsvetaïeva, pour n'évoquer que les noms les plus connus du public occidental.

Khrouchtchev a introduit une autre transformation essentielle : il a mis fin à l'autonomie totale de l'appareil répressif. La police politique a perduré, mais dans un cadre plus légal, sous surveillance de l'appareil politique. Les traits fondamentaux de la structure politique mise en place dans les années trente sont restés les mêmes. Mais il y eut quand même un processus de légalisation progressive des mécanismes de fonctionnement du système. De ce point de vue, Khrouchtchev a été l'initiateur de la première perestroïka. On peut, à ce titre, lui rendre hommage pour ce petit fragment de notre histoire. Nous lui devons au moins ce geste : nous incliner devant celui qui ouvrit les camps staliniens et entreprit les premières réhabilitations.

L'irruption de la voix humaine

Tout à coup, nous avons pu entendre des voix de poètes qui s'exprimaient en individus : Kim, Galitch, Okoudjava. Pour la première fois, retentissaient à nos oreilles une voix et une mélodie humaines. À la place des rythmes martiaux auxquels nous étions habitués, et qui nous semblaient les seuls possibles, du genre : « Notre raison nous a donné des mains et des ailes d'acier, en lieu et place du cœur, un moteur ardent... », résonnaient soudain de pacifiques refrains auxquels nous avions été totalement déshabitués : « Abaissez donc vos stores bleu foncé »... Cela semble à peine croyable aujourd'hui, mais c'était alors d'une audace extraordinaire.

C'est à partir de ce moment que nous sommes redevenus des gens normaux. Mais nous avions encore beaucoup à apprendre et à connaître de nous-mêmes et du monde. À ce moment-là, nous n'osions pas même parler tout haut de Staline. Nous ne nous sommes pas interrogés sur l'essentiel : il n'était alors pas question de s'en prendre à l'essence même du système stalinien. Nous ne pouvions pas non plus réaliser à quel point notre conscience avait été déformée, tant nous étions ignorants de nous-mêmes et du monde qui nous entourait.

Il y avait probablement déjà des gens qui ne pensaient pas comme la majorité, des gens qui avaient accès à la littérature clandestine, qui recevaient des informations de l'Occident. Mais, pour ma part, la seule information dont je disposais était celle que le pouvoir venait de consentir, chichement, à nous délivrer.

LA TÊTE AUX ANNALES,
LES PIEDS DANS LA MÉLASSE

À un journaliste de la *Pravda* « restructurée » qui m'inter-
rogeait sur mon « après-dégel », sur la manière dont j'avais
bien pu traverser les années Brejnev, je répondis un jour
simplement qu'à cette époque, malgré mes titres et fonctions,
« j'étais dans la... merde... comme la plupart des intellectuels
soviétiques ». On n'avait jamais publié dans la *Pravda,* pas
même en cette période de perestroïka, une vérité aussi bru-
tale [1]. Le mot fit gag, et pourtant...

L'appel de l'Occident : un voyage en cage

Au début des années soixante, je commençai à prendre
conscience que l'Occident n'était pas un monde vraiment
malheureux. Cependant, même après avoir voyagé en Europe,
je ne parvenais pas à comparer le mode de vie des Européens
avec le nôtre. J'évitais de m'interroger sur ce que j'avais
découvert.

J'ai pu voyager à l'étranger pour la première fois en 1962.
Je suis allé en Angleterre avec un groupe de touristes. Le
groupe se composait de trente personnes et c'est moi qui en
étais le responsable. J'étais alors fonctionnaire de la section
du Komsomol de l'université. J'étais un élément tout à fait
fiable, « idéologiquement sûr », auquel on pouvait confier des
groupes.

1. Le code de l'écrit en russe est beaucoup plus strict : il n'est pas admis
que la grossièreté verbale passe ainsi la barre d'une publication.

Le KGB nous avait donné des instructions assez sévères avant le départ. On nous disait que ceux qui ne les respecteraient pas auraient beaucoup de problèmes au retour. Ce prêche, obligatoire pour tous les groupes, établissait les règles de notre conduite publique : « N'allez pas commettre l'erreur de voir le pays à travers le prisme des vitrines. Les vitrines d'un magasin, c'est de l'illusion, c'est fait tout exprès pour les gens qui viennent d'Union soviétique. La vitrine ne montre pas l'Angleterre qui travaille. Cette Angleterre-là est derrière la vitrine. Il faudrait la voir, mais on n'a pas assez de temps... »

Le groupe était divisé en sous-groupes de cinq personnes placés sous la direction d'un responsable, sans l'autorisation duquel personne n'avait le droit de s'écarter d'un mètre ou deux. Si l'on prenait contact avec des Anglais, le responsable devait en aviser immédiatement le chef de l'ensemble du groupe. Le touriste n'avait même pas le droit de demander son chemin dans la rue. On était dans un pays occidental, mais aussi enfermés qu'en Union soviétique. En tant que responsable, je répercutais qu'il fallait être discipliné, qu'il fallait rentrer à l'hôtel à l'heure dite, qu'il fallait rester toujours en groupe...

C'était mon tout premier voyage. Je me rappelle avoir été surpris surtout par des détails. Je voyais pour la première fois des rues très propres, des parcs, de belles maisons, des magasins pleins de marchandises... qui étaient si chères que je ne pouvais rien acheter. Ensuite je suis allé en Irlande, où j'ai découvert la chanson populaire. Tout était très nouveau et très intéressant. Je posais beaucoup de questions aux gens, sur leur vie. Comme je l'ai dit, il était très difficile, presque interdit de les rencontrer. Cependant, au titre de responsable du groupe, j'avais certains privilèges. Le soir, quand tout le groupe était à l'hôtel, moi, je pouvais sortir. J'étais aussi chargé d'entretenir certaines relations avec des diplomates soviétiques et des émigrés russes.

Dans les jours qui suivirent ce premier voyage comme après tous les autres, tout spécialement durant les premières heures du retour à mon domicile, je fus accablé de tourments. Cet état de malaise était certainement dû au violent contraste qui m'assaillait en « redécouvrant »... nos rues sombres, les cours sales, les bâtiments délabrés, les magasins vides. Et les visages renfrognés. Il est difficile de surmonter ce sentiment amer de honte devant l'infortune de notre peuple et la désolation de notre pays, qui pourrait être si riche et florissant mais qui reste indigent dans tous les domaines.

En revanche, il ne me serait jamais venu à l'esprit de ne pas rentrer en Union soviétique. Dans les années soixante, j'avais là-dessus une opinion foncièrement négative : seuls les ennemis du peuple et les traîtres ne rentrent pas. Ce n'est que dans les années soixante-dix, quand la répression brej-névienne étouffait notre société, que j'ai commencé à comprendre qu'il pouvait y avoir des gens pour lesquels la vie était devenue absolument insupportable chez nous, et qui donc choisissaient de partir.

En 1965, je suis venu en France. C'était très différent du voyage en Angleterre. J'avais reçu à Moscou les mêmes instructions, néanmoins je les avais « traduites » à l'intention de mon groupe par des règles de conduite complètement différentes. J'ai annoncé que nous allions découvrir le monde, qu'il fallait marcher à pied par les villes, beaucoup visiter, avoir des contacts. J'insistais sur la nécessité de se sentir libre, même si nous nous trouvions dans une réalité tout à fait différente de la nôtre. J'ai expliqué que nous aurions l'air de ne pas être normaux si nous ne parlions pas avec les Occidentaux et si nous nous renfermions sur nous-mêmes.

Le traumatisme de 1968 : un printemps sous les tanks

L'écrasement du Printemps de Prague en août 1968 a été un moment très douloureux. Tout de suite, cette fois, des informations véridiques circulèrent dans les milieux univer-sitaires. J'ai tout appris, mais je n'ai pas su comment réagir. J'ai choisi de faire abstraction de la réalité environnante, et de me consacrer à la recherche scientifique.

Je me suis plongé dans l'histoire de ma discipline. J'avais commencé par l'historiographie française de la société sovié-tique, et plus particulièrement de la Révolution d'octobre. C'était le sujet de mon doctorat. Ensuite, je me suis orienté vers l'histoire de la science historique française. J'ai passé plus de vingt ans à étudier les travaux de l'école des Annales. Je me suis consacré un certain temps à l'étude du XIXe siècle français, j'ai fait la connaissance de Tocqueville, de Michelet, et aussi d'Aulard et de Lavisse. J'ai écrit sur ce sujet un chapitre du manuel d'histoire de l'université de Moscou.

Je suis revenu à deux reprises en France : dix mois en 1970 et trois mois en 1976. Ces séjours m'ont ôté mes dernières illusions sur la façon dont les Occidentaux nous voyaient. Je savais désormais qu'ils avaient raison, et avec eux beaucoup de Soviétiques qui avaient déjà reconnu la véritable nature de notre régime. Je me suis peu à peu mis à parler de tout à voix assez haute. Il est vrai qu'on ne se cachait plus vraiment à l'époque pour évoquer le vol, les pots-de-vin. Mais on en parlait uniquement entre soi, comme on parlait du marasme général de l'économie du pays, ainsi que du gâtisme de Brejnev. Ce qu'il aurait fallu faire, sans doute, c'est le dénoncer publiquement... Je ne l'ai pas fait.

Les visages cachés de la peur

La peur d'être mis au ban de la société? Je siégeais au Comité central des Jeunesses communistes, au Comité du Parti de l'Académie des sciences humaines, et j'étais membre de la rédaction de la revue *Komounist*. Si j'avais réagi, si je m'étais lancé dans l'action, je me serais retrouvé dans une situation identique à celle de Sakharov. La peur était plus profonde et moins raisonnée dans ces années Brejnev, même si cette peur n'avait plus rien de comparable avec la frayeur, l'épouvante qu'on avait éprouvées à l'époque de Staline.

Je crois que j'ai eu de la chance, que je n'ai pas commis assez de « péchés » pour être persécuté. Le pas pour devenir dissident était très souvent franchi accidentellement. Combien d'amis de Siniavski et de Galitch, qui partageaient la même vision du monde et disaient les mêmes choses qu'eux, ne sont pas devenus des dissidents? Mais il ne serait peut-être pas tout à fait honnête de se contenter de cette réponse. Parce que cette façon de s'éloigner de la politique, de se tenir à l'écart, c'était peut-être aussi la preuve d'un manque de courage...

Combats pour l'histoire

À la fin des années Brejnev, je travaillais comme responsable du secteur Histoire de la culture des pays étrangers de l'Académie des sciences. À ce poste, j'ai fait tout ce qu'il était possible de faire. Je crois avoir beaucoup contribué à ce que l'école des Annales soit mieux connue en Union soviétique. J'ai été chargé de diriger la publication de trois volumes de Braudel[1]. Le troisième volume vient juste de sortir. Le fait

1. Fernand Braudel, historien majeur de l'école des Annales, auteur notamment de la trilogie sur les économies-monde, *Civilisation et Capitalisme du XVᵉ au XVIIIᵉ siècle*.

même que cette publication ait lieu est un événement, scientifique et culturel.

Il s'est trouvé que j'ai été parmi les premiers en URSS à faire la démonstration qu'il fallait étudier les sciences occidentales, que sans cette connaissance nous ne pourrions jamais dépasser notre isolement intellectuel. Au début des années quatre-vingt, il n'était encore pas facile de se lancer dans ce genre de démonstration au sein de l'Académie des sciences. Je n'étais, bien sûr, pas le seul à m'en être persuadé, mais il fallait en faire la démonstration au plus grand nombre. Il était alors assez difficile d'affirmer publiquement que l'historiographie occidentale, c'est-à-dire « bourgeoise » comme on l'appelait chez nous, pouvait aussi être une science, et qu'on pouvait, en l'occurrence, écrire ce mot sans guillemets...

Les historiens du Parti, quant à eux, restèrent persuadés jusqu'au bout qu'ils étaient seuls en possession d'une méthode scientifique de l'Histoire! Et celui qui détient la pierre philosophale n'a pas besoin de lire les recherches des « avortons de la science bourgeoise ».

3

LE COMBAT QUI ME TRANSFORMA

La bataille a été rude. J'ai signé mon premier article de combat en septembre 1985. Il parut sous le titre « Le passé et nous », dans la très officielle revue *Komounist*, dont j'étais un des rédacteurs.

Cet article est rédigé dans le style de l'époque et exprime une impatience très modérée à l'égard des historiens orthodoxes. Prenant la précaution de répéter à plusieurs reprises que je m'appuyais sur le marxisme-léninisme, j'invoquais la nécessité d'analyser avec plus d'objectivité certaines pages de notre histoire récente, notamment celle de la collectivisation des terres... On était en pleine hégémonie de « l'histoire patriotique », les figures les plus réactionnaires et les grands conquérants étaient alors portés au pinacle, la russification des allogènes légitimée sans nuances. Les mensonges par omission s'accumulaient...

Mon article souleva une polémique dans laquelle les nationalistes russes et leurs contradicteurs (pour la plupart des démocrates déguisés en marxistes) s'accusèrent mutuellement « d'évaluation émotionnelle erronée de l'Histoire ». La direction de l'Académie des sciences manifestant une certaine inquiétude, j'enfonçai le clou lors d'une réunion de sa section d'histoire en février 1986; mon intervention s'intitulait : « Il faut s'habituer à la critique ».

Première lettre ouverte à Gorbatchev

Le mois suivant, je profitai de la préparation du XXVIIᵉ Congrès du PCUS pour écrire une lettre ouverte à

Gorbatchev : « Où sont les freins à la perestroïka ? » J'y évoque l'état désastreux de la recherche en sciences sociales, qui est à l'origine d'une méconnaissance grave de notre propre société... J'ajoute qu'il est honteux que certains chapitres de l'histoire des premières années du pouvoir soviétique ne soient pas accessibles, qu'il n'est pas compréhensible que toute recherche concernant le « mode de production asiatique » soit interdite alors que nul autre que Marx lui-même avait défini les traits dominants de ce type d'économie. Pour finir, j'attire l'attention du secrétaire général sur mon propre sort : deux semaines après mon intervention à la réunion de février de l'Académie, j'avais été mis à pied de la section d'histoire.

Je suis en effet resté sans affectation jusqu'en décembre 1986, date de mon entrée comme recteur à la direction de l'Institut des archives historiques. Je trouvai cet organisme en pleine décomposition. Tous les chercheurs compétents en avaient été écartés au fil des purges menées depuis la fin des années soixante par le recteur Mourachov. Je m'employai à y faire souffler le vent nouveau de la glasnost.

Vive la presse « de boulevard » !

Pour faire connaître mes orientations, je fis paraître aussi un article-programme dans l'hebdomadaire réformateur *Les Nouvelles de Moscou* : « L'énergie de la connaissance historique ». J'y annonçais publiquement mon intention de déstaliniser l'enseignement de l'Histoire. Ces propos eurent un écho considérable dans tout le pays. La rédaction fut submergée de lettres venant des régions les plus éloignées. On eût dit qu'un abcès douloureux avait été percé. Un invalide, héros de la guerre huit fois blessé au front, m'écrivit : « Je garde votre article comme une relique, parce que les questions que vous avez soulevées ont été tenues sous le boisseau des décennies durant... »

Les tenants de l'historiographie officielle ripostèrent en condamnant ce « recours à la presse de boulevard » ! Ils considéraient la sensibilisation du public non spécialiste comme un dangereux attentat contre leurs prérogatives. Selon le mot d'un ingénieur de Moscou, ils ne peuvent imaginer que l'Histoire existe pour un public plus large que celui des historiens, comme si la médecine se concevait à l'intention des seuls médecins !

En mars 1987, j'accorde une interview à l'hebdomadaire

Culture soviétique et, dans la foulée, je donne lecture de ma leçon inaugurale à l'Institut des archives.

Jeux de masques transparents

Ces deux interventions se présentaient encore comme une défense du véritable socialisme : ma démonstration y avait sans cesse recours aux travaux du XXVIIᵉ congrès du PCUS et aux discours de Gorbatchev. J'avais alors conscience qu'il fallait avancer masqué, parce que les tenants du totalitarisme occupaient les postes clés.

Pour s'en prendre aux nationalistes russes, il faut encore, à l'époque, se servir de concepts marxistes et les accuser de fausser l'analyse des luttes de classe dans la société russe des siècles passés. Les « patriotes » ne veulent pas non plus que l'on exhume les lettres privées de Lénine sur ceux de ses compagnons qui passèrent à l'opposition à la fin des années vingt, notamment Trotski... Par-dessus le marché, je prétends reprocher à l'historiographie soviétique son incapacité à aider concrètement le Parti : elle ne présente pas une analyse correcte de l'enchaînement des événements, elle ne donne pas une appréciation crédible de l'état de la société et conduit donc le Parti à s'égarer dans des projets de réformes inadéquats...

En 1987, le stalinisme est encore la principale question qui occupe les historiens. Quand et pourquoi avons-nous dévié de la voie tracée par Lénine ? En fait, les mêmes réponses peuvent alors masquer des positions antithétiques. Les uns pensent que le stalinisme est en contradiction totale avec le léninisme, les autres soutiennent qu'il n'y a jamais eu de léniniste plus conséquent que Staline. Dans ce deuxième groupe, on ne distingue pas encore nettement les staliniens et les nationalistes des anticommunistes. L'opinion penche déjà pour le second groupe ; il est vrai qu'elle n'est pas appelée à se prononcer ouvertement.

Je concentre alors mes attaques sur deux axes. D'une part, je ne cesse de rappeler qu'aucun pays au monde n'a connu de telles révisions de sa dramatique histoire. D'autre part, je prétends que le PCUS ne saurait avoir peur de la critique puisqu'il est le seul parti autorisé dans notre pays, qu'il est bon que ce parti admette des tendances défendant des programmes alternatifs, en bref qu'il soit à lui-même sa propre opposition. Cette idée n'éveille, évidemment, guère d'enthou-

siasme dans l'appareil. C'est ce qui amènera bientôt la *Pravda*
à appeler les vrais communistes à se « débarrasser d'individus
dans le genre d'Afanassiev ». Les autres journaux conservateurs s'attaqueront à leur tour... à « régler la question Afanassiev » !

Mon programme alternatif :
une perestroïka... antinomenklatura !

Ces attaques, naturellement, me poussaient à m'interroger
moi-même sur le sens de mon appartenance au Parti, une
organisation aussi hostile à mes propositions.

Cependant, je n'envisage pas encore, en 1988, de quitter
le Parti communiste, seule arène politique où le pouvoir tolère
la controverse. Quelques meetings et débats publics me confor-
tent dans ce point de vue. Ces rencontres se tiennent à
l'occasion de la préparation de la XIXᵉ Conférence du Parti,
convoquée par la direction pour soutenir la perestroïka. En
ce printemps 1988, on assiste, pour la première fois depuis
des dizaines d'années, à un renouveau d'intérêt pour la politique au sein de la population. Je me rends à Leningrad pour
prendre la parole au Palais de la Jeunesse devant plusieurs
centaines de personnes. Mon auditoire est sous le choc de la
déclaration de guerre de l'appareil de Leningrad à la perestroïka, la fameuse lettre de l'intrépide Nina Andreïeva. Il
s'agit d'un véritable manifeste stalinien. Les réformateurs sont
scandalisés aussi par les méthodes de la direction régionale :
l'élection des délégués à la XIXᵉ Conférence a été menée au
mépris des injonctions du Bureau politique : 176 candidats
ont été présentés pour 176 postes...

Il n'y a pas qu'à Leningrad que la démocratie présente ce
genre de « ratés », mais, comme tous les cadres responsables,
je suis élu délégué de mon institut. Je n'aurai pas la possibilité
d'interpeller oralement la Conférence mais parviendrai tout
de même à faire publier mon discours dans le bulletin réservé
aux délégués. J'y développe pour la première fois un ensemble
de propositions visant à accélérer le rythme de la perestroïka
et à rendre impossible un retour en arrière.

Puisque la Conférence du Parti n'a été convoquée que pour
faire la publicité des orientations de Gorbatchev et conforter
son leadership, elle se contentera de voter un texte court qui
reporte l'ensemble des questions en suspens au prochain congrès
du Parti. Comment pourrait-il en être autrement si aucune

des thèses des dirigeants n'a été discutée et si nous n'avons aucune idée de leur retentissement dans le Parti? Ces « thèses » officielles ne donnent d'ailleurs pas une image objective de la situation du pays et des états d'âme des membres du Parti. Elles ne donnent pas non plus d'orientations concrètes, ne font état d'aucun but politique et d'aucun programme économique. La Conférence a soigneusement évité de s'interroger sur le mécontentement populaire, elle n'a pas voulu trouver les moyens de convaincre la population des nouvelles intentions du Parti...

Sur la base de ce constat amer, j'invitai les délégués à reconnaître que le Parti n'avait tout simplement pas de théorie de la perestroïka, que sa direction naviguait à vue, louvoyant entre erreurs et tentatives avortées, et cela parce qu'elle n'avait même pas de théorie du socialisme... L'arsenal théorique des dirigeants me semblait indigent – et je le disais : « Le manque d'idées est l'un des déficits les plus criants dont souffre notre pays. Nous ne sommes même plus en mesure de définir la logique interne du type de socialisme dans lequel nous vivons et dont nous déplorons les mauvais résultats. »

Je concluais ma grande diatribe de 1988 en soulevant quatre problèmes essentiels : la terre, l'armée, les privilèges de la nomenklatura et les nationalités.

Chacun sait que le citoyen soviétique moyen souffre d'une pénurie constante de denrées alimentaires. Pour sortir de ce marasme, il faut encourager l'exploitation individuelle dans le secteur agricole, libérer les nouveaux agriculteurs de la tutelle des kolkhozes en leur accordant des prêts dont ils ne seront redevables qu'à la banque d'État. Il faut libérer ces paysans de l'impôt pendant les trois premières années et leur accorder des baux gracieux de cinquante ans et plus. Je suis convaincu qu'il suffit que le quart des paysans quitte les kolkhozes et se mettent à leur compte pour que les problèmes d'approvisionnement soient résolus. Or, le Parti ne peut regagner la confiance des masses que si la perestroïka ramène l'abondance...

Je demande aussi que les effectifs de l'armée soient réduits de moitié et que l'économie réalisée serve à la satisfaction des besoins élémentaires des citoyens.

Pour ce qui est des privilèges, j'appelle les grands du régime à y renoncer et à faire la publicité de ce sacrifice. Cet appel, volontairement utopiste, fait valoir que seul un tel geste pourrait rendre au Parti l'estime du peuple.

Constatant la détérioration des relations interethniques, je m'insurge contre l'absence d'une politique d'apaisement et propose une réforme du statut des républiques. Il me semble que toutes les nations vivant sur notre territoire doivent être souveraines, que les Tatars de Crimée [1] ont le droit de revenir sur leur terre et le Haut-Karabakh [2] à l'autodétermination, que pour remettre à l'honneur le principe du fédéralisme il faut modifier la Constitution et donner aux territoires autonomes des droits identiques à ceux des républiques.

« Plate-forme démocratique » : la tendance... à se faire exclure du Parti

Ce texte vengeur pouvait tenir lieu de première ébauche d'un programme alternatif de gouvernement. Rien de ce qu'il contient n'est nouveau, et des conversations allant dans le sens de mes propositions avaient commencé dans beaucoup de cellules de base bien avant la publication de ce discours, mais il vient à point nommé pour galvaniser les énergies des réformateurs et préfigure les orientations que prendra dans les mois qui suivent un rassemblement en voie de constitution : la Plate-forme démocratique du PCUS. La crainte de voir l'appareil se ressaisir et verrouiller les rares espaces de liberté détermine une frange résolue de militants à agir sans tarder contre le sabotage inavoué des directives. Nous croyons encore un peu au Parti, nous pensons qu'il faut l'aider à redorer son blason, et soutenons les timides tentatives d'y introduire un minimum de démocratie.

Mes observations avaient rencontré un certain écho; une série de rencontres informelles m'amenèrent à convenir d'un programme d'action avec d'autres communistes épris de démocratie. Notre Plate-forme va alors se constituer en « tendance » sur le modèle de celles qui sont tolérées au sein des partis socialistes européens et qui avaient été admises dans le parti bolchevique jusqu'au milieu des années vingt.

Il fut évident d'emblée que cette tendance de la Plate-forme était très minoritaire, et que nous ne serions pas soutenus par les réformateurs de l'équipe Gorbatchev. Quand ils demandent que soient respectées les consignes de la

1. Peuple « puni », déjà largement dépossédé et réduit en nombre par le tsarisme, puis déporté par Staline en Asie centrale.
2. Enclave arménienne dépendant de l'Azerbaïdjan turco-musulman.

XIXe Conférence portant sur la séparation du Parti et de l'État, les plate-formistes travaillent contre les intérêts de la nomenklatura et de l'armée des fonctionnaires du Parti qui tirent leurs revenus de cette osmose entre l'exécutif de l'État et les instances d'une organisation minoritaire. L'appareil ne veut en aucun cas déléguer une parcelle de son pouvoir aux organes élus par l'ensemble de la population : soviets locaux, régionaux, républicains, etc.

La Plate-forme n'aura malheureusement guère le loisir de travailler à l'élaboration de son programme de libération : la majorité conservatrice du Parti exigera sans relâche l'exclusion des trublions que nous sommes et parviendra à décourager les plus sincères.

Ma rupture avec le marxisme

1988 fut une année d'agitation intense dans les milieux intellectuels. L'élite soviétique prenait conscience que quelque chose était en train de changer, et que si les changements n'étaient pas accompagnés par un engagement clair de ceux dont la voix était respectée, on pouvait s'attendre à des dérapages autoritaires.

La multiplication des rencontres, colloques et débats dans les universités me fournit alors l'occasion d'attaquer le marxisme officiel, fondé sur des certitudes désuètes. J'affirme que le marxisme, même revisité par la critique des erreurs de Lénine, ne peut plus être un outil d'analyse fiable. Il n'a pas intégré les apports inestimables de plusieurs disciplines contemporaines, telles que la physique quantique, l'herméneutique, la nouvelle théorie de l'évolution des espèces, la linguistique structurale. J'appelle les philosophes soviétiques à s'intéresser à de nouvelles méthodologies, à se plonger dans des lectures jusque-là interdites : Freud, Foucault, Lévi-Strauss...

Mais comme je ne partageais pas encore ces idées « hérétiques » avec beaucoup de collègues estimables et de savants respectés, je dus choisir de les mettre en sourdine et de travailler sur une base plus large à la publication du recueil collectif *La Seule Issue* [1] : cet ensemble d'interventions des tout débuts de la perestroïka enregistrait la première pro-

---

1. Publié en français chez Flammarion en 1988.

gression effectuée et déblayait quelques perspectives de notre
« 89 ».

Mon appartenance – de plus en plus formelle – au Parti
ne devait pas survivre aux événements de 1989-1990 et à ma
participation à une réalité presque inouïe en Russie : l'apparition – d'abord limitée et timide – de véritables élections
libres, et dans les conditions d'une information sérieuse et
pluraliste des électeurs. Encore fallut-il se battre pour l'obtenir
et l'élargir...

Neuf adieux aux idées mortes

Tout au long des trois dernières années de vie de l'ancien
régime, j'ai dit et répété que notre expérience touchait à sa
fin et que, contrairement à ce qu'affirmait Gorbatchev, le
socialisme ne connaîtrait pas de deuxième souffle. En 1989,
j'ai fait publiquement le décompte des réalités historiques qui
quittaient la scène avec la mise en place effective des réformes
dans le domaine politique et le domaine économique. Ces
réalités caduques pouvaient être dénombrées d'une autre
façon, on pourrait à présent considérer qu'elles sont plus
nombreuses. Mais j'ai choisi alors de diviser l'ensemble de
ces phénomènes en neuf points, comme suit.

La première de ces réalités historiques en voie de disparition
est entrée dans les faits dès la fin de la Renaissance et a pris
son aspect contemporain à l'époque des Lumières, je l'appelle
« la culture politique du révolutionnarisme ». Il s'agit d'un
type de culture politique reposant sur la foi en les possibilités
infinies de la raison humaine; une raison qui ne serait pas
seulement capable de penser un système social accompli,
juste, parvenu à la perfection, où tout sera rationnel, mais
une raison qui serait capable, en outre, de réaliser cette idée
en construisant un régime social allant dans ce sens. Cette
foi se double de la conviction qu'il est possible de découvrir
les lois du développement social, que cette découverte peut
servir à transformer la société selon un plan abstrait posé *a
priori*. Elle se double de la certitude que les élites porteuses
du savoir ne peuvent exercer de pouvoir que bénéfique à
l'ensemble de la population. Cette culture politique s'est
formée à l'époque des révolutions européennes et s'est enracinée au cours du processus d'élaboration de certains enseignements philosophiques et politiques, notamment le marxisme.
Elle a été importée en Russie sous la forme du bolchevisme.

Dans la mesure où les sociétés humaines se sont montrées incapables de réaliser dans les faits le système social accompli idéal (et il est peu probable qu'elles y parviennent dans le futur), il a fallu inculquer par la force l'idée de justice; et l'on en est venu à recourir à la violence à une échelle gigantesque. Le système social parfait se présentait comme un système unitaire centralisé au sein duquel les gens n'avaient pour place que celle de soldats de la grande armée du travail. Le contrôle sur l'homme et la société a pris les formes les plus diverses : contrôle physique direct au moyen des baïonnettes et des barreaux des prisons, contrôle sur la production et la distribution de nourriture, contrôle sur les âmes par le biais de l'Église et de l'idéologie. Le totalitarisme a réuni toutes ces formes et bien d'autres encore. L'étatisation de la propriété, qui a transformé l'État en employeur unique, a fait une société dans laquelle tous, gouvernés et gouvernants, n'étaient que des salariés n'ayant plus que des intérêts de consommateurs et pas d'intérêts de producteurs à défendre. Ce système hypercentralisé a un ennemi essentiel : l'autonomie et l'esprit d'initiative de la population, et tant qu'il n'a pas réussi à l'écraser, il est contraint d'anéantir la population elle-même.

À présent, grâce aux acquis de diverses sciences (génétique, ethnologie, histoire, linguistique), grâce aussi aux acquis de la pratique sociale dans notre société, il est devenu évident que cette culture politique a fait son temps. L'Europe occidentale a dépassé ce stade à la fin des années soixante. La naissance de l'euro-communisme a été l'un des symptômes de ce dépassement. Bien des civilisations, comme par exemple le monde musulman, n'ont pratiquement pas fait l'expérience de cette culture politique. Il me semble que la société soviétique est restée prisonnière de ce type de pensée tout le long de la période appelée « perestroïka ». La perestroïka elle-même a été pensée dans le cadre de cette culture politique et bon nombre de ses revers proviennent du fait que ce type de pensée n'a pas été dépassé.

Une deuxième réalité historiquement dépassée est strictement nôtre, russe : l'absence de société civile. Elle part du milieu du XIXᵉ siècle, elle commence avec les réformes d'Alexandre II. Cette période peut être appelée « l'époque des tentatives malheureuses de constitution d'une société civile en Russie ». Elle s'exprime à travers les réformes de Stolypine et la NEP, comme à travers les réformes de Kossyguine. La perestroïka peut être considérée comme l'étape finale de cette époque. Nous sommes à présent au seuil de la formation d'une société civile dans notre pays.

La troisième réalité disparaît sous nos yeux : le régime de totale planification centralisée, de direction centralisée de la vie publique, d'unification de toutes les formes de propriété. Dans ce sens, le socialisme en Union soviétique me semble tout à fait répondre au schéma de Marx et Lénine, et c'est précisément cette forme qui est en train de disparaître. L'idée conductrice de la perestroïka a été de nettoyer le socialisme de ses déformations staliniennes. Je crois qu'il aurait été bien plus productif de se donner pour tâche de surmonter ce qui, dans le stalinisme, était d'essence léniniste. Les difficultés de la perestroïka sont aussi liées à une grave indécision dans ce domaine.

Une quatrième réalité historique qui touche à sa fin est le développement continu d'un certain socialisme sur terre, le type de socialisme dont je viens de parler, qui s'est répandu d'Allemagne à Cuba en passant par le Viêt-nam. Tous ces socialismes prennent des aspects différents, mais ils sont issus d'un génotype unique, une sorte de matrice assise sur deux éléments fondamentaux : l'étatisation de la production et le monopole d'un parti.

La cinquième réalité connaît aujourd'hui une crise profonde. Le marxisme-léninisme assiste à sa propre fin dans trois de ses hypostases. Premièrement, sa fin en temps qu'idéologie officielle d'État. Cette phase terminale a duré six ans en Russie et on pourrait, certes, dire beaucoup de choses sur cette incapacité de l'idéologie officielle à se débarrasser de ses fondements. Deuxièmement, le marxisme-léninisme termine son existence aussi en tant que *Weltanschauung*. Tel qu'il s'est constitué à travers les œuvres de ses fondateurs, le marxisme-léninisme peut, si l'on peut se permettre une analogie avec la physique, être comparé à la mécanique newtonienne : il tourne le dos aux idées nouvelles nées des conceptions d'Einstein et de Russel. Il donne une image vieillie du monde. Le marxisme cesse d'exister comme doctrine scientifique à partir du moment où il n'est pas en mesure d'incorporer les plus neuves et les plus importantes des découvertes scientifiques du présent, comme par exemple le principe de la complémentarité de Nils Bohr ou l'idée du dialogue des cultures de Bakhtine. Le marxisme-léninisme appuyé sur des principes tels que le matérialisme dialectique, le matérialisme historique et la lutte des contraires va disparaître. Aujourd'hui, il devient évident que la vie n'est pas une lutte, mais un processus de création continue. Si la stratégie de l'ancienne pensée consistait à préparer un plan pour assurer la victoire sur l'ennemi, la stratégie de la nouvelle pensée peut être comparée à la mise en culture d'un jardin.

En outre, il convient de revenir sur la théorie de l'aliénation de Marx. Dans un article intitulé « La social-démocratie et les changements en Europe », j'ai essayé d'expliquer que l'aliénation est, par principe, insurmontable. Elle est un état qui déchire l'homme de l'intérieur, comme elle déchire la société; elle en est une propriété intrinsèque, un état indépassable. Elle sera éternellement présente, insurmontable, même si les formes qu'elle adopte peuvent être modifiées par des aménagements allant dans le sens d'un plus grand confort des humains. La faute capitale que commettent Marx et ses continuateurs, c'est d'être convaincus qu'on peut construire une société de bien-être universel où la tragédie et le malheur seront surmontés. Il ne faut demander à aucune théorie, à aucun livre sacré de nous montrer comment supprimer le mal et fonder la cité idéale.

La sixième réalité qui disparaît avec la perestroïka, c'est la division du monde héritée de Yalta. Cette division du monde reposait sur le Mur de Berlin autant que sur l'occupation des îles japonaises. Il va falloir que nous entrions dans le monde contemporain en étant différents, et pour cela il va falloir renoncer aux conceptions qui, en 1968, ont servi de prétexte à l'intervention en Tchécoslovaquie. C'est-à-dire définitivement surmonter l'idée d'une division de l'humanité en deux camps.

La septième réalité, qui est comme le terme de toute une époque, c'est le remplacement du dernier empire multinational par une sorte d'Europe des patries.

La huitième réalité, c'est la fin d'une structure comme le Parti communiste d'Union soviétique. Cette organisation a perdu ses anciennes relations avec la société, elle en est réduite à exercer ses fonctions de pouvoir sans énergie décisionnaire ni porter la moindre responsabilité pour ses actes. C'est la construction interne du PCUS en tant que parti politique basé sur le principe du centralisme démocratique et d'une discipline de fer qui s'effondre.

J'en concluais que le neuvième phénomène qui venait à son terme à partir de 1989, c'était... la perestroïka elle-même.

4

NOTRE « 89 » RUSSE :
LA PRISE DE LA PAROLE

Dans l'atmosphère générale de soumission et d'indifférence que nous avons décrite, le Parti communiste avait eu besoin de trois ans pour se mettre – un peu – au diapason du discours de la perestroïka tenu par sa direction. La société, elle, dut attendre une année de plus pour s'emparer de la glasnost et ne prit son élan qu'avec la campagne électorale du printemps 1989.

La population est alors appelée à élire ses représentants au Congrès des députés du peuple élisant le Soviet suprême, institution à deux étages qui est en théorie la plus haute instance législative de l'Union soviétique. Depuis qu'il existe, ce Soviet suprême n'a été qu'une baudruche qui avalise les propositions du Bureau politique. Mais, cette fois-là, dans l'hiver qui précéda ces élections, des milliers de réunions hostiles à la politique du gouvernement et aux options du Parti communiste se tinrent dans tout le pays... L'intelligentsia avait cessé d'être le seul moteur de la critique, sans doute parce qu'elle ne croyait pas qu'il était de son ressort d'élaborer un programme positif de transition vers la démocratie. Les discussions sur les changements se poursuivirent dès lors dans la rue.

« Il faut dé-sé-ta-ti-ser! »

J'ai dit alors, dans de nombreuses réunions, qu'il fallait cesser de s'en tenir uniquement à la critique du système communiste, ne plus perdre de temps à définir le degré de dépravation du modèle socialiste, mais plutôt travailler à la mise en place de structures de transition vers la liberté politique et économique...

J'ai dit en 1989 que le pays tombait en ruine, que le processus de pourrissement de son économie était entamé, qu'il fallait établir un plan pour « désétatiser » la société. Je voyais clairement que les appels à constituer des coopératives [1] ne pouvaient en aucun cas combler le fossé entre les citoyens passifs de ce pays, d'un côté, le pouvoir communiste et son monopole de la production, de l'autre. Les gens ne voulaient pas alors considérer que la production des biens était de leur ressort. Ils ne voyaient qu'une chose : le monopole du Parti était intact.

Au contraire de l'idée que s'en faisaient généralement les Occidentaux, il ne fallait chercher les forces motrices de la révolution russe ni au sein de la direction réformiste, complètement dépassée par la rapidité avec laquelle les événements s'enchaînèrent, ni au sein de l'élite qui tenait les rênes à l'échelon local ou parmi les cadres des grandes entreprises. Ces gens prendront le train en marche. Gorbatchev est encore le leader, mais il est déjà largement déconsidéré et doit s'échiner à consolider son autorité en faisant adopter l'un après l'autre des décrets lui accordant les pleins pouvoirs.

La révolution commence « par en bas »

Tout commence donc par une campagne de sensibilisation à la vie politique, une campagne de réunions préparatoires. Les hommes et les femmes réputés éligibles se présentent à leurs électeurs. Dans les ateliers et les salles de réunion des soviets, on se met à critiquer un peu plus ouvertement les acquis du « socialisme développé ». Mais a-t-on affaire à une véritable campagne électorale, alors que le régime totalitaire continue à fonctionner de la même façon et avec les mêmes méthodes qu'avant? Alors que, pendant des décennies et pratiquement jusqu'au 26 mars 1989, le sommet du Parti bureaucratique a régné sans partage sur notre vie? Que ce pouvoir omnipotent et incontrôlé utilisait les soviets, y compris le Soviet suprême, comme un simple levier, et n'envisageait

1. Le droit à la formation de coopératives privées – légalement corsetées – est, au début de la perestroïka, la principale innovation « capitaliste » de Gorbatchev, inspirée de la NEP boukharinienne.

les « élections » que comme l'une de ses nombreuses kermesses décoratives?

Pourtant, des élections partiellement libres ont bien eu lieu le 26 mars 1989 : des tendances politiques divergentes se sont ouvertement affrontées. Il s'est agi « d'un pas en avant révolutionnaire »...

Lorsque j'émis une telle opinion, en ces termes, au moment des faits, je savais pourtant que je n'étonnerai aucun de mes concitoyens en employant le mot « révolutionnaire ». Le « caractère révolutionnaire de la perestroïka » était une formulation officielle; la perestroïka était alors définie par notre presse comme une « révolution par en haut ». Mais l'appellation que lui ont donnée nos dirigeants est une chose et le processus réel en est une autre. Le malheur est que si on laisse de côté la politique extérieure et le début de glasnost, il faut bien dire qu'en quatre ans et demi de perestroïka il ne s'était encore rien produit de... « révolutionnaire » qui soit venu d'en haut, sinon des cataractes de discours et on ne sait quelles décisions notoirement chèvre-chou. En vertu précisément de leur caractère de demi-mesures, elles apportaient plus d'incohérences que d'avantages; surtout, elles semaient des illusions et donnaient à la perestroïka son style chaotique. C'est tout.

La réalité de cette révolution « par le haut » fut une succession d'inconséquences qui ont plongé le pays dans une crise toujours plus profonde. Il est heureux que toute la vie de notre société ne se soit pas résumée à cette réalité. La véritable révolution a commencé seulement à partir du moment où les choses ont changé « en bas ». Elle a pris tout d'abord la forme d'un mouvement pour la souveraineté dans les pays Baltes, puis celle des nombreux meetings de l'été 1988 pour la démocratie, à Leningrad, Iaroslav, Erevan, etc. Et la puissance et le nombre de ces meetings vont s'intensifier à un degré incomparable à la veille des élections.

La corrélation entre le mouvement du haut et celui du bas s'est faite d'une manière tout à fait originale. D'un côté, la lutte préélectorale avait été sanctionnée par une nouvelle loi sur les élections et avait donc, en quelque sorte, reçu la bénédiction des plus hautes instances. D'un autre côté, cette même loi autorisait la désignation de près du tiers des représentants par la direction du PCUS, ce qui garantissait évidemment à cette direction une majorité absolue au Congrès. (Cela sous le prétexte d'une « représentation de toutes les organisations sociales de toute l'Union », y compris des organisations aussi mythologiques que le Comité des femmes soviétiques, aussi énigmatiques que la Société des amateurs de cinéma, ou aussi douteusement massives que le DOSAAF [1].)

Ces élections ont esquissé les contours du problème le plus important auquel la société faisait face en 1989 : celui des rapports mutuels entre le Parti, le pouvoir et la société. Le Parti fit la preuve qu'il ne savait pas agir politiquement au lieu d'imposer administrativement ses décisions. Le pouvoir n'avait pas encore découvert que, sur le territoire de l'Union soviétique, il existait aussi quelque chose à côté de l'État, une entité vivante avec laquelle il allait falloir compter : la société. Quant à la société elle-même, elle s'est peut-être pour la première fois convaincue de sa propre existence. Tout ce qui se passait en son sein jusqu'aux élections, y compris le contenu des conversations de cuisine avec les amis, est apparu au grand jour, sous une forme politique, au moment des élections.

Deux volontés contradictoires s'exprimaient dans l'attitude de la direction soviétique : d'une part se garantir une majorité écrasante au Congrès (et, allant au-devant de tous les espoirs placés en lui, le Congrès sut en effet se montrer tout à la fois agressif et docile); d'autre part donner en même temps l'impression d'élections libres et démocratiques.

Mais dans un pays affamé et porté à ébullition, le résultat ne fut pas celui qu'escomptait cette politique malicieuse, mi-permissive, mi-restrictive. Elle autorisa en fait indirectement ce qu'elle n'avait pas prévu : la transformation de la campagne électorale en une authentique révolution populaire contre la dictature bureaucratique. Cette explosion eut comme principaux foyers Moscou, qui a élu démocratiquement le disgracié Boris Eltsine, et Leningrad, qui a non seulement infligé une gifle retentissante à sa propre direction locale, mais aussi à toute la mafia des dirigeants moscovites.

Élu par le peuple, excommunié par Gorbatchev

Ma première campagne électorale de février-mars 1989 a été l'occasion de nombreuses provocations contre moi de la

1. DOSAAF : Association « bénévole » de soutien à l'Armée rouge, chargée de la protection civile et de l'organisation de la résistance en cas de conflit. Chaque citoyen, âgé de dix-sept à quarante-cinq ans, était en fait obligé d'en faire partie.

part de l'appareil du Parti. La direction surveillait les circonscriptions « sensibles » et stimulait la résistance furieuse de l'appareil local du Parti au bon déroulement de la procédure d'enregistrement des candidats. Bien que prudemment cachées au public, les démarches entreprises par le Centre étaient généralement tout à fait visibles. Le propos non avoué était d'empêcher la victoire de candidats non officiels, non désignés par avance par le Parti, qu'ils en soient membres ou non...

Me trouvant dans la situation d'un candidat « non homologué », j'ai eu pleinement l'occasion de ressentir toute l'ampleur de ces méthodes, « autorisées » mais illicites, dont on n'hésitait pas à faire usage contre les indésirables. J'ai été le témoin amer des maladroites manœuvres de « mes collègues » du Parti, de leur impudence, de leur entêtement maladif. Chacune de leurs démarches successives les abaissait toujours plus aux yeux des électeurs, mais ils poursuivaient obstinément leur entreprise, jusqu'à leur défaite complète.

On pourrait remplir des livres d'exemples sur le sujet, mais je me limiterai à celui-ci : à Elektrostal, seconde ville de ma circonscription, on a vu arriver de Moscou deux lettres anonymes dirigées contre moi, avec ordre de les publier immédiatement dans le journal municipal – ce journal est à la fois l'organe du comité municipal du Parti et celui du soviet municipal [1]. Toute la rédaction du journal protesta énergiquement contre cette publication, jugée immorale pour un organe de presse. Quelques-uns des collaborateurs du journal remirent leur démission en signe de protestation. Le numéro fut composé malgré tout; les journalistes lancèrent alors un appel aux travailleurs d'imprimerie, et ceux-ci décidèrent de réagir avec fermeté : ils réunirent un meeting de plusieurs milliers d'ouvriers pour exprimer leur protestation et interdire la sortie du journal. Pour la première fois peut-être dans l'histoire de ce journal, le numéro déjà composé ne sortit pas.

Mon élection par 72 p. 100 des votants n'a fait qu'exciter davantage mes contradicteurs. J'ai été attaqué dans les journaux conservateurs pendant plusieurs mois. Le 13 octobre 1989, à l'occasion d'une rencontre avec la presse, Gorbatchev adressa une remontrance aux responsables du Comité régional du Parti de Moscou : « Que font-ils de leurs journées, si des

---

1. Comité municipal : émanation des cellules de quartiers du Parti. Le soviet municipal est simplement le « conseil » municipal, mais dont les « élus » étaient évidemment jusque-là tous contrôlés par le Parti.

types comme Afanassiev restent membres du Parti et continuent à occuper leurs fonctions? »

Cette apostrophe donna le signal d'une nouvelle série d'attaques dans la presse communiste, attaques auxquelles je
répondis en proposant de suspendre la parution... de la *Pravda*.
Cette réponse provoqua un tollé. Ce qui déplut surtout aux
fonctionnaires, c'est que je me plaçais du point de vue de la
défense bien comprise du Parti et de sa popularité : il faut
fermer la *Pravda*, disais-je, parce que ce journal n'est plus
représentatif de la politique du Parti, qu'il donne une image
conservatrice de cette organisation, qu'il perd un grand nombre
d'abonnés en se montrant aussi retardataire...

Le 25 octobre 1989, le comité municipal du Parti de
Noguinsk prit à son tour la décision de relever de ses fonctions
le rédacteur de la feuille locale qui avait eu l'outrecuidance
de publier un de mes articles (dans le chef-lieu de la circonscription dont j'étais l'élu!). Un meeting de protestation
réunit six mille de mes électeurs pour exiger des autorités du
Parti qu'elles mettent fin à ces agissements illégaux. Comme
le comité municipal du Parti refusait de se soumettre à la
volonté des citoyens, les journalistes du quotidien local se
mirent en grève. Au dix-septième jour de grève, le comité du
Parti engagea des poursuites et fit traduire la rédaction
récalcitrante devant le tribunal de la région de Moscou. J'ai
protesté auprès du président du Soviet suprême, Loukianov [1],
et le Comité de surveillance de la glasnost se rendit sur place
pour « apprécier la situation ».

Les autorités de la ville d'Elektrostal ont alors pris des
mesures similaires contre le rédacteur en chef du journal
local. Il a fallu à nouveau mobiliser les électeurs pour imposer
son maintien. Fin octobre encore, alors que j'allais prendre la
parole au grand cinéma Octobre de Moscou, la salle se trouva
fermée. Prétexte invoqué : rupture des canalisations. Le
7 décembre, une réunion était prévue avec les ouvriers du
combinat papetier d'Elektrostal. Dès 13 heures, il était presque
impossible de pénétrer dans la salle où la réunion devait se
tenir : des miliciens vérifiaient l'identité des gens qui se
présentaient à l'entrée. Devant l'affluence, les portes furent
bientôt fermées, et pour empêcher qu'on les force, l'administration fit se ranger trois camions, une benne à ordures et
même un bulldozer tout contre les portes. Un escadron de

---

1. Hiérarque du Parti, placé par Gorbatchev et devenu... « putschiste ».

milice attendait dans un car à proximité. Il fallut renoncer à se réunir.

Ces dispositions n'avaient à ce moment là rien d'exception-nel : elles faisaient partie d'un ensemble de mesures d'inti-midation contre Boris Eltsine et les plus remuants des députés du Groupe interrégional.

Les débats du Congrès : non-stop à la télévision!

Le premier Congrès des députés du peuple nouvellement élus a été un phénomène unique sous bien des aspects : du fait de l'effervescence des passions qui s'y sont exprimées, en raison du caractère dramatique des événements qui l'accom-pagnaient, de par la puissance de l'épreuve intellectuelle et émotionnelle subie par tout le pays grâce aux retransmissions télévisées en direct des débats – tout le pays à l'écoute, passionné de découvrir la polémique démocratique! –, et enfin... en raison de l'évidente stérilité des décisions qu'il a prises.

On a beaucoup reproché à ce Congrès de n'avoir pas fait tout ce qu'il pouvait, de n'avoir pas répondu aux espoirs du peuple. Cela ne veut rien dire, parce qu'il n'a pu faire que ce qu'on lui enjoignait de faire, ce qui lui avait été assigné par la Constitution gorbatchévienne : élire le Soviet suprême, auquel il remettait les pleins pouvoirs, et notamment le pouvoir de légiférer plus avant; élire le président du Soviet suprême et confirmer les dirigeants placés par le secrétaire général à la tête des organes exécutifs, administratifs et juridiques. Si l'on veut ne pas s'en tenir à la lettre, mais poser la question du contenu politique des décisions du Congrès, alors on peut dire qu'il a fait quelque chose de tout à fait opposé à ce que le pays attendait de lui : au lieu de développer les acquis du printemps révolutionnaire de 1989, il les a purement et sim-plement anéantis.

Car même si l'ensemble du contenu de ce Congrès ne saurait être confondu avec les décisions prises, ce sont elles qui, précisément, constituèrent son bilan pratique immédiat. En d'autres termes, le résultat politique du Congrès c'est d'avoir restauré dans la personne de Gorbatchev l'appareil bureaucratico-partidaire dont le pouvoir absolu avait été un instant ébranlé. Non seulement il l'a restauré, mais il l'a même en partie renforcé, en donnant à la direction de cet appareil le mandat du pouvoir, cette fois-ci effectivement au nom du peuple.

Pourtant — et ce n'est pas le moindre des paradoxes de cette période — cette restauration du pouvoir de l'appareil allait se métamorphoser rapidement (il ne s'était pas passé un mois et demi) en crise profonde de ce même pouvoir. Pourquoi? Parce que désormais la réalité du pays ne pouvait plus être seulement déterminée par ceux « du haut », parce que la population de ce pays, après quatre ans et demi de perestroïka à la Gorbatchev, non seulement buvait son thé sans sucre mais ne se lavait plus tous les jours avec du savon, et devait supporter tantôt des affrontements entre nationalités, tantôt des explosions accidentelles.

Les grévistes occupent la scène

Il y a un lien direct et évident entre les résultats pratiques du Congrès et la vague des grèves de mineurs de juillet. Jusqu'au Congrès, comme pendant ses travaux, il n'y a pas eu de mouvement de grève et il était impossible qu'il y en ait; parce que l'espoir subsistait. Les conséquences du Congrès ont tué cet espoir. Les gens en ont conclu qu'ils ne pouvaient compter que sur eux-mêmes.

De nouveau, le Bureau politique et le gouvernement sont alors à la traîne des événements. Ils réagissent avec retard aux grèves du Kouzbass, du Donbass et de Vorkouta. Le retard constant de la politique officielle sur les événements en cours dans le pays, véritable piétinement sur place dans la marche de la perestroïka, débouchera sur une situation de crise générale. Si la crise politique finale n'est pas encore ouverte en 1989, c'est probablement parce que la population n'a pas encore atteint la maturité qu'exige le renversement d'un système si bien installé. Mais on sent déjà la profondeur du vide politique, un gouffre dont on ne sait pas encore s'il sera rempli par une vague de destructions, une insurrection désespérée ou par un mouvement indépendant organisé, posant les bases d'une nouvelle démocratie parlementaire.

Car il semble que tout et tous soient déjà en place. L'homme qui est à la tête de l'État cumule tous les postes possibles et imaginables : il est à ce moment-là le seul sur cette planète qui soit tout ensemble président, commandant en chef, porte-parole du Parlement, grand prêtre... C'est un cas unique. Il reste encore un Bureau politique, un Conseil des ministres, des pouvoirs locaux, mais le vide politique est évident; la structure même du pouvoir s'écroule, le navire a perdu ses amarres. Le Bureau politique n'est déjà plus un pouvoir. Les autorités locales sont paralysées par la peur de nouvelles élections, et l'échelon supérieur du pouvoir, par l'absence de perspectives.

Vide du pouvoir : le peuple s'en mêle

Si nous prenons en considération l'ensemble des mouvements de défense des intérêts ethniques, les organisations informelles, les différents mouvements écologistes, etc. nous pouvons affirmer que presque tous les peuples et toutes les couches de la population d'Union soviétique se mirent alors à se mêler de la vie politique. Fait absolument nouveau dans l'histoire de ce pays.

Gorbatchev ne parvient pas à se faire à l'idée qu'il n'est plus l'unique leader de la perestroïka, que les leaders en sont, à compter de l'été, des pans entiers de la société : les Baltes, les mineurs, etc. Il ne comprend pas qu'il ne peut plus être à la fois leader de la perestroïka dans la société et leader d'une nomenklatura qui cherche à rafraîchir son visage. La marotte gorbatchévienne de maintenir le *statu quo* de la perestroïka nous interdit d'aller de l'avant. Il faut renoncer à cet hybride avorton qu'on appelle « *statu quo* de la perestroïka ». Ce piétinement sans fin aggrave nos difficultés. Il faut franchir le pas avec toujours plus d'audace.

Cette vacance du pouvoir offre d'étonnantes analogies avec la situation qui prévalait dans l'été 1917. C'est du moins ce qui ressort de l'étude des discours tenus à l'Assemblée par les leaders démocrates de l'époque. On y évoque la « chute de la productivité du travail » et la « crise de confiance »... Un député de droite disait alors : « Tout le pouvoir est dans les mains de gens irresponsables, et toute la responsabilité repose sur les épaules de gens privés de pouvoir. » Un député de 1989 aurait pu employer les mêmes termes pour définir une situation très semblable...

Député de l'opposition : le Groupe interrégional

Dans un discours prononcé à une réunion du Groupe interrégional des députés du peuple, le 29 juillet 1989, je constatai cette carence du pouvoir face à la succession de catastrophes qui s'étaient abattues sur notre pays depuis 1986. Le Bureau politique réagit invariablement à ces catastrophes avec retard et maladresse. Le rythme de ces revers terrifiants va en s'accélérant, mais le pouvoir n'y apporte pas de réponse politique. C'est précisément ce vide de pouvoir qui a conduit certains députés à se réunir dans ce Groupe interrégional, le premier groupe oppositionnel dans un parlement russe depuis 1917.

En fait, nous n'étions pas, nous non plus, en 1989, encore assez mûrs pour la crise politique. Nous étions nous-mêmes plongés dans un vide politique dont nous ne savions pas s'il allait être rempli par des éléments destructeurs, ou par une force indépendante, organisée et constructive.

À cette époque, la structure du pouvoir s'est, dirait-on, effondrée sur ces propres bases; ses maillons essentiels sont détachés et comme suspendus dans les airs. La perestroïka semble devenue sans objet. Bien sûr, elle ne peut pas donner le moindre dynamisme à l'appareil du Parti puisque le Parti n'a aucune notion de ce qu'on lui demande de faire en réalité. Le Parti lui-même est en pleine déconfiture : au moins trois tendances s'affrontent en son sein et il perd de plus en plus de membres.

Il va donc revenir au Groupe interrégional des députés de catalyser les énergies favorables à une véritable refonte de la société. Il n'est pas étonnant que ce soit au sein de ce groupe que vont se détacher les personnalités qui joueront un rôle essentiel au cours des deux dernières années du régime et qui se retrouveront au pouvoir après le « putsch »...

Le Groupe interrégional n'est pas seulement un rassemblement de minoritaires mécontents, je l'envisage alors comme une tentative de former une seconde assemblée parallèle au Soviet suprême, qui ne soit pas « concurrente » du Parlement soviétique mais qui lui serve en quelque sorte de club de réflexion, qui propose des idées pour sortir du dilemme réducteur « capitalisme ou socialisme » et pour aller vers la démocratie, par-delà des oppositions idéologiques vieillies et truquées.

Seuls 393 des 2 250 députés du peuple se sont affiliés à notre groupe. Dans leur majorité, il s'agit de communistes qui veulent contribuer à la radicalisation de la perestroïka. Un conseil de coordination des travaux du groupe a été élu. On y retrouve Sakharov, Eltsine, Popov... et Iouri Afanassiev.

Nous souhaitions rédiger des rapports parallèles aux rapports des ministres du gouvernement Ryjkov, être une sorte de *shadow cabinet,* plus radical que les réformateurs qui entouraient Gorbatchev.

Les démocrates s'organisent sur le terrain

À l'initiative du Front populaire de Leningrad, se tint dans cette ville, du 16 au 18 septembre 1989, une première conférence des mouvements et organisations démocratiques. Elle rassembla 162 délégués représentant 82 organisations sur le territoire de l'URSS : 20 villes de Russie étaient représentées. Cette conférence convint de la création d'une Association interrégionale des organisations démocratiques, appelée à coordonner les activités des forces démocratiques dans tout le pays. Une vingtaine d'organisations aussi puissantes que les Fronts populaires de Moscou et de Leningrad, le Mouvement national arménien, le Front populaire de Géorgie, le Mouvement démocratique d'Ouzbékistan, etc. décidèrent d'entrer dans l'association.

La résolution finale disait sans ambages : « Le PCUS, qui s'est attribué voilà soixante-douze ans le rôle dirigeant dans notre société, porte l'entière responsabilité de la tragédie historique, de la complète crise politique, économique et morale de la société, ainsi que de la dramatique exacerbation des conflits entre les nationalités. Nous considérons que cette responsabilité dans les fautes et les crimes commis doit revêtir des formes concrètes, politiques et juridiques. La conférence se prononce pour la séparation du PCUS et de l'État, pour l'affectation de droits égaux à tous les partis et organisations politiques. La Constitution de l'URSS doit s'appuyer sur les constitutions de toutes les républiques, la priorité doit être donnée à la juridiction républicaine sur la juridiction de l'Union : [...] Nous nous prononçons pour la transformation de l'Union soviétique en Confédération libre d'États souverains. »

La tenue de cette première réunion et le texte de cette résolution sont intéressants à deux points de vue : tout d'abord, ils montrent que le devenir de l'URSS était prévisible dès 1989 et préfigurent le découpage des républiques; ensuite, les organisations présentes ont été les embryons des partis politiques majoritaires d'aujourd'hui.

Fin du « soutien critique » à Gorbatchev : haro sur les dinosaures !

En septembre 1989, j'ai fait au Groupe interrégional un rapport sur les divergences entre le centre réformateur dirigé par Gorbatchev et les députés réformateurs élus au Congrès. Je considérais encore qu'il n'y avait pas d'alternative à Gorbatchev et qu'il convenait de lui accorder un soutien critique « à gauche », en étant ses alliés et non ses partisans, c'est-à-dire en ne cessant pas de lui reprocher son manque de détermination et son refus de prêter attention aux revendications des communistes entrés en désaccord avec la ligne du Comité central : « Quelques mots sur les causes de la maladie du régime. Je crois que la question essentielle tient à l'absence de théorie de la perestroïka. Nous ne savons pas vers où nous allons. Le pire n'est pas qu'*ils* (la direction) ne le sachent pas, mais que *nous* (la société dans son ensemble) n'en sachions rien non plus. Certains, surtout des scientifiques, ont laissé échapper que les tâches qui s'imposent à présent sont sans commune mesure avec les buts initialement proclamés de la perestroïka. Pour parler plus concrètement, nous prétendons, par manque de conception globale, reconstruire le système que nous passons notre temps à construire depuis soixante-dix ans. Mais ce système n'est pas réparable !

» Nous devons liquider trois fossiles : l'État unitaire centralisé et impérialiste, l'économie socialiste étatisée, le monopole du Parti. Nous devons les liquider sans violence, en faisant appel au consensus général. C'est précisément le refus des échelons les plus élevés du pouvoir de reconnaître cet état de fait, de dire ouvertement et avec force qu'il faut en finir, qui est à l'origine de la montée des contradictions dans la situation présente. Ce refus empêche d'analyser les rapports de force et de répartir par étapes le processus d'une refondation de notre société sur de nouvelles bases... »

Réforme de l'Union : l'occasion ratée

Il devient clair alors que Gorbatchev ne souhaite pas aborder la question d'un nouveau traité de l'Union. Cette question va traîner pendant les deux dernières années d'existence de l'URSS, alors qu'elle aurait fort bien pu être résolue à l'automne 1989. On dirait que la question du statut des républiques, du point de vue du Centre, ne se pose pas cet été-là! Ils ne veulent tout simplement pas voir la mobilisation des centaines de milliers de citoyens en faveur de l'indépendance ou de l'autonomie de tel ou tel territoire.

Les Baltes ont formé une chaîne humaine reliant sur plusieurs centaines de kilomètres les trois capitales, Vilnius, Riga et Tallin! Gorbatchev ne peut pas ignorer non plus qu'il faut remédier à la situation au Caucase et en Asie centrale : les voies ferrées qui alimentent l'Arménie sont bloquées, on se bat dans la vallée de la Ferghana, aux confins de la Kirghizie et de l'Ouzbékistan... On peut apporter une réponse provisoire aux revendications nationales et éviter l'exaspération des conflits en proposant deux mesures : d'une part, modifier le statut des républiques vis-à-vis du Centre, d'autre part abolir la hiérarchie entre républiques, régions et territoires autonomes sur le sol des républiques.

La division de l'URSS en républiques susceptibles d'accéder à la souveraineté et républiques de second rang, dites autonomes, la division de ces républiques en régions autonomes parfois subdivisées à leur tour en territoires autonomes reviennent à diviser les citoyens en quatre catégories, suivant leur appartenance ethnique. Mettons-nous à la place des malheureuses nations doublement asservies, au niveau de la république, et au niveau de l'Union! Les conflits qui ont éclaté en Géorgie et en Asie centrale entre petites nations et nations de tutelle auraient pu être évités si on avait mis toutes les nations sur pied d'égalité. Les Abkhazes et les Ossètes de Géorgie, les Tchétchènes et les Bachkirs de Russie, les Gagaouzes de Moldavie, et bien d'autres, n'ont jamais avancé d'autre revendication que celle de l'égalité des droits. En partant de ce principe, on pouvait par exemple permettre au Haut-Karabakh d'échapper à la tutelle de l'Azerbaïdjan, sans pour autant l'offrir à l'Arménie.

Mais Gorbatchev rejette la proposition de la délégation lituanienne de transformer le PCUS en fédération de partis communistes républicains. Il ne tient pas compte des protestations du secrétaire du Parti de Bachkirie en faveur d'une redéfinition de la dépendance des républiques dites autonomes à l'égard de la Russie. Il ne pose pas la question de l'exploitation des ressources des républiques par le centre fédéral. Il ne souhaite pas plus accorder la souveraineté pleine et entière à la république de Russie, seul territoire sur lequel les Russes sont majoritaires. Il s'entête à refuser le dialogue, dans l'espoir que les désordres feront peur à la majorité des gens, et qu'une fois passée la vague de contestation, on pourra renforcer l'État unitaire et centralisé. J'en veux pour preuve sa surprenante déclaration en faveur de l'adoption du russe comme langue supranationale. Elle retentit comme une provocation après la série de lois en faveur des langues locales adoptées par l'Ukraine, la Moldavie et les républiques baltes. Elle vient soutenir le projet « un Centre fort – des républiques plus fortes », étrange slogan formulé au moment où jamais le Centre n'a été si faible.

En fait, ce que Gorbatchev a manifesté là, c'est simplement un certain aveuglement colonialiste, auquel a logiquement répondu l'aveuglement nationaliste

« L'histoire de ce parti est criminelle, il n'a plus d'avenir »

Le 9 novembre 1989, le plénum du Comité central du Parti se réunit pour peaufiner un scénario présentable de la prochaine session du Congrès des députés du peuple. L'appareil souhaitait éviter les « débordements » du type de ceux qui avait mis tout le pays en joie l'été précédent. Boris Eltsine était encore un des dignitaires du Parti admis au plénum, tout en participant au groupe des députés d'opposition du Soviet suprême. Le lendemain, à la commission de coordination du Groupe interrégional, il put donc m'annoncer que le Comité central s'était prononcé... « en faveur de l'exclusion d'Afanassiev ». Leur décision d'exclusion officielle intervenait sous le prétexte que « Sakharov, Afanassiev et quelques autres avaient lancé un appel à une grève générale pour faire pression sur le Congrès ».

Cependant, même après cette décision du Comité central, il ne sera pas si facile de se débarrasser de moi. La section du Parti communiste de mon institut serra les rangs derrière son recteur. Moi-même, je n'étais pas encore totalement persuadé que le travail hors du Parti pouvait devenir plus efficace que celui que je menais de l'intérieur. En fait, je travaillais à cette époque à une scission du PCUS pour aboutir à la fondation d'une autre organisation, dont j'annonçai le nom en janvier 1990, lors de la rencontre des clubs sociaux-démocrates : le « Parti du socialisme démocratique ». À ce moment-là, la tendance interne au PCUS dite de la « Plate-forme démocratique » entra dans un conflit sans retour avec l'appareil.

Les derniers jours d'un drôle de communiste

À l'époque, je ne remettais toujours pas en question l'idée socialiste elle-même. À telle enseigne que j'avais fait publier une de mes interventions devant le Groupe interrégional sous le titre : « L'idée socialiste reste un fil conducteur ». J'y défendais les principes de générosité, de fraternité et de justice sociale, tels qu'ils nous ont été transmis à travers les générations par... les grands prophètes de l'humanité : Jésus, Bouddha, Mahomet... Ces références, on s'en doute, ne furent pas vraiment du goût du directeur de l'Institut du marxisme-léninisme, ni de celui de Gorbatchev. À l'occasion d'une réunion restreinte du Comité central, ils demandèrent que « l'on s'occupe enfin sérieusement d'Afanassiev ». Sur quoi, une commission d'enquête du Parti s'en vint fouiner à l'Institut des archives pour y « récolter des matériaux sur les activités du directeur »...

Évidemment, comme j'en étais alors à appeler et à organiser les grands meetings de protestation contre le blocus de la Lituanie de février-mars 1990, l'appareil perdait patience. Enfin, le 27 mars 1990, la *Pravda* posa la bonne question : « Comment se fait-il que Iouri Afanassiev soit titulaire d'une carte du Parti portant l'effigie de celui [1] qu'il appelle le " père du terrorisme et de l'illégalisme soviétique "...? »

Mais j'avais donné ma réponse par avance, lors d'une table ronde à l'Institut du marxisme-léninisme : « Ces temps-ci, on a dit à plusieurs reprises que des gens comme moi n'avaient pas leur place dans le PCUS. En principe, je suis tout à fait d'accord : dans ce qui aujourd'hui s'appelle Parti communiste de l'Union soviétique je n'ai effectivement pas ma place. Pourquoi donc y suis-je? Parce que je considère que ma tâche principale doit être de faciliter le rassemblement du plus grand nombre de militants autour de la Plate-forme démocratique. »

Cette période de tentatives ouvertes pour m'exclure du Parti a permis une intense collaboration entre les militants « en carte » de la Plate-forme démocratique et les organisations

---

1. Les cartes du PCUS, qui se présentaient comme de véritables passeports, portaient en page de titre un portrait de Lénine.

« sociales-démocrates » qui naissaient alors à l'extérieur du Parti; tout cela fut un des vecteurs des changements dans l'état d'esprit de la société russe. On doit cependant souligner la persistance de ce paradoxe russe : l'aspiration générale à une unification des forces démocratiques se heurte constamment à l'impossibilité de rassembler réellement tous les démocrates au sein d'une seule organisation. Bien des leaders du mouvement étaient prêts à quitter le Parti, mais ils ne savaient pas quelle organisation rejoindre. Longtemps Popov, Sobtchak, Boldyrev, moi et bien d'autres, nous balançâmes entre diverses manières de « partir du Parti »... À la fin, la nouvelle « normalisation » qui s'amorçait ne nous laissa plus d'autre choix que de faire, individuellement, le constat que nous en étions déjà sortis.

Pour ma part, le 17 avril 1990, répondant aux questions des délégués du Congrès des komsomols, j'affirmais : « L'appareil n'a pas besoin d'un parti de vingt millions de membres... Un parti de deux millions de membres suffit amplement à partir du moment où ce parti continue de se confondre avec l'État en la personne de son président. C'est ce qui se passe... Je considère même, aujourd'hui, que ma présence dans les rangs du PCUS ne fait que renforcer l'illusion sur l'aptitude de ce parti à se rénover. Par conséquent, j'ai pris la décision de sortir du PCUS. »

Mars 1990 : non au camarade-président

À l'occasion de la troisième réunion du Congrès extraordinaire des députés du peuple de l'URSS, Gorbatchev se fit « élire » officiellement président de l'URSS. J'intervins sans détour contre ce renforcement de son pouvoir. Tout le Groupe interrégional s'opposa à cette « élection », par opposition à sa politique et notamment parce que nous voulions un président qui se fasse élire au suffrage universel.

Le 12 mars 1990, j'eus l'occasion de préciser, au nom du Groupe interrégional, jusqu'à quel point allait désormais la rupture entre l'opposition et Gorbatchev. Tranquillement :

« Nous considérons que la loi portant sur la création de la fonction de président de l'Union soviétique ne peut entrer en vigueur que lorsqu'elle sera incorporée dans le texte global, organique et unique, de la nouvelle constitution démocratique du pays. Hors de ce contexte constitutionnel achevé, le pouvoir présidentiel est une inconnue dangereuse, qui multiplie nos difficultés, aggrave nos soucis et nos appréhensions. Il n'y a qu'un moyen de concrétiser le pouvoir présidentiel, c'est l'adoption préliminaire des dispositions générales suivantes :

Premièrement : signature d'un nouveau traité de l'Union entre États souverains qui souhaitent en faire partie et délèguent volontairement une part de leurs prérogatives au gouvernement de l'Union.

Deuxièmement : élection d'un nouveau Soviet suprême investi des pleins pouvoirs et qui soit en mesure de légiférer réellement et non plus de la manière, très illusoire, qui est celle de ce Congrès.

Troisièmement : l'élection du président devra intervenir ultérieurement et sur la base du suffrage universel

Quatrièmement : l'élection du président doit être l'aboutissement d'une lutte politique normale, c'est-à-dire basée sur la concurrence entre divers partis politiques. En d'autres termes le pouvoir présidentiel présuppose, outre son équilibrage par le pouvoir parlementaire, l'existence d'un contrepoids prenant la forme d'une opposition légale véritablement organisée.

Cinquièmement, enfin : il est particulièrement indispensable, dans notre pays en proie aux convulsions terminales d'un régime totalitaire, que le président ne réunisse pas dans sa personne le pouvoir présidentiel suprême et le pouvoir qu'il exerce au nom de la nomenklatura du Parti. »

Je concluais : « La situation est aujourd'hui extrêmement préoccupante. De nombreux députés membres du Groupe interrégional considèrent que la politique menée par Mikhaïl Gorbatchev est erronée et dangereuse. Ils considèrent que cette politique erronée est à l'origine des tensions qui agitent le pays. Nous sommes vraiment dans une situation de paralysie du pouvoir, situation qu'on ne peut plus supporter. La cause de ce vide ne réside pas dans l'absence de force de ce pouvoir, mais dans l'absence de confiance. Au cours des derniers mois, la terreur a perdu de son efficacité sur la société, mais avec cette terreur la confiance en la direction actuelle est tombée. »

Les démocrates face à la réaction néobolchevique

Comme je l'ai expliqué, les symptômes de la marche au « putsch », avant même le tournant conservateur déclaré de Gorbatchev à l'hiver 1990-1991, se multipliaient. À la seconde conférence pansoviétique de la tendance Plate-forme démocratique du PCUS, qui s'est tenue les 16 et 17 juin 1990, je fis adopter ce point de vue sur la nouvelle étape de notre vie politique :

« Les changements intervenus dans notre vie depuis avril 1985, arrachés au prix de nombreuses épreuves infligées aux meilleurs d'entre nous, Andreï Sakharov, Alexandre Soljenitsyne, Piotr Grigorenko et bien d'autres, viennent buter sur les piliers sacrés de notre système : la monopolisation du pouvoir, de l'information, de la propriété et de l'idéologie par la nomenklatura du Parti. En matière de restructuration, la variante proposée par l'appareil est réalisée... Les changements positifs intervenus depuis cinq ans sont aujourd'hui menacés par un retour à l'ordre ancien. »

Entre-temps, Krioutchkov, notre futur « putschiste », avait lu au Bureau politique un texte explosif appelé « Programme d'action 90 ». Il s'agissait d'un véritable appel à l'utilisation de tous les moyens illégaux et anticonstitutionnels pour rendre l'avantage au Parti, y compris la constitution et l'entraînement de « brigades d'autodéfense » capables de s'emparer des bâtiments officiels. Ce texte fut distribué à tous les secrétaires de région du Parti. D'autres mesures présentaient une ressemblance frappante avec la conduite de Kerenski et Kornilov [1] en 1917... Par exemple, la conduite de manœuvres secrètes de l'armée à proximité des grandes villes, et l'accusation portée publiquement contre les démocrates de vouloir s'emparer du pouvoir par la force!

Cette manœuvre provocatrice des conservateurs devait coïncider avec l'appel à constituer un Forum des mouvements démocratiques lancé le 20-21 octobre. Elle fut remise aux calendes... d'août, suite à la publication par l'agence indépendante Interfax de cette odieuse circulaire de Krioutchkov. À ce moment, les actions désordonnées de l'opposition maintenaient le pays au bord de la secousse, mais la volonté de ne pas céder aux provocations et d'éviter toute confrontation violente dans la marche vers la démocratie sauva cette même opposition et laissa aux idées démocratiques le temps de s'enraciner dans la société.

---

1. Kerenski, démocrate « travailliste », fut le chef du Gouvernement provisoire de 1917 renversé par les bolcheviks. Le général Kornilov, le « putschiste » blanc de l'époque, par sa tentative de faire marcher l'armée sur Petrograd et la mobilisation qu'il opéra contre lui, fournit la préface directe à la prise de pouvoir bolchevique.

Mes électeurs et l'Occident : enterrer Lénine, enfin

Dans le désarroi où se trouvait alors la population, un point positif, néanmoins, dominait toutes nos inquiétudes. L'information libérée avait introduit un nouveau rapport des Russes aux modèles européens et occidentaux, naguère diabolisés.

J'ai pu juger de cela grâce à mes électeurs, qui sont représentatifs de la grande masse de la population russe. Je suis député d'une ville champignon qui a poussé à quarante kilomètres de Moscou, une ville dont l'activité principale est l'industrie textile, traditionnelle en Russie centrale. A proximité vivent des gens un peu plus qualifiés et mieux payés : ils travaillent dans des usines de fournitures militaires. Dans la troisième agglomération de ma circonscription résident des citoyens plus instruits que la moyenne et par conséquent privilégiés : dans cette ville sont établis un institut de physique appliquée et quelques autres centres d'expérimentation dépendant de l'Académie des sciences.

Ses habitants forment donc un échantillon très représentatif de la Russie contemporaine : industrie arriérée, industrie avancée et recherche de pointe. Depuis mon élection, je me rends deux fois par mois sur place pour les recevoir, par groupes de quinze à vingt personnes. Pour l'essentiel ils m'exposent des problèmes de logement, de travail, de justice. Je rencontre de plus larges cercles par le biais des clubs qui m'invitent à donner des conférences. Mes interventions suscitent des questions. Ces questions, je les classifie pour les analyser : date, lieu et nature du problème posé. Je peux dire que les changements intervenus en trois ans furent extraordinaires. Alors qu'au début je pouvais à peine faire allusion aux aspects négatifs du socialisme, je peux aujourd'hui faire la propagande du capitalisme dans le calme. L'écrasante majorité de mes auditeurs accepte toutes les valeurs dont je me réclame.

C'est ainsi que plusieurs mois avant le « putsch », j'ai pu donner en toute tranquillité mon opinion sur Lénine. J'ai rencontré le consensus de mon auditoire en disant qu'il fallait, désormais, enlever le cadavre embaumé du mausolée de la place Rouge. Qu'il était temps, enfin, d'enterrer Lénine. Simplement, aux côtés de sa mère, ainsi qu'il l'avait lui-même souhaité.

5

LE TESTAMENT POLITIQUE DE SAKHAROV
ET « RUSSIE DÉMOCRATIQUE »

Dès l'instant où je quittai le PCUS, je fus d'autant plus persuadé qu'il fallait travailler à la cristallisation d'une force d'opposition qui fasse contrepoids. Un certain nombre d'organisations politiques issues de la dissidence commençaient à s'affirmer, à diffuser tracts et bulletins. Mais ces partis étaient, en Russie du moins, microscopiques et incapables d'exercer la moindre influence sur l'électorat. Gorbatchev avait besoin de ces marginaux pour prétendre que le régime soviétique était devenu pluraliste et que chacun pouvait faire concurrence au PCUS dans la course au pouvoir. J'appelai à constituer un vaste mouvement alternatif, une sorte de « bloc anti-Parti » susceptible de dresser un calendrier de propositions concrètes.

Eltsine, Popov et la plupart des autres leaders du Groupe interrégional étaient alors encore membres du PC, et la majorité des adhérents à la Plate-forme hésitaient à le quitter. Je plaçais tous mes espoirs dans la tenue du premier congrès du nouveau Parti social-démocrate russe, que je croyais à la fois capable de rassembler beaucoup de « communistes démocrates » et d'être le moteur d'un large rassemblement de l'opposition.

Ce rassemblement devait être une véritable antithèse du PC, à la fois par le contenu de son programme et par sa structure, résolument antibureaucratique. Il devait éviter de constituer un appareil de permanents, ne pas prétendre à un quelconque « rôle dirigeant », ne pas inscrire son action dans une doctrine philosophique ou politique unique mais fonder son assise morale sur les valeurs communes à toutes les pensées démocratiques constructives. Il devait entretenir en son sein un débat permanent entre les tendances qui ne manqueraient pas de s'y constituer.

1989 : l'année Sakharov

Sakharov avait été élu député du peuple en mars 1989 et en décembre de la même année il disparaissait. Moins d'une année lui fut donnée pour s'adresser à la Russie, à une population qui ne connaissait auparavant de lui que son excommunication par le régime. Un tout petit nombre de gens avaient une idée de l'homme qu'il était, de son courage et de l'étendue de sa pensée de citoyen du monde. Dans les derniers mois de sa vie, Sakharov a tout donné à ce qui était l'œuvre de sa vie : la démocratisation de la société russe, la reconnaissance des droits de l'homme, la concrétisation d'une véritable nouvelle pensée politique.

Dans les derniers jours de sa vie, Sakharov avait formulé l'idée qu'il était indispensable de constituer rapidement un parti d'opposition légal, qui propose un programme radicalement démocratique, une alternative à celui du PCUS que continuait de soutenir coûte que coûte la majorité des députés du congrès. Cette idée me semble être le véritable testament spirituel de Sakharov.

« Il faut un pôle d'opposition au PCUS »

Lorsque nous mettons sur pied ce grand mouvement d'opposition, au cours de l'année 1990, notre petit groupe d'intellectuels a conscience qu'il ne s'agit que d'un premier pas et qu'on ne saurait parler d'opposition démocratique en l'absence de culture des droits de la personne. Nous sommes dans un pays qui ignore les libertés individuelles et ne comprend pas ce que recouvrent les mots « opinion publique ». Les Soviétiques ne peuvent pas prétendre au statut de « citoyens » alors qu'ils ne sont encore que les sujets d'un Léviathan avec lequel ils entretiennent des rapports de dépendance de type véritablement féodal.

Dès 1990, la situation dans laquelle se retrouvent les démocrates nouvellement élus est très paradoxale. Ils sont presque tous minoritaires au sein des soviets où ils ont été élus. Ils sont la voix du peuple, mais pas celle de la majorité des autres élus. De tous côtés, d'en haut, d'en bas, de l'intérieur, ils sont assaillis par l'appareil bureaucratique, dont le pouvoir est intact. Ils n'ont aucune marge de manœuvre : ou bien ils choisissent de conserver le statut d'opposants, refusent de travailler avec leurs subordonnés et supérieurs, ce qui est une forme de sabotage, ou bien ils choisissent le compromis et sont obligés d'entériner des demi-mesures aux effets néfastes.

Je ne vois alors qu'une seule manière de sortir de cette impasse : adhérer à une organisation qui affirme haut et fort sa détermination contre l'appareil, renforcer le courant du mouvement de masse qui, suivant sa pente naturelle, pousse à toujours plus de réformes. Aucun homme politique n'a alors intérêt à renier ses promesses électorales pour rejoindre les positions du PCUS. Il n'est pas plus réaliste de tenter de résister seul à la contre-offensive de l'appareil. Il faut imposer ses volontés « par la force », tout en évitant de se placer sur le terrain de la violence. On n'a guère d'autre choix que de rappeler sans relâche que l'on s'appuie sur la volonté des masses. Cette volonté doit avoir une expression et revêtir une forme, celle d'une organisation politique, que sera finalement notre mouvement Russie démocratique.

Eltsine à la tête des démocrates

Eltsinc a ouvert une nouvelle époque de notre vie politique. Nous n'avions jamais eu qu'un seul leader à la fois, chef de l'État, du parti unique et porte-voix de la nation... Pour la première fois, nous avons là un « numéro deux » qui se situe dans l'opposition à la ligne officielle. Ce nouveau leader n'impose pas ses vues « alternatives » à la population ; il s'inspire au contraire des souhaits qu'elle exprime. Le programme politique qu'il expose, lorsqu'il brigue le poste de président du Soviet suprême de Russie, est le produit de longues consultations avec les membres du Groupe interrégional et l'ensemble des leaders du mouvement démocratique.

Adieu à Elektrostal

Avec la disparition de l'Union et la liquidation du Congrès des députés du peuple de l'URSS, la 36e circonscription électorale de Noguinsk a disparu de mon horizon. J'avais rendu compte de mon activité devant les électeurs de chaque agglomération de cette circonscription et je me croyais en droit d'avoir le sentiment agréable du devoir accompli : en deux années de mandat, environ trois mille personnes m'avaient adressé des demandes concrètes. Je n'ai pas réussi à satisfaire 15 p. 100 environ des requêtes : quelques-unes ont été interrompues; j'ai considéré que beaucoup n'étaient pas fondées et j'ai dû leur opposer un refus.

J'ai pris plus de quarante fois la parole en public lors de réunions et rencontres avec les électeurs. Nous sommes parvenus à résoudre quelques problèmes concrets d'ordre régional et municipal. J'ai fait publier articles, rapports et réponses dans les journaux locaux. Mais, malgré tout cela, je n'ai ressenti aucune satisfaction en me séparant de mes administrés. Avant tout, probablement, parce que je m'étais attaché à cette circonscription. Les années 1989-1990 ne m'ont pas donné seulement des émotions à l'échelle de l'Union, elles m'en ont donné à l'échelle de Noguinsk. J'ajoute que la liquidation du corps des députés du peuple me semble avoir été menée tambour battant et de façon très perfide. On ne s'est pas contenté de ne régler aucun compte avec les députés, – il y avait pourtant parmi eux toutes sortes de gens, et certains étaient très compétents et pouvaient être utiles à la Russie dans l'avenir –, mais on a oublié les électeurs, auxquels personne n'a jugé bon de s'adresser.

Pourtant, les élections de 1989 avaient été, ne l'oublions pas, un événement exceptionnel. Pour la première fois, les gens avaient senti que les glaces stalino-brejnéviennes craquaient, ils avaient eu le sentiment d'être de vrais électeurs, avaient peut-être pour la première fois éprouvé la sensation d'une dignité personnelle. Ils font à présent face au mépris et à l'insensibilité des chefs.

Ruptures en chaîne...

Malheureusement, nous avons connu plus de séparations douloureuses qu'il n'en faut au cours des sept dernières années. Toute une époque a quitté la scène : des gens, des organisations, des réalités concrètes. À chaque virage risqué de la perestroïka, nos routes se mettaient à diverger de celles de nos proches; des causes, dans lesquelles tel d'entre nous avait vu jusque-là le sens même de toute sa vie, s'évanouissaient dans le passé.

Pour moi, ces grandes causes ont été successivement Mémorial, la Tribune de Moscou, le Groupe interrégional et, pour finir, Russie démocratique. J'ai été à l'origine et j'ai fait partie du groupe dirigeant de chacune de ces organisations. Elles m'ont fait vivre beaucoup d'épreuves et de déceptions après m'avoir donné beaucoup d'espoir. Il m'a semblé même, parfois, que toutes ces formations nées après 1985 n'ont pas fait que remplir ma vie personnelle, mais qu'elles ont joué un rôle non négligeable dans la société.

J'aurais beaucoup de mal, par exemple, à me représenter l'époque Gorbatchev sans le Groupe interrégional. Il a constitué la première opposition politique légale dans ce pays depuis les années vingt. Si sa tentative de·pousser Gorbatchev à « gauchir » sa politique a échoué, son action a été d'un grand effet sur notre société.

J'ai quitté, une à une, ces organisations, parce qu'il est de règle qu'elles deviennent, avec le temps, le champ clos où s'affrontent les ambitions personnelles et que le carriérisme les transforme en tremplins pour accéder au pouvoir.

Mais il ne saurait y avoir de mal sans qu'il ne soit équilibré par le bien. Dans toutes ces tentatives, j'ai été au coude à coude avec Andreï Sakharov. Ensemble, nous avons été membres du bureau de Tribune moscovite, puis à la présidence du Groupe interrégional. J'avais fait sa connaissance et celle d'Elena Bonner peu de temps après leur retour d'exil à Gorki.

Dans la cuisine d'Andreï et Elena

À partir de ce moment-là, nos conversations devinrent presque quotidiennes. Souvent, nous nous téléphonions plusieurs fois par jour. Sakharov appartenait à la catégorie de gens pour lesquels il n'y a presque pas de distance entre le moment de la pensée et celui de l'action. Par exemple, au milieu des réunions, des conférences et même du Congrès des députés du peuple, il se levait d'un seul coup pour se diriger vers la tribune. Simplement parce qu'il lui était venu en tête une idée dont il lui semblait qu'il devait au plus vite faire part à tous. Il téléphonait parfois après minuit et se mettait à parler sans aucune entrée en matière. Il continuait à vivre le développement de la pensée qui l'occupait, et il n'est pas sûr qu'il se soit toujours aperçu qu'il appelait quelqu'un pour la partager.

Je lui dois d'avoir compris la monstruosité de notre système politique. Il m'a littéralement ouvert les yeux sur Lénine et m'a fait comprendre que nous devions retrouver le chemin de la civilisation, nous rapprocher des démocraties. Par la suite j'ai réalisé que l'on ne pouvait y parvenir qu'en liquidant l'héritage impérial et l'héritage socialiste.

Nous nous parlions, en règle générale, dans la célèbre cuisine des Sakharov, au 48 de la rue Tchkalova. Cette cuisine avait acquis la célébrité parce que les rencontres y étaient continuelles. Le flux était incessant, les gens changeaient et les sujets de conversation avec eux, l'effervescence des passions augmentait puis diminuait, Sakharov allait et venait, sortait pour quelques minutes, puis rentrait. La seule chose qui ne changeait pas, c'était l'attraction qu'exerçait cette cuisine et l'ouverture d'esprit de nos hôtes. C'était peut-être la plus moscovite de toutes les cuisines moscovites. Et l'on sait que ces cuisines ont joué un rôle irremplaçable dans notre vie politique. Longtemps elles sont restées les seules oasis de vie sociale.

Sakharov était parfaitement étranger à toute prudence, à toute affectation, tout esprit politicien. C'est peut-être sa participation active et directe aux organisations que j'ai nommées qui m'a obligé moi-même à les envisager avec plus de sévérité. Les normes morales et tout ce qui ne se conçoit pas seulement par l'esprit, mais dont l'intelligence nous vient par le cœur, sont passées pour moi au premier plan.

De ce point de vue aussi, je puis dire que ces années m'ont apporté trop de séparations douloureuses.

6

LA FIN DE L'URSS ET LES JALONS
DE MA DISSIDENCE DÉMOCRATIQUE

Le 31 décembre 1991, le drapeau de l'URSS fut amené pour jamais sur le Kremlin. Tout le monde ne pouvait que s'en réjouir. Mais, pour ma part, j'ai tenu à dire aussi que trop de symptômes inquiétants avaient accompagné l'accord « slave » de Minsk (entre Russie, Ukraine et Biélorussie) et la fragile déclaration d'Alma-Ata instaurant la Communauté des États indépendants, la CEI... À la veille de Noël, je publiai cette série de critiques. Elles portent sur les nouveaux développements des problèmes nationaux, mais aussi sur le poids politique nouveau acquis depuis l'échec du « putsch » en Russie par « la nouvelle nomenklatura »... Où en étions-nous ?

Jusque-là, il avait suffi en Russie soviétique de déclarer son opposition au régime en place pour être incorporé dans les rangs des démocrates. Les changements intervenus dans la situation politique au cours de l'automne 1991 ont introduit un processus de redéfinition au sein de ce camp, et ce n'est qu'aujourd'hui que l'attachement authentique de certains de ses membres aux valeurs de la démocratie peut s'exprimer.

Le régime communiste s'éloigne dans le passé. Pourtant, le « socialisme réel » n'est pas encore enterré. Il prolonge sa survie dans le secteur agraire à travers la conservation du système des kolkhozes et sovkhozes, à travers l'hypertrophie de l'influent complexe militaro-industriel, à travers la permanence d'organes de répression à peine effleurés par les réformes, et surtout par le biais du système de distribution centralisé qui subsiste formellement alors qu'il n'a plus la moindre utilité.

On peut se demander si nos traditions despotiques n'ont pas entamé une mutation géographique, quittant le Centre jeté à bas pour se reconstituer dans les républiques. Mais le régime a entamé aussi une transformation sociale en incorporant dans son sein des tendances qui formaient jusque-là des oppositions irréductibles. Les nationalistes autrefois dissidents sont associés au pouvoir dans la plupart des ex-républiques soviétiques. En raison de cet ensemble de faits, il me semble indispensable de clarifier les buts véritables de ceux qui s'affirment aujourd'hui démocrates.

Russie démocratique : être ou ne pas être

Le 19 janvier 1992, j'ai été de nouveau élu vice-président du mouvement Russie démocratique par une large majorité de membres du conseil des représentants de cette organisation. Mais le 21 janvier, je signais, en compagnie de quelques amis, membres de ce conseil (Batkine, Bourtine, Salié et Denissenko) une déclaration de démission de tous les organes de ce mouvement, y compris de sa vice-présidence.

Voici le texte de cette déclaration :

« Le mouvement Russie démocratique a joué un rôle remarquable dans l'enchaînement des événements qui ont conduit à la chute du régime communiste, notamment en jetant dans les rues de Moscou et d'autres grandes villes de Russie des millions de manifestants entre janvier et mars 1991, en apportant un soutien décisif à l'action de Boris Eltsine, de Gavril Popov et de quelques autres, enfin en participant à la défense de la Maison blanche lors du " putsch ". Malheureusement, sa direction s'est révélée incapable d'élaborer et de défendre sa propre ligne politique depuis les événements d'août dernier. Le prestige du mouvement diminue depuis lors à vue d'œil. Je dirais même plus : on est forcé de constater que ce crépuscule intervient précisément au moment historique où la société civile, plongée dans les douleurs de l'enfantement, a besoin d'un mouvement plus fort encore qu'auparavant.

« Il est peu probable que quiconque puisse retenir son rire devant la perle involontaire que le respectable père Gleb Iakounine a laissé échappé lors du dernier plénum du conseil des représentants de Russie démocratique : " Nous sommes le parti dirigeant [1]. " À l'heure actuelle, la force politique, qui auparavant reposait sur la haine que la population éprouve pour la nomenklatura et le KGB, n'est déjà plus derrière la direction de Russie démocratique. Et c'est pourquoi le nouveau pouvoir, bien qu'il ait conservé une certaine politesse rituelle à l'égard de notre mouvement, le prend de moins en moins au sérieux. L'avenir de Russie démocratique est en question, et ceci bien que notre mouvement dispose encore de dizaines de milliers d'activistes convaincus et énergiques à travers tout le pays, militants qui souhaitent anxieusement comprendre ce que l'on attend d'eux et ce qu'ils doivent faire.

« Comment cela se fait-il? Il y a avant tout des raisons objectives : 1) le caractère inhabituel et l'extrême imbroglio des nouvelles conditions économiques et socio-politiques, dans lesquelles les caractères fondamentaux des anciennes structures se mêlent aux tendances et aux stratifications nouvelles; 2) le caractère instable et transitoire des structures gouvernementales et des figures qui les dirigent.

« Cependant la crise de Russie démocratique n'est pas seulement causée par des difficultés objectives, que l'on peut toujours apprendre à surmonter. Le conseil de coordination, ou plus exactement le petit groupe fermé de ceux qui contrôlent ce mouvement, ne manifeste pas les qualités qu'exige la conduite d'une politique sérieuse. Ces qualités sont : la bonne volonté, l'indépendance et le sentiment de responsabilité devant les habitants de la Russie.

« Il faut avouer que l'on touche ici à un problème des plus douloureux qui dépasse largement le cadre de notre mouvement. Car le mot " démocrate " est en train de devenir injurieux. La conduite politique et le mode de vie de bien des gens qui passent pour être partisans des transformations démocratiques et qui ont acquis leur popularité en profitant de cette vague, de même que la conduite de ceux qui ont revêtu cet accoutrement au dernier moment, alimentent une déception croissante, voire l'indignation... Car ce n'est pas seulement le mot qui est compromis, c'est l'idée même de démocratie, avant qu'elle ait réussi à être largement comprise et ancrée dans les habitudes.

« La direction au jour le jour de notre mouvement est concentrée dans les mains d'un tout petit groupe de gens :

---

1. Le religieux Gleb Iakounine fut une figure de la dissidence sous Brejnev et Andropov. Il est comique pour un Russe qu'un dissident se serve de la terminologie de Brejnev sur le parti dirigeant...

Boxer, Ponomarev, Kriger, Ignatiev, Schneider, Goubine... Un certain nombre d'entre eux, tel Zaslavski, sont devenus des fonctionnaires influents de la mairie de Moscou et constituent au sein du mouvement le lobby de leur chef, Gavril Popov, devenu depuis vice-président d'un mouvement concurrent. D'autres sont des fonctionnaires, de nouveaux apparatchiks permanents de Russie démocratique qui se sont emparés – histoire qui n'a rien de nouveau ! – de la majorité des fils qui lient le Conseil de coordination aux militants dans les régions ; ils dirigent la section de Moscou, préparent à l'avance le scénario du plénum, pèsent sur la composition du Conseil de coordination. Ils se sont servis des moyens financiers récoltés lors des meetings et par le Fonds Russie Démocratique pour installer des coordinateurs salariés à la tête des régions. Ce sont eux qui choisissent ceux qu'il faut nommer et ils ont décidé que le directeur du Fonds, Bogdanov, serait seul habilité à disposer de nos ressources. L'argent du Fonds est devenu un des leviers de la puissance pratique de ces gens-là, qui chérissent plus que tout leur proximité avec le pouvoir.

« Il n'est pas étonnant que ce qui était sensible dès le printemps de l'année dernière soit devenu aussi visible : la majorité du Conseil de coordination se contente de soutenir les leaders officiels, adopte le rôle d'un staff de campagne électorale sans réfléchir une minute à une prise de position indépendante. C'est mollement et avec retard qu'ils se sont exprimés sur l'explosion des grèves, sans chercher à entretenir un lien constant avec le mouvement ouvrier. Ils ont refusé de faire dépendre leur soutien électoral à Eltsine et aux élus du 12 juin d'obligations concrètes des candidats. Ils n'ont pas su élaborer une conception alternative de l'organisation économique et de la division administrative et nationale du pays. Ils ont gêné les tentatives de poser la question de l'incompatibilité entre les activités commerciales et administratives exercées par divers lieux de pouvoir et diverses personnalités. La majorité du Conseil de coordination a approuvé le cul-de-sac du processus de Novo-Ogarievo. En outre, le Conseil de coordination ne s'est jamais conduit en véritable direction collective de notre mouvement, même lors des difficiles journées du putsch. En décembre-janvier, ils ont fait capoter l'idée des comités de surveillance des réformes.

« Ils donnent à leur insipidité politique le nom de " centrisme " et à une ligne de conduite démocratique orientée sur le mouvement social de la base le nom de "radicalisme extrême". Dans leur crainte de heurter la puissance des hauts fonctionnaires, ils voient de la "modération". Et l'aisance dans les manœuvres de coulisses leur semble témoigner d'un sain "pragmatisme". Ces leaders, qui font preuve d'une telle énergie, se retrouvent bien entendu impuissants dans une situation historique aussi tragique que la nôtre, qui exige un esprit libre, une vraie passion de la chose publique, une conduite irréprochable.

« [...] Nous considérons que la situation impose la tenue d'un congrès extraordinaire, appelé à définir avec exactitude les orientations politiques du mouvement et à trancher des problèmes organisationnels qui vont s'accentuant. Nous suspendons notre participation aux activités du Conseil des représentants ainsi que du Conseil de coordination, nous suspendons notre appartenance au collège des vice-présidents, jusqu'à la tenue de ce congrès.

« La question est la suivante : ou bien Russie démocratique devient une force réformiste à part entière, indépendante et constructive, ou bien elle décline, ou, pire, elle devient une coquille vide. Il nous reste à espérer que la marche ascendante des événements rappellera le mouvement à la vie [...]. »

Le texte de cette adresse n'est pas seulement reproduit ici pour montrer combien les nombreux acteurs du mouvement démocratique en Russie ont de raisons de s'inquiéter. Chacun d'entre nous a donné à ce mouvement tant de temps et d'énergie morale que, semble-t-il, nous avions de quoi compter sur des résultats plus probants et positifs. Mais nous nous heurtons sans cesse à une réalité inébranlable, qui est un des traits de la tragédie russe : le mouvement démocratique – encore une fois ! – a perdu de vue ses buts initiaux et les idéaux qui présidaient à son origine; les moyens – pouvoir et mise sous influence des masses – se changent en véritables fins ultimes. Et ce qu'il importe de souligner dans le cas présent, c'est que le mouvement démocratique, en prenant de la force, en se mettant au service des masses, s'est soumis aux masses : il obéit à leur état d'esprit, à leurs aspirations et à leurs préjugés.

Tremplin des arrivistes :
le nationalisme autoritaire

À compter de la moitié des années quatre-vingt, notre mouvement démocratique avait acquis un caractère idéaliste très affirmé : défense des valeurs propres à tous les hommes, droits de l'homme, droits des nations à disposer d'elles-mêmes, liberté de parole et libéralisme : la direction de ce mouvement revenait alors à notre don Quichotte contemporain, l'académicien Sakharov. Autour de lui se sont regroupés, non pas des politiciens professionnels, mais des « amateurs » : anciens dissidents, savants, écrivains, journalistes et cinéastes... Bien peu d'entre eux ont lié leur avenir à une quelconque activité politique, à une carrière d'homme d'État. Leur succès et l'élargissement du mouvement démocratique se sont enracinés d'abord dans la perte générale de confiance en l'idéologie du Parti et du socialisme. Dès les premières élections, tous nos constats, antitotalitaires et anticommunistes, ont été exposés au grand jour et se sont exprimés à travers l'élection de démocrates. Au Congrès des députés du peuple de l'URSS, les démocrates victorieux formèrent le Groupe interrégional, première opposition officielle dans notre pays, et sur la base de ce groupe fut constitué le mouvement de masse Russie démocratique. Le romantisme et le don-quichottisme se sont maintenus quelque temps dans le mouvement. Mais pas longtemps.

Dès la campagne pour l'élection des députés du peuple de la république de Russie, beaucoup de candidats s'aperçurent que l'allégeance au groupe des démocrates pouvait être un moyen avantageux d'accélérer leur ascension dans l'échelle sociale. Ces gens désireux de faire carrière par le biais « démocratique » agirent avec bien plus de conséquence, d'énergie et de d'acharnement. Ils s'abandonnèrent totalement à la lutte pour le pouvoir, qui est l'essence de toute politique. Ils eurent vite fait d'écarter de l'avant-scène les libéraux idéalistes. Les buts affirmés du mouvement démocratique et de ceux de ses leaders qui étaient des « amateurs » furent relégués au second rang par les « pragmatiques », qui mirent en avant des objectifs plus personnels, politiciens, carriéristes.

La soumission du mouvement démocratique aux forces qui pèsent sur lui par le bas – ce que j'appelle son inféodation aux masses – s'est exprimée à travers l'exigence de souveraineté nationale pour la Russie en priorité sur l'exigence de démocratie. Cette intervertion a trouvé de nombreuses occasions de s'exprimer. En premier lieu, par le biais de la détérioration des relations bilatérales entre l'Ukraine et la Russie; cette montée de la tension se mesure au vote quasi unanime du Soviet suprême de Russie, déclarant illégale l'union de la Crimée et de l'Ukraine (décrétée en 1954). En deuxième lieu, aux manœuvres du gouvernement russe pour conserver à la CEI une armée unique et une industrie nucléaire unique placée sous commandement russe. En troisième lieu, à la croissance continue du nationalisme russe et à l'apparition en son sein d'éléments fascisants.

Le déséquilibre entre les objectifs nationalistes et les objectifs humanistes est, à son tour, à l'origine d'un des phénomènes les plus marquants de la vie politique russe au cours des derniers mois : la marche des événements et le poids des problèmes font évoluer notre système politique vers l'autoritarisme.

Il est très probable que, dans un avenir très proche, nous assistions à la confluence de deux tendances politiques en Russie : le populisme, porté par la vague du mécontentement et la détérioration de la qualité de la vie pour la majorité de la population, et le national-patriotisme, alimenté par des doutes tout à fait fondés quant à la capacité de la Russie de conserver son unité (unité reposant sur la domination démographique de l'ethnie russe) et d'échapper à une explosion du type de celle de l'URSS. Ces deux forces seront, sans aucun doute, rejointes par la caste des officiers russes, qui ont suffisamment de quoi être mécontents. La réunion de ces forces constituera une forte opposition de droite au pouvoir actuel, dont le vice-président Routskoï pourrait fort bien prendre la tête. Il a toutes les qualités pour cela : militarisme, populisme, nationalisme, absence de doutes et sûreté de la parole.

Et de nouveau, nous voici à la croisée de deux chemins : tradition et modernité, et de nouveau se profile devant nous la figure bien connue du régime autoritaire.

Ma position actuelle : un rôle de Cassandre

Généralement – comme on vient de le voir encore à propos de mon intervention sur la mise à mort de l'URSS, il y a moins d'un an, et ma rupture avec Russie démocratique –, quand je dis et écris ce que je crois devoir dire, j'éveille un ressentiment très violent contre ma personne chez la plupart de mes concitoyens. Je suis celui qui leur met le nez dans la crotte. On dit en russe : « Il les sort de la chambre chaude pour leur coller le nez sur la glace. » Je suis donc le coupable, le méchant qui les déshabille. Quand bien même ils auraient déjà pris conscience du fait que leurs idées préconçues sont fausses, ils se sentent bien plus au chaud dans leurs vêtements mythiques...

Je n'ai pour ma part aucun doute sur la nécessité de dire ce que je pense. J'en ai été d'autant plus convaincu que j'ai reçu un grand nombre de lettres très agressives qui m'ont, sur le coup, mis hors de moi. Je tiens une statistique aussi précise que possible des questions qui m'ont été posées et des reproches qui m'ont été adressés au cours des cinq dernières années : qui, où, quand?

On me condamne habituellement sous l'étiquette de « Juif ». Je suis russe et d'origine paysanne, mais, à partir du moment où je ne pense pas comme tout le monde, pour eux je dois bien sûr être « juif », car seuls les représentants de cette communauté pensent différemment... En deuxième lieu, on me traite de russophobe, ce qui leur paraît presque aussi odieux que le fait d'être d'origine étrangère ou juive. Enfin, on me reproche d'avoir retourné ma veste, d'être un « renégat »... Une seule de ces qualités aurait suffi pour m'éliminer, mais j'ai bénéficié des trois ensemble...

Je me console en me disant que beaucoup de jeunes prêtent attention à mes propos et que mon statut de Cassandre a rencontré un certain écho du côté des anciens dissidents. C'est certainement à mon intransigeance que je dois de travailler aujourd'hui dans un club de réflexion qui réunit des jeunes libéraux et quelques intellectuels sincèrement épris de démocratie autour de Lev Timofeïev, figure de la dissidence des années soixante-dix et cofondateur du bulletin non officiel *Glasnost*, en 1986.

Je suis à présent convaincu qu'être un véritable homme politique est au-dessus de mes forces. Je n'y aspire d'ailleurs pas. En partie parce que je suis satisfait de mon emploi de recteur de la nouvelle Université des sciences humaines de la Russie, en partie parce que j'ai l'habitude de dire la vérité et qu'en politique, en fait, il est impossible d'être sincère. Aucune naïveté, aucune étourderie humaniste n'est tolérable en politique. Je ne vois aucun homme politique parler sincèrement. Toute fonction, tout « fauteuil » fige et étouffe les personnalités créatrices.

Dès le début de l'été 1991, lorsque j'ai rédigé le manifeste du club Initiative de citoyens que j'anime avec Lev Timofeïev, mes amis du Groupe interrégional m'ont reproché de parler trop franchement, d'inquiéter inutilement les députés modérés du Congrès, d'ignorer les règles qu'impose la stratégie, etc.

Je suis assez peiné, bien sûr, d'avoir dû me séparer de compagnons avec lesquels j'ai beaucoup œuvré à la démocratisation de notre société. En 1989, j'ai travaillé à plusieurs reprises avec Sobtchak, à Pétersbourg, avec Popov, Travkine et quelques autres... J'ai notamment organisé avec Popov la première conférence de l'Association des électeurs, un rassemblement dont nous voulions faire une arme contre les bureaucrates qui refusaient de se plier aux injonctions des nouveaux élus.

Le vertige de l'immensité russe et la modernité irréversible

J'ai contribué, comme député, y compris dans ma circonscription, à élargir la critique du socialisme. Je pense que la grande majorité des électeurs de Eltsine a connu une évolution semblable à celle des électeurs que je connais. Cependant, il y a dans notre pays tellement de coins perdus, de bourgades éloignées de tout, où l'on ne peut pas dire que les gens soient pro ou anticommunistes... Ils sont tout simplement indifférents à ce qui se passe. Dans les villages et les petites villes éloignées, les gens boivent et se moquent du reste. Ils travaillent un peu, de temps à autre, pour la forme, volent régulièrement la propriété collective, mais sans excès... pour ne pas se faire prendre. Tout est permis, on ne punit personne ; on se sert des véhicules de l'État, des tracteurs du kolkhoze pour aller acheter de la vodka au village voisin. Le pays de mes parents, sur la Volga, ressemble à cela ; l'immense Nord russe aussi ; ce sont des lieux qui semblent restés à côté de l'Histoire, des lieux « non historiques »...

Cette permanence des traits d'arriération dans l'immense territoire de la Russie a autorisé beaucoup d'intellectuels à prétendre jusqu'en 1991 qu'il suffirait d'expulser environ vingt mille personnes remuantes pour que toute l'agitation politique cesse et que le couvercle de l'oppression bureaucratique retombe. Je crois tout de même que la glace est brisée, ou du moins profondément lézardée. C'est comme lorsque l'on glisse du haut d'une montagne, la glissade va en s'accélérant et on ne peut bientôt plus rattraper la personne, arrêter son élan. C'est un peu ce qui se passe chez nous. On ne peut déjà plus revenir en arrière, il y a prise de vitesse.

Répondre enfin à l'appel de Tchaadaev : « Réamarrer la Russie à l'humanité! »

La société a déjà largement envie de retrouver une vie normale. Or le retour en arrière ne peut en aucun cas lui rendre la normalité. Elle ne peut plus considérer, en tout cas, qu'un retour en arrière soit un retour à la vie normale. Elle sait intuitivement que c'est au contraire l'accélération vers l'avant qui va amener la normalité. Il faut avancer. Parce que la route du passé est définitivement coupée.

Il semble rétrospectivement quelque peu étrange que ce soit la Russie qui ait été à l'origine des bouleversements politiques en Europe de l'Est. Les réalités de 1992 ne paraissent pas répondre aux espoirs de 1989. Jusqu'à l'automne de cette année-là, la RDA et la Tchécoslovaquie semblaient assoupies sous la chape de plomb du totalitarisme, quand la Russie connaissait une démocratisation sans précédent. En quelques mois, ces pays ont franchi des étapes qui nous avaient demandé quatre années de « restructuration »; ils ont surmonté des obstacles qui semblent encore insurmontables pour nous. Cela s'explique aisément. Les problèmes qui se posent à des Européens sont bien plus simples : il s'agit pour eux de retrouver le chemin de leur maison, de s'intégrer à une Europe à laquelle ils n'ont jamais cessé d'appartenir.

Notre route sera plus longue et sinueuse. Nos perspectives sont plus sombres. Il ne faut pas s'illusionner sur ce point. La Russie en est encore à devoir répondre à l'appel que lança Tchaadaev : « Il faut se réamarrer à l'humanité! »

Nous n'avons toujours pas pu faire ce pas. Opérer cette réunification à la fin du XXe siècle nous promet des difficultés considérables. Car nous n'avions pas seulement dressé une barrière idéologique entre nous et le reste du monde, nous avions coupé tous les liens d'ordre technologique. Ce qui fait que nous avons le plus grand mal à parler la langue utilisée partout ailleurs; comme si nous nous étions « éjectés » de la voie générale, depuis plusieurs siècles. Ajoutez-y notre vieille prétention à la singularité, à la dissemblance, à une prédestination, à une mission originale... Il faut nous débarrasser de tout cela – et c'est bien plus long et difficile que d'enfiler à nouveau des habits de civilisés, que de retrouver des habitudes démocratiques pas encore oubliées.

Un universitaire serein

Je suis historien et je consacre l'essentiel de mes forces au rétablissement d'une authentique conscience de notre histoire. À partir de 1990, j'ai consacré la majeure partie de mon énergie à l'Université. Nous y ouvrons de nouvelles spécialisations, mettons en service des unités de recherche supplémentaires qui élaborent de nouveaux programmes. La vocation de l'université doit être de contribuer à la renaissance et au développement du savoir et de la formation aux humanités en Russie. Cette tâche est assez complexe, si l'on se souvient que nous sortons d'un isolement intellectuel qui a duré des décennies. L'idéologie marxiste-léniniste n'avait que faire du système universitaire classique reposant sur des principes d'ouverture, de créativité et de relations spontanées entre étudiants et enseignants. Il faut maintenant compléter les collections d'ouvrages dans les bibliothèques et élaborer un modèle d'éducation intégralement nouveau.

En septembre 1991, à l'initiative de la mairie de Moscou, notre université nouvelle a été expulsée de son ancien siège et installée dans un ensemble de bâtiments sur la place Miousskaïa. La plupart de ces immeubles ont été tout spécialement construits en 1912 aux frais du riche propriétaire de mines d'or Chaniavski, pour l'Université indépendante de Russie. Dès 1918, cette université a été transformée en Université communiste Sverdlov; par la suite, on en fit un Institut des professeurs rouges et, pour finir, on y logea l'École supérieure du Parti près le Comité central.

L'édifice de l'ancienne université construite par Chaniavski, véritable exemple d'école du style Art nouveau du début du siècle, contient quelques amphithéâtres, tous très agréables. Le plus beau et le plus grand est prévu pour un auditoire de quatre cents personnes. Ses rangées de bancs en chêne sont à la fois simples et élégantes, ses murs très hauts, mais malheureusement privés de fenêtres; tout en haut, au ras du plafond, on lit les noms des savants les plus célèbres, de l'Antiquité à nos jours.

À chaque fois que j'entrais dans cet amphithéâtre, il me semblait qu'il y avait quelque chose qui clochait : cette absence de fenêtres et ce ruban de grands noms littéralement écrasé par le plafond... J'ai appris tout récemment qu'il n'y avait pas de plafond à l'origine, que c'étaient les bolcheviks qui l'avaient fait construire; l'amphithéâtre était autrefois ouvert sur le ciel par une haute verrière en coupole. J'ai fait démolir le plafond et tout est rentré dans l'ordre : un amphithéâtre rempli d'étudiants avec, au-dessus de leurs têtes, l'immense ciel étoilé. Les noms des grands hommes ne sont plus écrasés comme sous un couvercle, ils donnent sur l'infini...

IV

LES RACINES
DU DESPOTISME RUSSE

Sept années se sont déjà écoulées depuis le début de la dernière en date des tentatives de réformer en profondeur la société russe, d'en faire une société civilisée et moderne. Beaucoup de choses ont changé durant cette période. Nous n'avons plus d'idéologie officielle marxiste-léniniste, nous sommes débarrassés de son représentant, le PCUS. Il n'y a plus d'Union soviétique pour perpétuer l'empire russe. Il semble que le type de socialisme qui incarnait l'idée communiste, que ce régime social, économique et politique ait disparu. Beaucoup de choses s'éloignent dans le passé.

Cependant, les lentes et pénibles transformations contradictoires qui ont cours en Russie ressemblent chaque jour davantage à une installation dans la crise et le déclin plutôt qu'à la naissance d'une nouvelle société civilisée. La fatigue et l'apathie qui saisissent une part considérable de la société se greffent sur une appréciation tragique de ce qui se passe, et la joie des premiers succès dans la démolition du système totalitaire fait place à l'angoisse d'un futur incertain. L'anxiété monte en même temps dans le monde civilisé quand il cherche à évaluer la capacité de la Russie à surmonter son passé et entrer dans la modernité.

Plus on observe attentivement notre pays, plus aiguës et pressantes se font les questions sur ce qui nous arrive et vers où nous allons. Si bien des phénomènes ont disparu, ont été engloutis par l'Histoire au cours des sept dernières années, la société russe, elle, est restée, avec son passé insurmontable, surchargé et tourmenté, avec son assise sociale, avec les fondements de sa mentalité. Ceux-ci se sont révélés à tel point solides et constants qu'ils semblent indépendants de l'expérience sociale tentée chez nous à partir de 1917 à une échelle jamais vue dans l'Histoire. Quelques décennies de malaxage de la pâte humaine, quelques dizaines de millions de victimes n'ont pas entamé ces racines, et les surgeons de notre vieux traditionalisme russe sont prêts à remonter à la surface.

Comment penser l'histoire russe?

Je voudrais, et sans doute ne suis-je pas le seul, creuser jusqu'aux fondements de cette construction mentale, jusqu'aux racines de leurs implications sociales et psychologiques, puisque c'est en eux, me semble-t-il, et pas seulement dans les erreurs des réformateurs, d'Alexandre II à Boris Eltsine, qu'il faut chercher les raisons fondamentales des échecs répétés de toute réforme en Russie au long des cent cinquante dernières années. Mais est-ce seulement possible? Peut-on tenter de saisir le sens de notre passé, pas seulement de savoir ce qui a eu lieu, mais aussi pourquoi précisément il ne pouvait en être autrement? Les historiens et les sociologues s'interrogent depuis longtemps sur la possibilité de saisir le sens du drame séculaire de tel ou tcl peuple par les outils de la compréhension raisonnée. Ces questions peuvent aussi être exprimées de la façon suivante : existe-t-il une logique de l'Histoire qui ne soit pas uniqucment une catégorie de la pensée, mais qui soit une réalité ontologique, une sorte de vérité historique? Et si tel est le cas, de quelle manière, à l'aide de quels instruments peut-on concevoir et énoncer cette logique historique?

On peut répondre à ces questions par l'affirmative pourvu qu'on garde à l'esprit quelques réserves essentielles; en premier lieu, à l'égard des méthodes d'approche et des concepts. Bien entendu, ils ne sont pas inventés un beau jour et une fois pour toutes; ils n'apparaissent pas de manière inattendue, comme une illumination. Ils constituent toujours le résultat final, le bilan des recherches de nombreuses générations d'historiens, philosophes et sociologues. En second lieu, il faut toujours avoir une connaissance de ces méthodes, mais il faut se garder de s'en servir comme d'outils universels applicables à tous les cas. Les théories à caractère global de Spengler, Toynbee et Braudel, par exemple, il est impossible de s'en passer si l'on essaye de penser l'évolution sociale et culturelle de la société russe. Mais il est peu vraisemblable que l'on puisse envisager de démêler la spécificité de la dynamique sociale russe en se servant de ces seules théories.

Parmi les principales catégories dont on pourrait se servir pour tenter de saisir le sens de la dynamique de l'histoire de notre pays, je distinguerais (à la suite de Tchaadaev, Klioutchevski, Berdiaïev, Fedotov, Soloviev, Akhiezer et bien d'autres) les suivantes : la pratique de l'assemblée communautaire (le *Viétché* entre autres), l'autoritarisme, la domination du commun sur le privé, la non-affirmation de l'individu, le caractère binaire de l'opposition en tant que type de pensée, le caractère absolu des polarisations, l'absence de transitions harmonieuses entre pôles opposés, et enfin le schisme, état constant de la société russe, qui constitue une spécificité essentielle de notre caractère eurasien.

En elles-mêmes, ces catégories et réalités ne nous ont pas été infligées par Dieu et l'on voudrait espérer qu'elles ne soient pas éternelles. Elles se sont formées au cours de toute notre histoire, tant à travers des processus pluri-séculaires que par le biais d'événements isolés de courte durée.

1

L'ESPACE DE L'ÉTAT DESPOTIQUE

La nature, la grande plaine d'Europe orientale n'a pas joué le dernier rôle dans l'histoire russe. Le sol et la végétation, forêts et steppes, lacs et fleuves, le climat continental, les longs hivers et les étés bref sont autant de facteurs constants qui ont agi de concert et alimenté des coutumes, des fondements moraux, une psychologie collective de la société russe. Tous ces facteurs ont fini par se cristalliser en normes de vie, en traditions et habitudes, en un caractère et une certaine façon de voir le monde. Ces traits constituent le fondement de l'histoire russe, la structure de base qui n'est pas sujette à l'action du temps.

La question essentielle si l'on veut concevoir le sens de l'histoire russe ne consiste pas cependant à isoler les structures qui ont formé sa base sur la longue durée. Bon nombre de ces composantes sont depuis longtemps révélées, et presque complètement reconstituées. Certaines d'entre elles se sont figées dans les proverbes, les chansons, les légendes. En ce sens, nous sommes comme tous les autres, nous avons comme tout autre peuple nos traditions, nos difficultés, notre histoire. Notre spécificité réside, je crois, dans le fait que nous n'avons pas encore surmonté notre passé, dans le fait que nous sommes toujours une société traditionnelle et précontemporaine. L'intelligence du sens de notre histoire tient tout entière dans la réponse à la question : pourquoi notre société ne parvient-elle pas à s'arracher au passé, quels sont les facteurs récurrents qui ne se plient pas à l'action du temps et sur lesquels les efforts des réformateurs se sont de tout temps brisés ? Ce qu'il est convenu d'appeler « périodes de fracture » ou « époques de revirement » dans notre histoire se caractérise par des heurts très violents opposant le traditionalisme russe à des éléments civilisateurs. Et ce n'est pas simplement typique de l'histoire russe. L'échelle et la force de ces collisions déterminent la violence et la profondeur de la fracture, le montant du prix qu'il fallut payer pour chaque pas en avant, elles illustrent le mélange éclectique et, à première vue, irréel, de réforme et de contre-réforme, de révolution et de contre-révolution.

Un moteur historique « à réaction »

Au début de ce siècle, l'écrivain Dmitri Merejkovski fit la description de l'étrange nature de notre réalité culturelle : « Chez les autres peuples, la réaction prend la forme d'une marche arrière; chez nous, on va de l'avant comme un fleuve se précipite vers la cascade, vers un précipice encore invisible mais déjà attirant, prêt à nous engloutir... Chez les autres peuples, la réaction est un phénomène dérivé et secondaire, chez nous elle est le phénomène principal et le moteur : elle n'est pas envisagée comme une perte mais comme un profit, pas comme un moins, mais comme un plus – même si ce plus est, bien sûr, horrible et repoussant. Il semble parfois que cette réaction primordiale soit la *primo materia*, la substance originelle, que le cœur de nos cœurs, la moelle de nos os, soit ce noyau pernicieux, que Russie signifie réaction comme réaction signifie Russie. »

D'un point de vue plus général, on peut souligner que toute l'histoire de l'activité réformatrice a été liée, dès le départ, à des tentatives soit de moderniser les principes traditionnels de développement, soit de les briser pour rapprocher la société russe des formes et du contenu de la civilisation européenne. L'affrontement entre le traditionalisme et le nouveau a constitué le pivot de toute l'activité transformatrice; il a laissé une empreinte très forte sur le caractère des réformes et, dans une mesure significative, a prédéterminé leur succès ou leur échec. En ce sens, on était en droit d'attendre une vigilance plus soutenue à l'égard de l'essence du traditionalisme russe et de ce qui détermine ses paramètres essentiels. Pourtant, ceux qui étaient convaincus du bien-fondé des réformes, et les réformateurs eux-mêmes, se contentèrent de chercher à mesurer l'étendue des problèmes à l'aide de représentations tout à fait générales, d'idées toutes faites sur ce qui est « progressiste » et ce qui est « réactionnaire ». Leur compréhension de la fameuse « voie russe » se limitait aux jugements suivants : pour les uns, les réformes étaient nécessaires pour surmonter le retard de la Russie vis-à-vis des pays européens, pour les autres, elles devaient assurer les conditions optimales d'un développement original de l'empire.

Pourtant, la capacité de résistance de la société au processus de transformations ne se fonde pas uniquement sur la faiblesse et sur les fautes des réformateurs, mais avant tout sur la solidité et l'enracinement du traditionalisme.

Vernadski, précurseur de l'écologie, et la biosphère russe

Parmi les facteurs qui ont joué sans cesse sur l'histoire russe et prédéterminé notre défaut de contemporaneïté actuel, il faut mettre à la première place la situation géopolitique de l'espace russe. Dans le cas précis, je n'aborderai pas les questions générales qui touchent à l'interférence entre le naturel et le social. Il y a longtemps qu'elles ont été évoquées par l'historiographie russe, notamment dans les travaux de Soloviov, Tchitchérine et Klioutchevski. Ce thème a trouvé son interprétation théorique la plus profonde dans les travaux de Vernadski, fondateur de l'étude de la biosphère. Plus récemment, l'idée d'une corrélation entre le biologique et le social, le culturel et le naturel a été développée de manière très féconde par l'école historique française des Annales, dont j'ai eu déjà largement l'occasion de parler. Les recherches sociobiologiques et géo-historiques des chercheurs occidentaux et russes ne font que confirmer qu'il est juste de mettre en avant les facteurs naturels et géographiques qui ont déterminé la spécificité de l'histoire russe. Berdiaïev a beaucoup pensé et beaucoup écrit sur la « puissance de l'espace sur l'âme russe ». On ne peut pas passer sous silence son apport particulier à la réflexion sur ce thème. « L'âme russe, écrit-il, est meurtrie par l'espace; elle ne sent pas de frontière, et cette absence de limites ne la libère pas, elle l'asservit au contraire. » Il est tout à fait typique de Berdiaïev de voir en nos espaces la géographie de l'âme russe.

Un espace ouvert, mouvant, extensif...

Sans dénombrer ici les facteurs naturels qui ont influé dans une mesure significative sur la stabilité du traditionalisme

russe, mentionnons tout de même l'absence de frontières
naturelles et l'incapacité qui en découle de former au milieu
de l'immense plaine est-européenne un groupe social homogène qui se définisse par un espace et se concentre sur un
territoire particulier inchangé au cours de l'Histoire. Tout au
long de notre histoire, le tracé des frontières occidentales,
orientales et méridionales de l'État russe n'a jamais été stable.
Depuis les temps reculés de la principauté de Kiev et jusqu'au
XXᵉ siècle, on remarque une tendance constante à la conquête
et à la colonisation de nouveaux territoires. Cette singularité
géographique qui est la nôtre eut une influence sur les institutions d'État; la politique d'unification des terres autour de
Moscou devint l'activité préférée, la vraie passion du Kremlin.
Il semble que la société ait pour toujours été changée en
appendice de l'État, devenant tout à la fois son instrument
et l'objet de ses manipulations.

Cette immensité géographique de la plaine russe a produit
des conséquences non moins essentielles dans la vie économique : une culture de type extensif s'est installée pour
plusieurs siècles. Dans notre histoire économique, on ne
retrouve pas l'alternance de plusieurs types d'exploitation, on
ne rencontre qu'une croissance quantitative de la surface des
terres cultivées. L'appropriation, à l'époque de la Russie
kiévienne, des ressources agricoles de la région des rives du
Dniepr, s'est prolongée par le défrichage des terres fertiles
de la Russie du Nord-Est et des territoires situés au-delà de
la Moskova. Puis vint l'époque de la mise en valeur de la
« grande plaine vierge » : les riches pâturages de la partie
centrale de la large bande de terres fertiles du tchernoziom.
L'expansion territoriale se poursuivit par l'annexion des khanats tatars de Kazan et d'Astrakhan au XVIᵉ siècle, la progression vers les rives de l'océan Pacifique à travers la Sibérie,
et enfin par l'annexion des rives de la mer Noire entre la fin
du XVIIIᵉ et le début du XIXᵉ siècle.

La politique de migration et d'installation de colons, conduite
par Stolypine au début du XXᵉ siècle, et la mise en valeur
des « terres vierges » du sud de la Sibérie et du Kazakhstan
à l'époque de Khrouchtchev, constituent les dernières étapes
de notre mouvement d'exploitation extensive. À chacune de
ces étapes, notre énergie s'est un peu plus érodée. Les sti-
mulants qui, dans les pays d'Europe occidentale, ont impulsé,
au tournant de la fin du Moyen Âge et du début des temps
modernes, le passage des formes d'exploitation agricole tra-

ditionnelles, extensives, aux formes nouvelles, intensives, sont restés sans effet en Russie jusqu'au milieu du XXᵉ siècle.

La tradition européenne de Kiev et de Novgorod

Tout au long du processus de formation de notre civilisation « euro-asiatique », on a l'impression d'être constamment en présence de deux lignes politiques antagoniques : la ligne de Kiev-Novgorod et celle de Moscou. Il y a en effet deux manières d'exercer le pouvoir : la méthode autoritaire moscovite et la méthode consensuelle de Kiev et de Novgorod.

Kiev a été du Xᵉ au XIIᵉ siècle le siège du pouvoir central en Russie. Le grand prince y exerçait un pouvoir comparable à celui des premiers rois des pays d'Europe occidentale. L'administration du royaume était faiblement centralisée et fondée sur les relations de confiance entre le suzerain et ses vassaux. La suprématie formelle du grand prince de Kiev laissait à ses vassaux toute liberté quant à l'administration de leurs fiefs. Ceux-ci étaient tous des membres de sa famille, et les rivalités entre frères et cousins donnaient lieu à des guerres fréquentes. En effet, pour éviter un morcellement durable du territoire russe, la loi de succession prévoyait le passage des princes d'un apanage à l'autre. A mesure que les aînés disparaissaient, le pouvoir de Kiev, qui était l'apanage de l'aîné des descendants des princes fondateurs, passait à leurs cadets.

Au Nord, la principauté de Novgorod avait un rayonnement presque égal à celui de la principauté de Kiev à laquelle elle ne devait aucun compte. Gouvernée nominalement par l'un des dauphins de la couronne, elle était administrée comme une république par une élite de marchands très entreprenants.

Comment les Tatars firent la Moscovie

Ces habitudes d'origine européenne vont disparaître au profit de méthodes plus autoritaires avec l'affermissement de la domination tataro-mongole. Ce sont ces conquérants et oppresseurs de la Russie pendant plus de deux siècles [1] qui

1. Les Mongols prennent et ravagent Kiev en 1240 ; c'est en 1480, après un siècle d'affirmation progressive de son autonomie, que le grand prince de Moscou (devenue d'abord capitale religieuse « autocéphale »...) récuse définitivement toute suzeraineté tatare.

vont choisir sa nouvelle capitale, établissant la prééminence des princes de Moscou sur tous les autres. Chargés de collecter l'impôt et responsables de la conduite des principautés et des villes russes envers les troupes tatares, les princes de Moscou calquent progressivement leur comportement sur celui de leurs suzerains. Ils accumulent les richesses et étendent leur patrimoine comme s'il s'agissait d'une propriété privée. Ils instaurent l'hérédité directe de ce patrimoine. L'esprit chevaleresque est banni de leur cour où ils introduisent les usages orientaux de la prosternation devant le trône, de la claustration des femmes et des châtiments corporels. La méthode moscovite de gouvernement ignore la concertation, elle ne connaît que la soumission.

L'ascension de Moscou, son accession à une position dominante dans la Russie médiévale ont déterminé pour longtemps l'orientation asiatique de l'histoire russe. Si l'on en croit Fedotov, les deux siècles de joug tatar n'ont pas mis fin à la liberté russe. Cette liberté n'a été immolée qu'après que la Russie se fut libérée des Tatars. « Ce n'est qu'alors, écrit Fedotov, que les usages tatars de commandement, de conduite de la justice et de collecte du tribut, sont introduits sur les terres de Moscou. Ce n'est pas de l'extérieur mais bien par l'intérieur que l'élément tatar s'est emparé de l'âme de la Russie, s'est mis à faire corps avec elle – cette conquête spirituelle mongole est allée de pair avec la décadence politique de la Horde [1]. Au XVe siècle, des milliers de Tatars, christianisés ou non, sont passés au service du prince de Moscou, se sont coulés dans les rangs de sa troupe, embryon de la future noblesse, la contaminant de leurs conceptions orientales et du mode de vie des steppes... La Russie s'est changée en Moscovie, en territoire uniforme soumis à un pouvoir central : condition première du despotisme. À compter de ce moment-là, la liberté politique devient, pour le Moscovite, un concept négatif, synonyme de relâchement, de désordre, de licence et d'impunité, tandis que l'idéal russe de la liberté individuelle trouve son expression dans le culte du désert, de la nature sauvage, du mode vie nomade, à la tsigane, de l'ivresse du vin, de la débauche dans l'oubli de soi, dans le culte du brigandage, de l'insurrection et... de la tyrannie [2]. »

1. La suzeraineté sur la Russie revint à une branche de l'armée mongole appelée « Horde d'or ».
2. G. Fedotov, *La Russie et la Liberté*, New York, 1981, pp. 178-179.

Pour peu que l'on se réfère aux lois de la sémiotique, pour laquelle le « hasard » apparent qui a présidé au choix d'une appellation – d'un signifiant – recouvre souvent un « hasard » plus profond, déterminé par un signifié bien précis, ce n'est pas un hasard si l'image des coupoles bigarrées de la cathédrale Saint-Basile-le-Bienheureux, sur la place Rouge, est devenue le symbole visuel de Moscou. Un de nos plus remarquables historiens, Platonov, a tenté une analyse de la symbolique de la cathédrale. Il présume que chaque coupole correspond au turban de chacun des khans et des chefs tatars assujettis par Ivan le Terrible. À une époque encore bien éloignée des idées du modernisme et du post-modernisme qui ont permis à la forme de s'émanciper du fond, le signifiant était encore étroitement soumis au signifié...

De « Kiev » à « Moscou », nous avons affaire à deux types de culture. On peut même dire deux civilisations, qui, en se développant parallèlement au cours de la même période, antagoniques tout en influant l'une sur l'autre, ont fini par produire ce que l'on peut définir à présent comme notre « eurasianité ». Si la Russie kiévienne s'est développée, de même que l'Europe, principalement sur la fondation de villes, le monde rural sera la base de l'État moscovite. C'est essentiel, dans la mesure où la paysannerie russe a été, comme le considère Soloviev, « l'élément liquide » de l'histoire russe : sa dispersion, son isolement, ont, tout autant que son nombre, pléthorique, prédéterminé la débilité économique de l'individu.

L'absorption de la société par l'État

Bien des gens chez nous se demandent pourquoi la perestroïka a conservé depuis sept ans l'aspect d'une réforme par le haut, et pourquoi elle ne se transforme pas en processus de réforme de la société russe par elle-même. Tous ceux qui se tourmentent avec ces questions devraient se plonger avec plus d'attention dans l'étude de notre passé. L'étendue de la Russie a engendré dans notre psychologie collective des singularités telles que l'insouciance, le manque d'initiative, la tendance au parasitisme, un très faible développement du sens des responsabilités. Le mouvement historique s'est vu entravé par des stéréotypes de pensée endurcis et des habitudes imperturbables. L'absence de désir de vivre dangereusement, en prenant des risques, le peu d'envie d'assumer ses responsabilités sont autant de faits de culture au moins aussi difficiles sinon plus à surmonter que le retard technologique et les archaïsmes économiques.

Une autre singularité importante découle de l'impossibilité de circonvenir l'espace russe : c'est la lourdeur, le caractère insupportable pour la société civile de l'État, qui s'est juché sur elle. La conquête et la rétention d'immenses espaces ont coûté cher au peuple russe. L'organisation de ces espaces illimités a coûté encore plus cher. Les périodes de notre histoire sont, remarque Klioutchevski, autant d'étapes franchies successivement par un peuple occupé à s'approprier le pays qui lui était imparti. La permanence de la culture extensive, que j'ai évoquée plus haut, doublée de la volonté de tout s'approprier, d'organiser et de maintenir un État, n'ont pas seulement usé les forces du peuple russe, elles l'ont humilié et mis à ras de terre ses aspirations. Elles les ont rabaissées au niveau des exigences de la survie physique. Ces temps-ci, ces exigences se trouvent parfois même rabaissées au-dessous des limites du supportable.

La soumission de la société civile russe à l'État est le bilan d'une histoire séculaire. Aux différentes étapes de cette histoire, la configuration des rapports mutuels entre la société et l'État n'a pas été conditionnée par une seule et même force. L'économie a parfois pris la relève du social, d'autres fois c'est le militaire qui est devenu prépondérant. Mais la raison profonde qui a toujours déterminé tant l'apparition de nouvelles forces que leur équilibre mutuel est restée inchangée : ce fonds a de tout temps été l'immensité russe.

Les vastes étendues de la Russie ont conditionné l'isolement économique des différentes régions, et par suite le bas niveau de développement des relations monétaires-marchandes. Dans de telles conditions, les moyens naturels de mobilisation des ressources humaines et économiques étaient exclus, bien que le besoin s'en soit fait sentir en permanence après l'incursion du khan Baty au XIIIᵉ siècle. L'extrême contrainte restait la seule méthode possible et efficace. C'est l'origine du glissement totalitaire de l'État russe par comparaison avec les autres États d'Europe, dérive qui revient à une étatisation complète de la société.

La mobilisation permanente

Pour résoudre ce problème de mobilisation, on a choisi de mettre en place un système extrêmement sophistiqué de servitudes dans lequel chaque classe sociale n'avait droit à l'existence que dans la mesure où elle était redevable d'une prestation, d'un impôt et d'une charge.

Le noyau de ce système était constitué par la réglementation de la propriété des terres. Il n'y avait qu'un seul vrai propriétaire, le grand prince, qui mettait une fraction de ses terres, avec les paysans y résidant, à la disposition de ses hommes d'armes, à la condition que ceux-ci restent prêts pour la guerre en permanence.

Le système d'attribution des fiefs se distingue en Russie par l'absence de propriété réelle et donc de droit à l'héritage des terres. Le pouvoir central souhaitait disposer d'une troupe nombreuse et exercée, sans avoir à faire la moindre dépense pour son entretien. L'attribution d'une terre pouvait être remise en cause au cours même de la vie du seigneur en cas de manquement au service de l'État. Le titulaire du domaine devait en outre former une troupe de paysans et subvenir à son équipement. Ce système d'allocations des terres s'est généralisé à partir de la fin du xve siècle, à compter de la conquête de nouveaux territoires par les tsars Ivan III et Vassili III. Au milieu du xvie siècle, ce mode d'attribution de la propriété terrienne est devenu le plus répandu, y compris dans les territoires du centre, pourtant plus anciennement peuplés.

Ce système était une institution de contrôle économique et politique essentielle pour l'État russe des xvie et xviie siècles. On manquait encore de fonctionnaires dans les provinces et il n'était pas possible de lever l'impôt, de contrôler l'établissement des documents cadastraux et fiscaux, de mobiliser les troupes ou de faire la police sans se reposer sur des hobereaux, titulaires mais non propriétaires de leurs domaines. Toute la logique du développement de l'État reposait sur cette notion des divers services requis par l'État et sur l'assujettissement à des fonctions sociales en conséquence directe de ces devoirs précis.

Les racines profondes du servage

Le trait distinctif qui permettait de reconnaître l'ordre des serviteurs de l'État était leur droit à disposer du travail des paysans et leur devoir de servir la couronne à leurs propres frais. Comme cet ordre n'était pas entièrement constitué d'individus égaux par la naissance, il fut divisé en une hiérarchie très étendue de « rangs ». Ce système des rangs s'est progressivement affiné dans le sens de l'éloignement de la noblesse des bases économiques de sa consolidation en caste fermée : on lui a refusé autant que possible la libre disposition des terres et des paysans.

La population commerçante et les artisans des villes portaient avant Pierre le Grand le nom de *posadskié lioudi,* « les gens qui vivent dans le *posad* », partie de la ville hors des murailles, où les citadins possédaient des jardins privés. Cette population des faubourgs formait une communauté unique et était astreinte à des charges et des impôts communs. Elle répondait globalement des services qu'elle devait rendre à l'État selon la fortune de chacun; ce qui explique que les *posadskié lioudi* -- ces « faux bourgeois » – aient été collectivement intéressés à ce que chacun s'acquitte de ses impôts, à ce que personne ne tente d'échapper à une charge. Ils étaient en quelque sorte « attachés à la charge ».

La réglementation par l'État des fonctions des différentes castes de la société, la définition de leurs obligations à l'égard de l'État, ont reçu une formulation juridique achevée avec le Code des États de 1649. Ce Code civil de la Russie d'avant Pierre le Grand consacre l'attachement des paysans à la glèbe, celui des citadins à l'impôt et celui des chevaliers à la conduite de la guerre et du service administratif. De tous côtés, cette réglementation pointilleuse, qui définit les principaux aspects de la vie sociale, renforce le rôle de l'État et de son appareil de contrôle.

Le système du servage n'était pas entièrement verrouillé à l'origine : les paysans disposaient traditionnellement du droit de quitter une terre pour passer au service d'un autre seigneur à une certaine période de l'année. L'édit de 1497 limite d'abord cette période à quinze jours : une semaine avant et une semaine après la Saint-Georges (le 26 novembre selon l'ancien calendrier). L'édit de 1550 renforce ces dispositions en imposant une somme forfaitaire payable par le paysan au noble qu'il quitte, ce qui donna la possibilité aux plus riches propriétaires de racheter les paysans les plus travailleurs et les plus inventifs. Par la suite, le droit de changer de résidence fut totalement retiré et les paysans ne disposèrent que d'une seule solution : la fuite. L'État autorisa dans un premier temps un droit de recherche des fuyards limité dans le temps. Avec l'ordonnance de 1649, ce droit de recherche devint illimité, ce qui consacra l'attachement définitif de la paysannerie à la glèbe.

C'est de cette époque que date la marche en avant de l'étatisme, qui ne laissera bientôt plus de place à aucune autre forme de vie sociale. La croissance de la réglementation va entraîner un renforcement de l'État, une concentration, une bureaucratisation et une militarisation exceptionnelles du pouvoir.

2

L'IMPASSE NON SURMONTÉE
DES RÉFORMES DE PIERRE

Dans l'histoire pluriséculaire de la Russie on distingue deux moments où l'identification de la société à l'État s'envole littéralement, atteint son maximum : l'époque de Pierre le Grand et celle de Staline. Entre ces deux moments on ne rencontre que le travail monotone, quotidien de « l'éternel moteur » de notre machine bureaucratique nationale, le ronron de sa machine à laver les personnalités, à enseigner le parasitisme et l'indifférence sociale.

L'époque de Pierre Ier (1682-1725) reste l'un des moments clés pour l'intelligence du problème du passé non surmonté dans l'histoire contemporaine de la Russie. Parfois, comme l'a constaté Klioutchevski, tout le sens de l'histoire russe se réduit à la seule question de la signification de l'action de Pierre à ce qui lie l'ancienne Russie et la nouvelle Russie transformée par lui. Klioutchevski lui-même n'avait pas une très haute appréciation du résultat final de l'action de Pierre et considérait que si elle avait « constitué une révolution, ce n'était pas du fait de ses buts et de ses résultats, mais seulement à cause de la manière dont elle fut reçue et de l'impression qu'elle fit sur les esprits et sur les nerfs des contemporains. Ce fut plus un tremblement de terre qu'une révolution ».

Klioutchevski analyse les rapports entre Pierre et l'ancien ordre étatique et social dans les termes suivants : « Sans toucher aux anciens fondements et sans en introduire de nouveaux, tantôt il paracheva le processus entamé dans l'ordre ancien, tantôt il modifia la combinaison des vêtements qui le constituaient. »

Je suis tout disposé à souscrire à ce point de vue et j'y ajouterai même quelque chose qui me semble essentiel : les réformes de Pierre, malgré tout leur radicalisme novateur, n'ont pas seulement préservé et figé pour longtemps les archaïsmes fondamentaux de la société russe, elles les ont consolidés.

Coup de fouet à la relance du servage, entrave au marché

Parmi tous les arguments possibles sur ce point, il convient de mettre à la première place cette évidence : l'élargissement et la consolidation du servage ont été les premiers résultats de la réforme de Pierre. Ces résultats furent avant tout obtenus par le biais de la formation d'une nouvelle caste, celle des serfs d'État, à laquelle furent incorporées les catégories de gens les plus diverses, y compris la population restée libre jusqu'au règne de Pierre : les paysans de la Russie du Nord, ceux de la région de la Volga, ceux de Sibérie, les paysans redevanciers, et les pionniers de Sibérie, généralement *raznotchintsy* [1]. Le nombre total des serfs d'État était considérable, il n'était pas inférieur à 20 p. 100 du nombre total de la population taillable, soit plus d'un million d'âmes de sexe masculin. En d'autres termes, une masse considérable de gens libres furent ravalés au rang de serfs contrôlés par l'État.

Pour renforcer l'efficacité du contrôle fiscal, on introduit alors le recensement obligatoire des paysans. Ces recensements doivent s'effectuer à des dates rapprochées, pour permettre de lever rapidement les recrues pour l'armée de conscription permanente. On introduit également un impôt de capitation pour faire face aux dépenses militaires.

En 1721, Pierre contresigne un oukaze autorisant la vente des villages avec leurs serfs aux manufactures. Il est difficile d'imaginer ce qu'a signifié cet oukaze : les entreprises industrielles se sont transformées en maillon du tissu de l'économie esclavagiste. Il leur a par là même été interdit d'accéder au statut d'entreprises véritablement capitalistes. Les villages de serfs inféodés aux usines sont véritablement une trouvaille de Pierre. Transformés en manufactures héréditaires, ils ont

---

1. *Raznotchintsy :* littéralement « de rangs divers » c'est-à-dire issus de diverses castes.

subsisté jusqu'à la Révolution d'octobre. Après quoi de nouvelles formes d'esclavage furent élaborées.

L'État dispose d'un droit de propriété direct sur les ressources naturelles ainsi que sur la main-d'œuvre, c'est le
despote qui attribue l'usufruit de ces richesses aux exploitants
de son choix. Ce ne sont bientôt plus des usines isolées, mais
des branches entières d'industrie, comme les tissages et l'industrie métallurgique de l'Oural, qui se mirent à employer
presque exclusivement le travail de serfs. Et les marchands
usaient du privilège des nobles d'acheter des serfs et d'utiliser
leur travail.

Pierre va généraliser une pratique dont la postérité sera
riche en Russie : l'embauche « par déportation » pour le lancement des grands chantiers de construction. En l'absence de
marché libre de la main-d'œuvre, l'État ne peut disposer de
bras qu'en déportant les paysans serfs vers les chantiers et
les usines. C'est précisément à compter du règne de Pierre le
Grand que la mobilisation d'un grand nombre de serfs pour
des travaux d'utilité publique, tels que la construction des
villes ou le percement des canaux, devient une pratique
courante. Des centaines de milliers de paysans, déportés de
tous les coins du pays, ont construit la nouvelle capitale de
Pierre. Le paysan cheminant sur des centaines de verstes vers
Pétersbourg, Vyborg, Briansk... alors devint un personnage
typique des routes russes.

L'autocratie intervient très activement aussi dans la sphère
du commerce. Par fidélité aux théories du mercantilisme, on
introduit le monopole sur la vente de certaines denrées, on
stimule leur exportation et on introduit des tarifs douaniers
protectionnistes. Pour aider à la vente des productions des
manufactures d'État, on limite le commerce de fabrication
artisanale ou directement paysanne, ce qui fait obstacle au
développement et au marché libre. C'est aussi sous le règne
de Pierre Ier que se généralisa la pratique de « la commande
d'État ». La marge de manœuvre des entrepreneurs privés
était limitée par ces commandes, pour la plupart d'ordre
militaire, qui les soumettaient au système gouvernemental.
La réforme pétrovienne ne se contente pas de poser les
fondements de notre système économique, elle est aussi un
coup de frein au développement capitaliste en Russie.

La nouvelle noblesse « nomenclaturée »

Les transformations du système des castes entreprises par Pierre étaient, elles aussi, orientées vers un renforcement du rôle de l'État dans la sphère sociale. C'est à cela que servit avant tout l'introduction du majorat, qui consiste à limiter l'attribution de l'héritage des terres au seul fils aîné d'une famille noble [1]. Cette mesure allait empêcher la division des parcelles et fournir, par le biais du départ des fils cadets vers les villes, les officiers et les employés dont l'État avait besoin. Elle garantissait en outre la consolidation de la propriété terrienne des nobles en supprimant la différence entre la propriété héréditaire et les terres allouées à titre provisoire.

On peut dire que la noblesse n'a acquis ses caractères définitifs, en tant que caste, qu'avec Pierre. Auparavant les serviteurs de l'État étaient divisés en deux catégories : les serviteurs « par patronyme », c'est-à-dire par origine sociale, et les serviteurs « par appareil », c'est-à-dire par recrutement sur la base du volontariat. Pierre divisa également les militaires : la plupart de ceux qui servaient « par patronyme » furent anoblis, les autres, y compris ceux qui s'étaient engagés, furent incorporés à la masse des serfs d'État. Les critères d'engagement furent radicalement modifiés : le principe de l'origine fut remplacé par le principe du mérite personnel, ce qui renforça encore le pouvoir de l'État sur la noblesse. Le statut d'un noble n'était plus déterminé par sa naissance, mais par sa place au sein de la hiérarchie des officiers et des fonctionnaires.

La célèbre Table des rangs de 1722 est le couronnement juridique de l'activité réformatrice de Pierre. C'est une sorte de loi fondamentale régissant l'administration civile et militaire. Elle introduit une rationalisation et une systématisation des grades administratifs. Elle fonde le service de l'État sur une stricte hiérarchie des compétences, et exclut le principe ancien fondé sur la naissance et la notoriété. Les grades militaires, administratifs, de la flotte et de la cour sont divisés en quatorze classes. La Table des rangs devait renforcer la noblesse en même temps que le contrôle du pouvoir sur elle.

1. La farouche contestation de cette réforme par les familles nobles fut à l'origine de la revanche sociale que prit l'aristocratie sous les règnes d'Elisabeth et de Catherine II, mais toujours dans le cache du système pétrovien.

Les conditions auxquelles les non-nobles doués pouvaient gravir l'échelle des rangs et devenir nobles se trouvèrent fixées juridiquement.

De cette manière, les transformations de la structure sociale assurent la permanence de l'asservissement de la société. Toute la pyramide sociale est étroitement subordonnée aux intérêts de l'État. À compter de cette époque le système des castes est étendu à tous les habitants de la Russie. Nobles, citadins, officiers, prêtres, marchands, fonctionnaires et même cosaques, chaque catégorie se soumet à une charte particulière, à des tribunaux distincts, à une étiquette propre. Chaque caste se perpétue sans se mêler aux autres : les nobles font éduquer leurs enfants dans des pensionnats, des lycées, des universités, le clergé envoie les garçons au séminaire et les filles dans des collèges d'éparchie, les militaires ont des « gymnases de junkers », les marchands ont des écoles commerciales, etc.

À partir du sixième rang de la Table on accédait à l'échelon supérieur, quelque chose de semblable à la nomenklatura d'aujourd'hui. « La société russe, écrit Klioutchevski, a été définitivement marquée du sceau de cette loi, qui constitue le couronnement de la législation adoptée au cours du XVIIᵉ siècle, elle est sortie de la réforme avec des castes aux configurations à la fois plus arrondies et plus tranchées, et chaque caste avec un fardeau de redevances encore plus alourdi sur les épaules. » Il ne resta plus aucune place pour les processus naturels dans la société. La contrainte présidait à toute construction comme à tout « démontage ». Outre la fondation d'une économie esclavagiste, ces mesures ont de façon encore plus déterminante rendu la transition du Moyen Âge aux Temps modernes plus difficile pour la Russie.

Dans la Russie d'aujourd'hui, tout comme dans l'URSS d'hier, on ne rencontre pas beaucoup d'historiens qui remarquent ce caractère conservateur des réformes de Pierre. Pourtant il en existe. Permettez-moi en particulier de me référer aux travaux de l'historien Anissimov, de Saint-Pétersbourg. Dans son livre *L'Époque de la réforme pétrovienne,* il écrit : « Toute cette révolution de Pierre avait, si paradoxal que cela paraisse, un caractère conservateur très marqué. La modernisation des institutions et des structures de pouvoir dans le but de conserver les principes de base du régime traditionnel, voilà ce qui s'en avéra le but ultime. Nous parlons ici de la constitution d'une forme de gouvernement autocratique qui s'est prolongée sans modification fondamentale jusqu'au XXe siècle; nous parlons de la formation d'un système de castes privées de droits, qui est devenu un frein sérieux au processus de développement d'une société médiévale dans son essence; nous parlons du servage, qui s'est stabilisé au cours de la réforme pétrovienne [1]. »

Dans un ouvrage collectif édité par l'Université des sciences humaines de la Russie, nous remarquions : « Les réformes administratives de Pierre incarnent un développement et une tentative de rattrapage, une modernisation et une européanisation qui vont être les premières à s'affirmer dans la succession de réformes comparables à l'époque des temps modernes; elles manifestent toute une série de symptômes constants, qui, par la suite, apparaîtront de façon continuelle dans les réformes en Russie et dans d'autres pays, jusqu'à notre époque. »

Certains de ces « symptômes constants » sont très nettement visibles dans l'activité réformatrice de Gorbatchev et de Eltsine. La constante essentielle, c'est le réformisme par le haut, sans que la société soit invitée à participer. Dans la seule période qui va de 1713 à 1725, Pierre a contresigné 7 584 oukazes, chartes, règlements et circulaires. Aujourd'hui, le président russe produit parfois plusieurs oukazes en une seule journée. Et bien sûr, comme toujours, le renforcement de l'autoritarisme s'accompagne d'une poussée de pessimisme dans la population : chacun doute de sa propre capacité à prendre sa vie en main, à assumer des responsabilités dans la société.

Ce système de contrôle totalisant, incluant la fiscalité, la délation et le régime des passeports intérieurs, a perduré pendant des siècles. La militarisation de la vie civile a été conduite par les moyens les plus divers. On a élaboré des méthodes d'assujettissement des peuples « librement réunis » à la couronne. Les contours généraux de la dynamique sociale, le devenir de l'État totalitaire ont été définis par le changement de perspective : les mobilisations ponctuelles et extrêmes des ressources humaines et matérielles, mises en œuvre au moment des nombreuses guerres de libération et de conquête de l'État russe, ont été remplacées par un travail pacifique de contrôle, garantie d'une mobilisation tout aussi extrême, cette fois-ci dans le but de « rattraper » une autre nation.

---

1. Evgueny Anissimov, *L'Époque de la réforme pétrovienne*, Lenizdat, 1989.

Le syndrome bureaucratique du « rattrapage » accéléré

Les guerres sans fin – elles se comptent par centaines dans notre histoire – ne sont pas le résultat d'un bellicisme naturel aux Russes. Ces guerres sont dues à la particularité géographique de la Russie, à son immensité à cheval entre Orient et Occident, qui, pour son malheur, n'a formé qu'un seul État. Quant au « rattrapage » des autres nations, c'est aussi une constante : à partir du XVe siècle, on a couru derrière l'Europe ; à partir du milieu du XXe siècle, Khrouchtchev a donné à notre pays la tâche de rattraper et dépasser l'Amérique.

Un certain type de développement s'est installé, motivé par la volonté perpétuelle de « rattrapage ». Pour d'autres raisons et dans une moindre mesure, d'autres pays ont fait une expérience semblable : l'Espagne, du fait de son existence parasitaire aux frais de ses gigantesques possessions d'Amérique latine, le Japon, du fait de sa politique isolationniste, l'Italie, du fait de son morcellement. Cependant, la Russie reste le modèle classique de ce type de développement. Elle en est, aujourd'hui encore, à ce stade. Et cette obligation de rattraper le stade où en sont arrivés les autres revêt en Russie un caractère plus global, intégral, parce qu'elle est liée à l'immanence d'un passé non surmonté, au règne absolu du traditionalisme. La Russie est, aujourd'hui encore, un pays précapitaliste, et donc une société non contemporaine.

Cette aspiration à tout organiser, à tout régenter dans son gigantesque espace euro-asiatique, sensible dès le début de la formation de l'État russe, a débouché sur un épuisement de la société civile, rendue incapable de trouver le chemin de son épanouissement, aveuglement qui amène la résurrection périodique du traditionalisme. L'État a écrasé l'individu. Il est étrange qu'après une expérience aussi longue et amère dans notre histoire nationale, la perestroïka de Gorbatchev ait débuté par de nouvelles tentatives de perfectionner le système de contrôle étatique total. On sait maintenant à quoi est arrivé Gorbatchev en prenant ce chemin. Il est donc d'autant plus étrange que Eltsine ait suivi jusqu'ici la même direction.

LE POIDS DU MICROCOSME
COMMUNAUTAIRE,
DE BORIS GODOUNOV À BORIS ELTSINE

Je voudrais développer un trait singulier, sans doute essentiel, de la psychologie sociale russe, qui est aussi lié à sa géographie : tout au long de l'histoire millénaire de la Russie, la cellule matricielle, l'élément premier et insécable a été le village, le microcosme rural.

À partir du IXᵉ siècle, les tribus slaves font continuellement mouvement vers l'est et le nord. Du pied des Carpathes, de l'extrémité sud-ouest de la grande plaine, ce mouvement s'est poursuivi jusqu'à ce que la colonisation russe ait atteint les rives de l'océan Arctique au nord et celles de l'océan Pacifique à l'est. À partir de la fin du XVIIIᵉ siècle, un nouveau vecteur de la colonisation russe est venu compléter cette orientation au nord-est : une orientation vers le sud, vers les rives de la mer Noire et de la mer d'Azov.

Les espaces conquis pouvaient difficilement constituer des territoires d'un seul tenant. Les endroits se prêtant à une mise en valeur étaient éloignés les uns des autres comme des îlots au milieu d'un océan de forêts et de marécages. Sur ces îlots, les colons établirent des fermes isolées, les entourèrent d'un fossé et défrichèrent la terre tout autour pour labourer, aménageant dans les forêts des pièges et sur les eaux des pontons pour la pêche. Les frontières de chaque propriété se délimitaient, suivant l'expression consacrée, « jusqu'où porte la hache, passent la faux et l'araire ». Cependant, les difficiles conditions de vie et d'exploitation, la nécessité de gagner les parcelles sur la forêt, la chasse aux bêtes féroces, interdirent une division des forces. Les hameaux rassemblant deux à trois fermes devinrent la forme typique de l'habitat slave. Cet habitat constitue l'embryon du microcosme, de la micro-société russe.

Le communalisme général, né du microcosme rural

Ce microcosme a sa structure et son histoire propres. La famille étendue constitue le maillon de base de son organisation. À l'origine, quelques hameaux et villages se réunissaient en alliances temporaires – les *vervi* –, mais, généralement, ces microcosmes restaient fermés sur eux-mêmes. Et la communauté paysanne des XIVᵉ et XVᵉ siècles, tout comme le village russe du XIXᵉ siècle, constituait un système social fermé comptant de quelques dizaines à quelques centaines de personnes. Ces micro-sociétés isolées étaient fondées sur des relations émotionnelles, chacun savait tout de tous; travail ou distractions, toutes les activités prenaient la forme de contacts personnels et immédiats. Le monde rural devint à ses propres yeux, non seulement un espace clos, mais une communauté spécifique, différenciée du reste du monde. La tâche essentielle, le seul moyen de perdurer, devint pour ces micro-sociétés l'affirmation d'une définition de soi, et, par conséquent, d'une intangibilité face à un monde ressenti comme antithétique, sinon ennemi.

L'immobilité sera ressentie comme un confort, et tout écart hors des lois intangibles envisagé comme un trait maladif et anormal. Cette idée d'un confort lié à l'immobilité a embrassé toutes les facettes de la vie du microcosme : sa conception du bien et du mal, de la justice et de l'injustice, son rapport aux ancêtres, aux protecteurs de la ferme, sa constitution économique, etc.

Dans des conditions où l'expérience accumulée est totalement déterminante, c'est-à-dire lorsque le passé dicte le futur et que l'immobilité oppresse la dynamique, le microcosme devient la base du conservatisme social. Le microcosme reste un élément inerte, passif, somnolent tout au long des siècles. Mais, aux moments de rupture historique, il revient subitement à la vie, il s'agite, devient inventif et frénétique. Porteur d'une puissante charge négative à l'égard de tout ce qui est nouveau, de tout ce qui sort des limites des représentations déjà formulées dans le passé, de tout ce qui s'écarte des valeurs et des normes, ce microcosme réagit violemment à l'inattendu, essaye tout de suite de rejeter la nouveauté et de rétablir son confort, c'est-à-dire de parachever la construction de l'ensemble social perdu en se fondant sur les valeurs traditionnelles.

Voyons quelques exemples de l'action conservatrice du microcosme rural dans l'histoire de la Russie. Et, pour commencer, remontons dans le temps, revenons à cette fameuse période du « Temps des Troubles » – celle de Boris Godounov –, qui, près d'un siècle avant le règne de Pierre le Grand, ouvrit notre XVIIᵉ siècle et déboucha sur l'intronisation de la dynastie des Romanov.

Le Temps des Troubles et le refus de la modernité

L'époque que nous appelons Temps des Troubles de l'État moscovite (1593-1613) a été incontestablement l'une des fractures les plus profondes de notre histoire. Au tournant des XVIᵉ et XVIIᵉ siècles, la Russie aurait très bien pu revenir sur le chemin tracé par Kiev et Novgorod. Pourtant, l'enracinement dans la direction opposée, indiquée par Moscou, fut le prix à payer pour sortir de la profonde crise morale, politique, sociale et économique. Le microcosme rural fut le garant de cet enracinement.

Le Temps des Troubles, comme bien d'autres époques de notre histoire, a une origine géopolitique. La conquête des khanats de Kazan et de l'Astrakhan venait d'ouvrir à la colonisation les immenses espaces des bassins moyen et inférieur de la Volga. Un flux considérable de paysans, cherchant à échapper aux charges imposées par l'État et les propriétaires fonciers, quitta les régions de Russie centrale pour s'installer sur ces nouvelles terres. Plus les paysans qui partaient étaient nombreux, plus la pression devenait lourde sur ceux qui restaient. Le poids de l'impôt et des corvées augmentait, l'asservissement de la population de Russie centrale s'aggravait. Les contradictions entre les hommes d'armes et les serfs s'aiguisaient.

A cela s'ajoutèrent d'autres difficultés : la guerre de Livonie, qui dura vingt-cinq ans et se termina par une défaite totale; la dernière invasion tatare et le pillage de Moscou en 1571; la mauvaise récolte de 1601 et la famine terrible qui s'ensuivit; la peste; les foules de vagabonds et d'affamés sur les routes; la terreur instituée auparavant par l'*opritchnina* [1] du tsar Ivan

---

1. Première police politique dans l'histoire de la Russie, recrutée parmi les roturiers pour terroriser les boyards.

le Terrible, qui bouleversa jusqu'à le disloquer l'ancien ordre
des choses et les relations habituelles. La volonté des autorités
de remplacer les charges payables en nature par un tribut en
argent parut, aux yeux du microcosme rural, une innovation
particulièrement inquiétante. C'est précisément à cet endroit
que se situe le point d'intersection entre le traditionalisme et
la modernité. Et c'est justement en ce début du XVIIe siècle
qu'il va être dit « non » à cette modernité.

Tant que le trône de Moscou était occupé par les représentants de l'ancienne dynastie, descendants directs de Rurik
et de Vladimir (premiers princes de Kiev), la population se
soumettait avec résignation et sans murmures à ses souverains
« naturels ». Pour les microcosmes ruraux de toutes les Rus-
sies, ils personnifiaient l'immuabilité, ce qui autorisait l'identification. Mais dès que la mort du tsar Fiodor, en 1598, mit
fin à l'occupation du trône par la dynastie rurikide, l'ère des
troubles commença.

Je ne pense pas qu'il soit utile de revenir sur le détail de
l'enchaînement des faits historiques durant cette période. Il
est cependant important de prêter attention à ce qui, à partir
de ce moment crucial justement, fut à l'origine des « répéti-
tions » de l'histoire russe, à ce qui en a dans une certaine
mesure dessiné les contours essentiels. Les Moscovites n'ont
pas donné la préférence à Boris Godounov, mais bien au
« faux Dimitri [1] », parce qu'ils souhaitaient voir en lui celui
pour qui il se faisait passer : l'héritier des pères fondateurs.
En d'autres termes, ils voulaient voir et reconnaître en lui
leur propre image.

Les entreprises réformatrices, tant celle de Boris Godounov
que celle du « faux Dimitri », échouèrent parce que, précisément, elles faisaient intervenir de la nouveauté, de l'inhabituel,
parce qu'elles ne prenaient pas en considération les anciens
rituels et les habitudes ancestrales. Le mécontentement monte
contre le « faux Dimitri » avec l'arrivée, en 1606, de la fiancée
polonaise du tsar. Il fait célébrer son mariage religieux, la
fait couronner tsarine... mais elle refuse de se convertir à
l'orthodoxie; ce qui fut pris comme un affront sans précédent
aux normes admises. Ce fut la goutte qui fit déborder le vase
et retourna littéralement la situation : le tsar fut assassiné,

1. Usurpateur se présentant comme l'héritier légitime du trône, selon un
schéma qui se répétera pendant des siècles, notamment avec la grande
révolte de Pougatchev.

son cadavre fut livré aux outrages avant d'être brûlé, puis, mêlant ses cendres à de la poudre, on en bourra un canon et ses restes furent tirés dans la direction d'où il était venu...

Voilà un exemple typique de cette psychologie des extrêmes, de cette absence de mesure : on passe de l'amour à la haine sans demi-teintes, sans la moindre transition. Il faut avouer que cet extrémisme n'a pas fait son apparition dans notre histoire à des moments isolés, contre des gouvernements particuliers, il est au contraire l'essence de notre rapport aux autorités.

Au Temps des Troubles, des villes et des territoires isolés décidèrent de leur propre fait à quel pouvoir ils se soumettraient et quelle croix ils embrasseraient. La mort du « faux Dimitri » entraîna la sécession de Pskov, Novgorod, Astrakhan entre autres villes, et celle du Sud du pays.

Notons au passage un autre trait répétitif dans notre histoire, qui apparut à cette époque : les exactions de masse. Pendant l'insurrection paysanne conduite par Bolotnikov en 1606-1607, l'humeur générale était à l'extermination physique complète de tous les boyards et de tous les représentants de l'administration. Toutes leurs femmes et leurs filles furent violées et leurs biens divisés entre les paysans et les Cosaques.

La réforme Stolypine et le « partage noir »

Les mêmes traits répétitifs ont refait leur apparition sous le règne d'Alexandre II (1855-1881), qu'il est convenu d'appeler l'Époque des grandes réformes, ainsi que plus tard, au début du XXᵉ siècle, au moment de la modernisation de la Russie.

Cette modernisation a été marquée par la courte période qui entre dans notre histoire sous le nom de « réforme agraire Stolypine ». Alors qu'il était encore simple gouverneur de la province de Saratov, Stolypine s'aperçut que le règlement de la question agraire était la clé de la modernisation. Dès cette époque, il démontra que les règlements internes de la communauté paysanne étaient un frein au développement de l'agriculture. Dans un rapport adressé à Nicolas II en 1905, il écrit : « Le paysan russe est saisi d'une véritable obsession de mettre tout le monde au même niveau, de ramener tous les gens à égalité, et comme on ne peut pas élever la masse au niveau des plus doués, des plus actifs et des plus intelligents, les meilleurs éléments sont contraints d'adopter les conceptions et les aspirations des mauvais éléments qui constituent la majorité inerte. » Ce qui montre bien que Stolypine avait reconnu la cause première du cercle vicieux de l'histoire russe et de notre incapacité à adopter un développement linéaire.

Par l'oukaze du 9 novembre 1906, les paysans reçurent le droit de sortir de la commune rurale et de transformer leur part individuelle en authentique propriété privée. L'État fournit toutes sortes d'aides aux nouveaux propriétaires, leur permettant d'établir leurs fermes en Sibérie et au nord de l'actuel Kazakhstan. Cette colonisation était en fait le vrai propos de la réforme. Elle eut des résultats : en dix ans 3,1 millions de personnes s'établirent en Sibérie, dans le même temps on construisit 13 000 verstes de routes, on creusa 13 771 puits, 161 réservoirs... Un peu plus de 2 millions de familles, soit environ 10 millions de personnes passèrent à la propriété privée de la terre. Cela correspond à peu près au quart du nombre des paysans communalistes à l'époque.

Ça s'arrête là, mais c'est déjà beaucoup si l'on considère que la question agraire n'est à ce jour pas réglée en Russie. Le VIe Congrès des députés du peuple de mars 1992 vient à peine d'introduire un amendement à la Constitution autorisant la propriété privée de la terre...

La réforme Stolypine connut bien des difficultés. Stolypine lui-même n'avait pas pris la dimension de la vitalité de l'ordre communaliste, de la vigueur de l'aspiration égalitaire et niveleuse dont il avait entretenu le tsar. Les paysans communalistes mirent le feu aux maisons des fermiers indépendants, sabotèrent leurs semailles et mutilèrent leur bétail. Une large majorité de paysans répondit à la réforme par l'exacerbation de la lutte pour la conservation de l'ordre archaïque du microcosme.

Une fois de plus, tout comme au Temps des Troubles, et comme en 1861, moment de la libération du servage, les réformateurs qui essayaient de mettre la société russe sur la voie des rapports monétaires et marchands se heurtèrent à la résistance farouche du monde rural, à sa volonté de maintenir des rapports prémarchands. On peut se faire une idée de la force de cette résistance si l'on se souvient que le monde rural constituait l'essentiel de la Russie au début du XXe siècle. Le recensement de 1897 indique que 87,2 p. 100 de la population vivait à la campagne. La paysannerie communaliste qui s'insurge contre la réforme constitue les trois quarts de cette population rurale.

Le nombre des communes rurales qui partageaient la terre

en vertu du nombre de bouches à nourrir était en augmentation constante au début de ce siècle. Dans certains gouvernements de Russie centrale, la proportion des communes qui suivaient ce principe de partage égalitaire atteignait 90 p. 100. L'introduction des changements avait à nouveau provoqué en retour une explosion des archaïsmes. Il est important de souligner que, sous la pression des changements, la paysannerie ne s'est pas contentée de déployer une forte activité pour la conservation du passé, mais qu'elle a étendu sa volonté de nivellement à toute la société. Comme pour achever la construction du monde à son image.

C'est la véritable signification de la révolution de 1905-1907 et de l'intensification du terrorisme des socialistes-révolutionnaires [1] et des maximalistes [2] qui prétendaient exprimer les intérêts des paysans. Au cours de ces deux années, les actions terroristes et des manifestations révolutionnaires firent 4 126 morts et 4 552 blessés parmi les fonctionnaires. Stolypine lui-même échappa à dix attentats, et, en 1911, le socialiste-révolutionnaire Bogrov réussit à le blesser mortellement de trois coups de revolver dans le théâtre municipal de Kiev. La paysannerie identifiait la personne du riche et celle du chef; les deux étaient considérées comme une force du mal qui leur était opposée. C'est pourquoi la masse des paysans regardait toutes les améliorations introduites dans l'exploitation, y compris celles qu'amenaient leurs frères communalistes d'hier, comme une fantaisie de grand seigneur.

Ce n'est pas un hasard si, chez les vieux croyants, la division de la société en « nikoniens », serviteurs de l'antéchrist, et véritables chrétiens correspondait à la division entre les riches et les pauvres. La richesse est un péché, la pauvreté est agréable à Dieu. Il ne faut pas assimiler cette conviction à une résurgence purement occasionnelle de la tradition manichéenne russe. Cette perception du monde en noir et blanc est très enracinée, elle constitue le fondement de l'anti-étatisme, elle est le drapeau des insurrections et des guerres paysannes dont l'histoire russe est si riche; elle est aussi l'une des raisons profondes du succès des bolcheviks. Lénine en fit des populistes accomplis et son programme leur permit de

1. Héritiers du populisme des années 1870-1880 et largement majoritaires en 1917, ces socialistes antibolchéviques se proposaient de faire de la commune paysanne le noyau de l'organisation sociale à venir.
2. Maximalistes : scission de gauche du Parti socialiste-révolutionnaire; la plupart d'entre eux rejoindront les bolcheviks après 1917.

faire le plein d'une énorme énergie sociale qui puisait ses racines dans les certitudes profondes de la société russe.

Le communalisme ancestral investit le communisme bolchevique

La social-démocratie russe – comme le remarque Fedotov dès 1926 – est certainement le plus authentique de tous les mouvements révolutionnaires russes. C'est précisément là qu'il faut chercher la solution de l'énigme d'une Révolution d'octobre qui ne fut qu'une réaction conservatrice du monde rural russe contre les innovations capitalistes du début du XXᵉ siècle. Toute l'histoire du bolchevisme après 1917 peut être analysée comme celle d'une lutte continue pour la transformation de la société tout entière en une vaste commune. Les archaïsmes paysans ont tendance à prendre plus d'importance encore après la Révolution. Les terres du Trésor public, celles de l'Église, des monastères, des grands propriétaires et des fermiers indépendants sont remises aux communes paysannes. En 1927, plus de 90 p. 100 des terres appartiennent à des communes.

Les valeurs du monde rural ont constitué la base de notre vie jusqu'au milieu du XXᵉ siècle au moins. Il suffit de se souvenir que les habitants des villages ne disposaient pas de cartes d'identité et qu'ils n'avaient par conséquent pas le droit de sortir de leurs cantons jusqu'au milieu des années soixante. Il y a tout juste vingt-cinq ans, ils ne disposaient pas d'argent pour déménager, puisque le paiement de leur travail se faisait en nature; à vrai dire, on ne leur donnait que le strict nécessaire à la survie.

Peut-on s'imaginer une telle survivance de microcosmes ruraux fermés jusqu'au milieu des années soixante? C'est là, je crois, qu'il faut chercher l'explication de nos difficultés d'adaptation au monde contemporain.

Notre ADN : la sobornost

L'autoreproduction des mondes ruraux sur un fond statique est devenu la cellule de base à partir de laquelle la logique de l'histoire russe s'éclaire. Pour aider à la perception de cette idée, je dirai que le microcosme joue dans notre histoire un rôle identique à celui de la molécule ADN en génétique, ou à celui du phonème en linguistique : il crée un fil conducteur dans cette histoire, il la rend explicable. Le microcosme est à l'origine de toutes les institutions sociales essentielles de la société russe : la commune paysanne, l'assemblée de village, le *Viétché*, le *Zemski Sobor*. Le rôle du microcosme peut se comparer à celui du code génétique dans la mesure où, à l'instar de la molécule ADN, il sert de système d'inscription unique permettant l'héritage et la transmission de l'information culturelle, de l'activité spirituelle et sociale qui est la fonction primordiale, celle qui engendre toutes les autres.

Deux principes antagoniques mais qui s'interpénètrent sont à l'origine de la vitalité du microcosme : l'autoritarisme et la *sobornost* [1]. La *sobornost* est l'élément de base du mode vie communautaire et du partage de la terre. C'est le recours au *Viétché*, à l'assemblée de village, pour prendre les décisions. Au *Viétché* – étymologiquement le lieu où l'on proclame, voire où l'on prophétise –, les décisions devaient être prises « toutes réflexions faites », selon l'expression coutumière, c'est-à-dire après que le pour et le contre eurent été longuement pesés. D'un côté, les décisions devaient impérativement être unanimes, comme prises d'une seule voix, incarnation de la voix du prince ou du chef de famille. D'un autre côté, cette décision devait être l'incarnation des voix de chacun des membres de la commune, de chacune de ses aspirations. La tradition de la *sobornost* a été largement romantisée à partir du moment où les romantiques libéraux et les révolutionna-ristes se mirent à en faire la propagande. Ils se servaient de cette tradition surtout pour l'opposer au caractère autoritaire du pouvoir monarchiste, particulièrement aux époques où l'autoritarisme faisait des progrès. Pour certains, cette tradi-tion était celle de la véritable démocratie, par opposition à la démocratie européenne limitée par les institutions et les dif-férenciations de classe, pour les autres, elle était identifiable à la véritable démocratie, même si elle en était une forme fruste.

Au fond, la *sobornost* est la véritable incarnation de la culture paysanne, et plus particulièrement de la culture héritée des assemblées de village. L'impossibilité d'une véritable évaluation des problèmes et même simplement l'incapacité de présenter correctement les questions à traiter sont des traits caractéristiques du fonctionnement de ce type d'assem-

1. Littéralement, la « pratique de l'assemblée » ou la « réunionnite communautaire ».

blée. Toute personne qui se jugeait apte et en droit de s'y rendre prenait la parole à l'assemblée. Toutefois, elle ne venait pas pour prendre part à l'élaboration d'une décision, mais pour faire connaître un point de vue particulier, ou apporter son soutien à une position déjà exprimée, surtout si c'est celle de quelqu'un qui faisait autorité, indépendamment de la question traitée et du point de vue exprimé. De telles règles du jeu empêchaient que les décisions soient prises à la majorité des voix, la juste proportion des opinions ne préoccupant personne, et imposaient les choix à la force du poignet et de la voix. Autrement dit, ce ne sont pas ceux qui sont le plus nombreux qui ont raison mais ceux qui crient le plus fort ou qui disposent de la force physique. Notre rapport à la minorité, comme à l'opposition qu'il est indispensable d'écraser..., en découle tout naturellement. L'absence de tradition de la représentativité, l'incapacité de transmettre une partie de ses droits à ses représentants et, par conséquent, le refus de prendre sur soi une part de la responsabilité sont l'héritage de cette tradition des assemblées.

Remarquant que ces traits fondamentaux sont des éléments issus de la culture des assemblées, Klioutchevski écrit : « De par sa composition, le *Viétché* n'avait rien d'une institution représentative; il n'était pas constitué de députés : toute personne qui se considérait comme un citoyen à part entière accourait sur le lieu des débats... Du fait même de sa composition, il ne pouvait y avoir ni examen véritable de la question, ni mise aux voix régulière. Les décisions se prenaient à vue, ou plutôt à l'oreille, à la force des cris bien plus qu'à la majorité des voix. Quand le *Viétché* était divisé en plusieurs partis, on avait recours à la violence, à la bagarre, pour déterminer la sentence : le parti vainqueur était reconnu majoritaire. »

De ce point de vue, la *sobornost* n'a jamais été dans l'histoire russe un antidote aux formes extrêmes de l'autoritarisme et du totalitarisme. Elle en a, au contraire, été la principale justification. Ce n'est donc pas par hasard si nos régimes politiques se sont appuyés sur cette tradition à chaque époque de crise. L'oligarchie féodale se servit du *Zemski Sobor* pour faire élire un Romanov sur le trône; les bolcheviks tentèrent de faire avaliser par le Congrès des soviets leur usurpation du pouvoir politique; Gorbatchev prit le parti de ressusciter les congrès de députés du peuple pour appuyer son orientation moderniste; enfin l'entourage de Eltsine a récemment tenté de convoquer quelque chose qui ressemble à une « assemblée » des citoyens russes.

Cette *sobornost* apparaît ainsi comme l'antipode absolu de la démocratie occidentale, qui repose sur le dialogue politique des différentes forces. L'assise de la *sobornost* est constituée par un monologue, le plus souvent celui du régime en place sur fond de silence soumis de la majorité. L'autoritarisme contenu dans le microcosme, qui entre apparemment en contradiction avec la démocratie directe que constitue la *sobornost,* réside dans le fait que le *Viétché* ne constitue pas un rassemblement exhaustif de toutes les communes paysannes, de tous les villages et de toutes les villes, mais un rassemblement des chefs de famille, des maîtres de fermes qui constituent la commune. De plus, la décision même que prenait le *Viétché* avait un caractère autoritaire : elle ne reconnaissait pas les droits de la minorité et encore moins ceux des individus indépendants.

L'antagonisme constant entre social et personnel, entre sacré et profane, oral et écrit, constitue la trame de notre mentalité traditionnelle. Cette antinomie entre individuel et collectif plonge ses racines dans le tréfonds de l'organisation communautaire de notre vie sociale. Le conflit tire son origine de survivances du vieil antagonisme entre le paganisme et le christianisme sur la terre russe. Au moment précis où le christianisme l'emporte, il se produit une étrange substitution des symboles et des valeurs. Ce qui vient de l'église fait force de loi, tandis que ce qui reste du paganisme va imprégner notre culture populaire et s'enraciner fermement en son sein. En d'autres termes, une certaine duplicité se trouve avalisée au tréfonds de chacun de nous depuis dix siècles. Doublée des dualités traditionnelles servage-despotisme et soumission-insurrection, cette duplicité est à l'origine de l'étonnante aptitude à concilier les contradictions, typique du caractère russe, et contribue à la vitalité de la « double pensée » que j'ai évoquée plus haut à propos de Gorbatchev. Le conflit entre individuel et collectif a adopté sa forme définitive depuis la fin du servage : le paysan membre de la communauté, même lorsqu'il est libre de sa personne, ne constitue pas une personne au plein sens du mot, puisqu'il ne peut pas être intégralement responsable des décisions d'importance qu'il a lui-même prises.

Au cours du processus historique, ce trait a acquis une stabilité exceptionnelle. Au milieu du XIXe siècle,

N.A. Nekrassov montre très finement et nettement la survivance de ce trait de notre vision du monde avec l'expression « le barine nous jugera »... La liquidation du servage n'a pas introduit de changement significatif dans cet ordre des choses. Bien plus, la conservation des fondements collectivistes de la commune paysanne a été prise par les paysans eux-mêmes comme la garantie d'une défense contre l'agression de nouvelles forces politiques et économiques, susceptibles de remettre en cause les habitudes.

Il serait extrêmement naïf de voir en ce trait un amour de l'individu pour la collectivité. Ces fausses espérances ont nourri les fantasmes politiques des révolutionnaires russes. Non, c'est la volonté d'éviter toute prise de responsabilités et toute implication de l'individu dans la société qui a joué le rôle essentiel dans la permanence de ces traits collectivistes de notre vie sociale.

Dans les toutes premières années du dégel khrouchtchévien, quand il devint évident qu'il faudrait procéder à une réhabilitation massive des prisonniers politiques, la poétesse Anna Akhmatova fit cette remarque : « Voici que vont se rencontrer la Russie qui a été emprisonnée et celle qui a emprisonné. » Il s'avéra cependant très vite que l'écrasante majorité des gens ne considérait pas que la tragédie qui avait frappé leurs concitoyens avait le moindre lien avec leur vie personnelle. Il y eut aussi une troisième Russie, celle qui n'est pas allée en prison et qui n'a mis personne en prison, comme le remarque un journaliste à presque quarante ans de distance. Cette troisième Russie ne veut se reconnaître de parenté ni avec la première, ni avec la seconde.

Cette absence de volonté et cette incapacité à prendre la responsabilité sur soi sont tout à fait typiques de la mentalité qui prédomine lorsque la société civile est insuffisamment développée. Le trait dont nous parlons est pour beaucoup dans le fait qu'un petit cercle de militants ait pu conduire des expériences grandioses sans se soucier du soutien réel de la majorité ou de la formation d'une véritable opinion publique. Malgré son incontestable puissance, le gigantesque appareil idéologique du régime communiste n'a jamais essayé, et n'a jamais été en mesure, de faire son travail. La conduite de la politique dite « d'abrutissement idéologique » a pris très fréquemment une forme et un caractère très primitifs. Mais cette primitivité s'avérait bien suffisante, dans la mesure où les « bâtisseurs conscients » du communisme n'avaient pas besoin, dans leur majorité, d'arguments pour être pleinement

loyaux à l'égard de ce qui se passait : ils gardaient leurs
distances dans leur for intérieur et refusaient de répondre des
processus qui frappaient leur propre pays.

Ce n'est pas un hasard si, lorsque la frange démocratique
de la société s'est mise à poser la question de la responsabilité
du PCUS dans ce qui s'était passé et continuait de se passer
dans le pays, seuls quelques individus ont trouvé en eux assez
de courage pour se montrer capables de prendre à tel ou tel
degré cette responsabilité.

4

LA TRADITION DU SCHISME
ET L'ÉTAT TOTALITAIRE

Il est indispensable de prêter attention à un événement qui est peut-être des plus importants pour parvenir à une conception globale de l'histoire russe. Je veux parler du grand schisme religieux du XVIIᵉ siècle. Ce schisme n'est qu'une forme partielle, presque ponctuelle, du schisme constant, plus profond, qui divise la société russe et détermine le non-achèvement de sa modernisation et le non-dépassement de son passé. C'est bien de cette manière que Kirieïevski, Soloviev, Berdiaïev et Fedotov ont envisagé le *Raskol* et son rôle dans l'histoire russe. Ils ont constaté la coexistence, au sein d'une même culture eurasienne, d'au moins deux subcultures (européenne et asiatique), qui possédaient leurs valeurs et leurs idéaux propres (enracinement et innovation, slavophilie et occidentalisme, monologue et dialogue, confrontation et compromis) et qui balançaient entre deux modes de développement, kiévien-novgorodien ou moscovite.

Il est connu que la raison de ce schisme a été la décision du tsar Alexeï Mikhaïlovitch (le premier Romanov) et du patriarche Nikon d'introduire des modifications dans la conduite du service religieux et la tenue du livre de messe. Pour surmonter les divergences d'interprétation accumulées au fil des siècles et renouer avec les canons byzantins qui sont à l'origine de l'orthodoxie, Nikon préconisa une simplification et une uniformisation du rituel. Cette réforme de l'Église, conduite à l'initiative du pouvoir temporel, avait pour but de renforcer le contrôle sur la pratique religieuse; elle fut comprise par la population comme une tentative d'immixtion illégale du pouvoir dans la sphère intime de la vie spirituelle.

Andreï Biely a exprimé de manière très vive et imagée l'état du schisme en Russie depuis l'époque de Pierre : « À compter du moment, gros de conséquences, où le Cavalier d'airain [1] a fondu sur les rives de la Neva, où il a lâché sa monture sur le granit finlandais, la Russie s'est partagée en deux, en deux le destin de la patrie, en deux la Russie, pleurant et souffrant jusqu'à sa dernière heure. Toi, Russie, tu es comme ce coursier! Les deux sabots antérieurs envolés dans le vide et l'obscurité; et les deux sabots postérieurs solidement plantés dans le sol de granit. »

Permanence du schisme comme schéma

Différentes façons d'envisager le monde, différents systèmes de valeurs et normes de vie se sont élaborés au sein de deux cultures coexistantes, l'une orientée sur l'Occident, l'autre sur l'Orient, l'une sur le passé, l'autre sur l'avenir. Ce qui constitue la norme dans l'une de ces cultures est envisagé comme un écart par l'autre; ce qui constitue un espoir pour l'une est vivement rejeté par l'autre. Cela n'a pas simplement conduit à l'exacerbation des tensions sociales et psychologiques entre les groupes qui se prononçaient clairement pour l'une de ces cultures, mais a fait monter la tension au sein de chaque groupe, voire de chaque individu. En vertu de quoi le schisme est présent partout, décelable dans chaque cellule de la société. Il revient sous une nouvelle forme à chaque moment de fracture dans notre histoire. Il se manifeste dans chaque tentative de réforme comme à travers chaque mouvement de contre-réforme.

Le caractère cyclique du développement social, le flottement perpétuel d'un état à l'autre, de la *sobornost* à l'autoritarisme, de la révolution à la contre-révolution, de la réforme à la réaction, sont autant de conséquences du schisme, que l'on peut très nettement suivre à la trace tout au long de l'histoire russe, et qui lui donne son caractère désolant : l'incapacité de suivre aucune sorte de développement linéaire.

Non seulement le *Raskol* a immobilisé la société, mais il a renforcé ses conflits internes. Dans la mesure où chacune des parties en présence n'a jamais pris en compte les valeurs de la partie adverse, leur lutte a pris un caractère sans

---

1. Il s'agit bien sûr de la célèbre statue équestre de Pierre le Grand à Pétersbourg, prétexte à mille digressions littéraires depuis Pouchkine.

compromis de lutte à mort. C'est ce qui explique, par exemple, que le mot *opritchnik* soit devenu chez nous un nom commun. Chacun de nos grands dirigeants, d'Ivan IV le Terrible à Staline en passant par Pierre le Grand et Lénine, a eu ses *opritchniks* à l'aide desquels il ne s'est pas contenté de lutter contre ses adversaires mais les a physiquement anéantis. De plus, pour tous les gouvernants, d'Ivan IV à Gorbatchev (et Lénine est ici l'exception), les phénomènes sociaux ont trouvé une personnification, les contradictions profondes ont été ramenées à des manifestations de la volonté maligne de personnes particulières.

La source du terrorisme, de l'opritchnina à la Tchéka

C'est de cette manière qu'Ivan IV le Terrible a pris l'opposition des boyards, non pas pour une expression du localisme profondément enraciné dans la mentalité russe, mais pour une machination de certains boyards contre lui personnellement. C'est ainsi, comme le dit Klioutchevski, que s'explique l'inutilité politique de l'*opritchnina* : « Elle était dirigée contre des individus et non contre un ordre, elle était, dans une large mesure, le fruit de l'imagination excessive du tsar effrayé... » On peut dire la même chose des tchékistes de Staline. Et c'est ici que s'est forgée une règle valable pour toute l'histoire russe : moins la lutte a de sens, plus cruellement elle est menée.

C'est à cette tradition que l'on doit la permanence des pratiques politiques des bolcheviks : le dépassement de l'héritage du passé se réalise par des procédés politiques quasi identiques, dans l'espoir *a priori* sincère que, pourvu que le personnel qui occupe la couche supérieure des structures de pouvoir soit changé, il n'y a rien de terrible à ce que les procédés précédents soient réintroduits, même s'ils se sont totalement discrédités.

La terreur stalinienne et l'anti-individualisme russe

La domination totalitaire institutionnalisée a atteint un sommet avec Staline. Le pouvoir va complètement écraser la société et en faire l'objet des manipulations les plus diverses. Les rapports qu'entretinrent le pouvoir et la société à cette époque, bien qu'ils aient été préparés tout au long de l'histoire russe, ont revêtu un caractère très spécifique qui n'est comparable à rien de connu antérieurement : l'État lança à plein régime contre la société une machine de terreur de masse bestiale dans le but d'obtenir sa soumission absolue ; en échange de conditions de subsistance minimales, la société a docilement offert à l'État la liberté de ceux qui restaient momentanément en vie.

Si l'on se place du point de vue du bon sens, ce qui s'est concrètement passé entre la société et le pouvoir durant la période socialiste de l'histoire russe revêt un aspect fantastique, totalement incompréhensible. Entre 1918 et 1959, au moins 38 millions de personnes, peut-être 54 millions, sont mortes [1]. L'histoire de l'humanité ne connaît pas d'exemples d'une telle extermination de masse. Ajoutons que ces pertes humaines n'épuisent pas le chapitre des souffrances de la société dans les années de la construction du socialisme. Les pertes directes de population sont le résultat des répressions, elles ne représentent pas l'ensemble des répressions. Près de 50 p. 100 de la population ont fait l'objet d'une ou plusieurs condamnations. En 1937, environ 8 millions de personnes purgeaient leur peine dans les camps ; en 1938, elles étaient 16 millions.

La terreur pénétrait tous les pores de la société ; tout le monde avait peur sans discontinuer. Voici une anecdote de cette époque : « La nuit, on frappe à la porte, mari et femme sautent du lit, horrifiés. – Qui est là ? – N'ayez pas peur, c'est moi, votre voisin Ivanov, je voulais juste vous dire : notre maison brûle. »

Après la mort de Staline, on a prononcé environ 20 millions de réhabilitations, et l'on peut être certain qu'il y eut bien moins de réhabilitations que de victimes ; 40 millions de morts en quarante années, et un sur deux des 170 millions de Soviétiques a fait l'objet d'une condamnation ! Y a-t-il quelque chose de comparable ?

Du temps d'Ivan le Terrible, entre 3 000 et 4 000 personnes ont été victimes de la terreur exercée sur une population de 8 à 10 millions de Russes. À la fin du XIXᵉ siècle, l'ensemble des prisons de la Russie tsariste contenait environ 100 000 prisonniers. On estime qu'en France, pendant la Terreur révolutionnaire de 1793-1794, il est mort environ 40 000 personnes sur une population de 27,3 millions d'habitants. Non, l'échelle atteinte par la répression soviétique ne résiste pas à la comparaison.

1. Mansourov, *Les Pertes de population de l'URSS*, Chalidzé Publications, 1989.

Comment comprendre un tel phénomène? La violence exercée par le pouvoir sur la société s'explique avant tout par le fait que l'idée même du socialisme est entrée en conflit insurmontable avec la nature de l'homme et celle de la société. En prenant le pouvoir, les bolcheviques étaient disposés à mettre la nature même de l'homme au diapason de la doctrine communiste, c'est-à-dire à transformer des êtres normaux en créatures idéales. Ils étaient persuadés que le destin de l'homme est d'être gouverné par la raison et de vaincre en lui-même ses émotions pour penser et se soucier exclusivement des autres et de la société, pour ne jamais se soucier de lui-même, pour suivre rigoureusement les modèles imposés, pour remplir des fonctions sociales déterminées, sans jamais exprimer ses propres volontés, ni rien de son cru. Mais dans la mesure où tous ces calculs sont antinaturels, il a fallu, pendant plus de soixante-dix ans, imposer aux gens le socialisme par la force.

La force exige des méthodes, des moyens et des instruments. La méthode a été l'élimination totale de la propriété privée : il fallait priver les gens des moyens de subsistance, briser l'assise économique de leur indépendance. Le pouvoir fut dans l'obligation de tenir tout le monde sans exception en laisse. L'instrument pour cela fut l'appareil répressif. C'est Lénine lui-même qui définit l'État littéralement comme suit : un appareil de coercition que rien ne limite. Ce qui veut dire que la terreur de masse exercée sur la société n'a été que la conséquence de la grandeur de l'idée : liquider tout ce qui a précédé, l'édifice social et étatique ainsi que les qualités naturelles de l'homme. Et dans la mesure où il ne s'agit pas là d'un ensemble de choses ou d'objets, mais d'une communauté de gens, le projet de liquidation de l'Ancien Régime revenait à liquider les hommes tels qu'ils s'étaient constitués à travers l'Histoire.

La participation de la société à la terreur

Une question se pose : pourquoi donc ces gens, cette société se sont-ils montrés si soumis? Pourquoi donc n'y a-t-il pas eu de résistance à la terreur de masse? Il n'y a là qu'une seule réponse à mon sens : le pouvoir a fait participer la société à la terreur, un grand nombre de gens ont été impliqués dans les crimes, et sont devenus des bourreaux en même temps que des victimes. L'osmose entre le pouvoir et la société, qui constitue l'une des expressions les plus convaincantes du traditionalisme russe, fut à l'origine d'une tragédie pour des millions de gens après 1917.

Bien que la société héritée du servage ait conservé des traits esclavagistes, il n'y eut jamais d'appareil policier suffisamment développé pour suivre pas à pas chaque individu. En fait, un appareil de répression plus développé n'a pas été nécessaire, dans la mesure où le tissu social de la société russe a produit l'instrument achevé de l'indispensable espionnage de tous et chacun : la dénonciation.

Cette dénonciation a commencé à devenir efficiente à partir du moment où les grands princes de Moscou imposèrent aux marchands tout comme aux paysans le paiement de la charge par caution solidaire. Puisque l'impôt du paysan qui a fui la commune est divisé entre les membres qui restent, les taillables sont obligés de s'espionner mutuellement. Ils ne pouvaient en aucun cas permettre à quiconque d'entre eux de cacher à ses voisins ses revenus. Un peu plus tard, le paysan n'eut plus qu'un seul moyen d'obtenir sa libération : dénoncer son propriétaire auprès des autorités si celui-ci cachait des paysans lors du recensement.

Le ventre du communalisme est toujours fécond...

Dans la commune paysanne, aucun individu ne peut améliorer sa condition : chacun soupçonne que cette amélioration se fait sur son dos. En d'autres termes, chacun a tout avantage au nivellement; et l'égalité absolue est le lit du soupçon et d'un égoïsme inextinguible. Aucun sentiment collectif ne pouvait faire son apparition dans de telles conditions. Au fil des siècles, la société a parachevé son incapacité à résister en opposant un front commun à l'État.

Malheureusement la prise de conscience n'a toujours pas eu lieu quant à l'origine et au caractère de cette tragédie. C'est comme cela que je m'explique que la privatisation effective n'avance pas et que la question de la remise de la terre à des propriétaires libres ne soit toujours pas résolue. On est en droit de s'attendre à une jacquerie populaire de grande ampleur et à une dégradation autoritaire du nouveau régime russe. Ce que je dis là n'est pas une simple hypothèse de travail d'historien. Nous reviendrons sur les symptômes dictatoriaux : oukazes introduisant l'état de guerre en Tchétchénie, fusion des organes de la Sécurité d'État et du ministère de l'Intérieur, cruauté de la réforme financière, etc.

V

LE CADAVRE DE L'URSS PARMI NOUS

Quand il décida d'en finir avec l'histoire mensongère, à partir de 1988, le peuple russe fit face au mur du silence. Des livres, des films, des expositions de peintres longtemps frappés d'interdit, des pages entières du courrier des lecteurs des grands journaux... Par tous les moyens disponibles, la société entière s'interroge : comment évaluer le nombre des victimes des massacres staliniens entre 1930 et 1953?

On dut jongler avec ces chiffres ahurissants : 6 millions? 10 millions? 15 millions de morts? Chiffres auxquels il faudrait encore ajouter ceux des pertes de la guerre...

Face à cette exigence universelle de vérité, les historiens se figent alors dans leur mutisme. Ils ne livrent aucune analyse scientifique des données statistiques, ne laissent rien transpirer des documents d'archives. Ils attendent qu'une directive officielle les libère de l'obligation de réserve!

L'homme, « capital le plus précieux » : 2 roubles et 70 kopecks la pièce!

Tous les journaux dressèrent à la va-vite le bilan catastrophique de la collectivisation, mais aucun spécialiste ne les aida à dénombrer aussi les victimes de la famine « organisée » de 1933. Il serait temps d'expliquer au peuple à quoi servaient les « détachements de barrage », constitués, en 1933, à partir des troupes les plus sûres pour isoler les villes des campagnes. Il serait temps de dire que l'Armée rouge, loin de venir en aide aux paysans affamés, les refoulait vers les villages en leur disant : « Vous n'avez qu'un seul choix : le kolkhoze ou la mort! »

L'Université doit répondre à ces questions, qu'elle a soigneusement évité de poser, et de se poser, depuis quarante ans. Et que l'on n'aille pas m'objecter que la révélation du nombre scandaleux des victimes est affaire de journalistes plutôt que d'experts universitaires. Le bilan de la famine des années trente a tout lieu d'intéresser les historiens, dans toutes ses dimensions et du point de vue le plus universel de l'éthique. Il jette une lumière crue sur le prix que nous avons dû payer pour monter notre industrie lourde à marche forcée.

Dans l'année qui précède la collectivisation, on enregistre une chute vertigineuse du cours des céréales sur les marchés internationaux. Après la crise de 1929, le blé est bradé. Ce qui n'empêche pas nos dirigeants de jeter d'énormes quantités de grain dans le gouffre du marché mondial. C'est qu'ils veulent à tout prix faire l'acquisition de machines-outils pour leur industrie socialiste. Les chaînes de montage occidentales seront payées au prix du pillage des campagnes russes, et de millions de vies humaines.

« L'homme, capital le plus précieux », selon l'affirmation célèbre de Staline, aussi mensongère que sordide... On peut calculer ce qu'il entendait en réalité par ce genre de formule. Pour répondre à l'une de mes récentes publications, un économiste a fait le total des quantités de grain exportées au début des années trente à partir du montant global des importations de machines. Comparant le chiffre obtenu avec le nombre des victimes de la famine, il a pu établir le prix d'une vie humaine en Russie à cette époque : 2 roubles, 70 kopecks.

Ce décompte omet sans doute bon nombre de paramètres. On peut lui reprocher sa choquante froideur. Mais il est juste dans son principe. Oui, les programmes de développement staliniens ont coûté largement plus en vies humaines qu'en espèces trébuchantes. On ne peut pas lire autrement les statistiques de cette époque, sachant que la morale et le droit des personnes n'étaient aucunement pris en compte...

Voilà d'où vient l'économie soviétique. On ne refera pas ici l'histoire de la révolution bolchevique, du stalinisme et de l'Union soviétique, on suivra avant tout la piste des problèmes économiques. Il y a quelque urgence, en effet. Le raccourci qui mène de la domination du complexe militaro-industriel à certains aspects de la « privatisation » actuelle de l'économie ex-soviétique est éclairant. Mais pour en saisir la portée, il faut prendre le temps de décortiquer la longue série des tentatives de réformes économiques, de Kossyguine à Gorbatchev, dont le fiasco nous a conduits au désastre actuel.

1

LES HOMMES DU COMPLEXE,
NOUVEAUX BOYARDS DE LA PRIVATISATION

S'il est un point à ne jamais perdre de vue, c'est la militarisation intense et décisive de l'économie soviétique. Notre économie étatique fut avant tout une économie militaire. Le vieux cercle vicieux du sous-développement et du poids grandissant du complexe militaro-industriel a été, comme bien d'autres traits négatifs de la tradition russe, revisité et conservé, aggravé, porté à la puissance mille par le régime soviétique.

L'hégémonie toujours réaffirmée
du complexe militaro-industriel

Il ne faut pas oublier que ce thème de la « militarisation » de l'économie a fait l'objet de débats passionnés au sein du Parti bolchevique dès 1918, et – ouvertement du moins – jusqu'en 1932. Loin de remettre en cause cette organisation militaire qui a freiné le développement du capitalisme en Russie, les nouveaux dirigeants ne songent alors qu'à la mettre au service de leurs propres objectifs; ils ne divergent que sur un point : le degré de militarisation optimal de l'économie civile.

La « jeune » Armée rouge n'a-t-elle pas repris largement à son compte les théories et méthodes militaires de l'ancien commandement russe : stratégie des grandes masses, « rouleau compresseur », etc.? Sur le plan économique, aussi : disponibilité immédiate du plus grand nombre de soldats pour porter la guerre en Europe... À l'issue de la guerre civile, contre ceux qui plaident pour la démobilisation du maximum de bras afin de relancer l'industrie civile, l'armée tente par tous les moyens de s'opposer à la réduction de ses effectifs.

Staline, à l'époque, joue à la NEP [1] et lance des campagnes politiques contre le « militarisme rouge », et cela encore bien après l'éviction de Trotski. Sa politique basculera sur ce point, avec le reste... La relative paix civile qu'apporte la NEP permet aux « économistes » d'imposer en 1924 une réduction au tiers des effectifs militaires de 1921. Mais, à partir de 1930, c'est-à-dire avant même que la menace allemande ne se concrétise, l'armée obtient de Staline de pouvoir doubler à nouveau le nombre de ses effectifs permanents.

Le complexe militaro-industriel n'est pas une invention soviétique, mais il va se constituer en force motrice hégémonique de l'économie du pays au tournant des années trente, parallèlement à la collectivisation des terres (1929-1932).

Or, la brutalité de la collectivisation elle-même devient un argument supplémentaire de l'état-major pour développer sa ligne favorite, très éloignée du « pacifisme » de Lénine. L'Armée rouge se défie de l'énorme masse de conscrits issus de cette paysannerie sacrifiée. Ses experts prônent d'autant plus ardemment la guerre mécanique, et l'offensive préventive. L'argumentaire est le suivant : les grandes puissances impérialistes vont attaquer l'URSS d'un jour à l'autre; il convient de devancer cette agression... notamment pour éviter toute présence de soldats étrangers sur le territoire peu sûr (pour les bolcheviks) des campagnes soviétiques. Il faut donc emporter les champs de bataille chez l'ennemi par une guerre de mouvement très rapide. C'est la théorie du *blitz* rouge.

Résultat : en 1934, c'est-à-dire avant le début de l'offensive japonaise en Chine et alors que les Occidentaux imposent encore des limites au réarmement allemand, l'URSS est, en réalité, le premier producteur d'armes du monde. En 1938 encore, malgré l'effort nazi et la montée en puissance du Japon, l'Armée rouge reste la plus motorisée du monde.

---

1. NEP : nouvelle politique économique, plus « libérale », définie par Lénine en 1921 pour échapper aux premières conséquences catastrophiques de l'économie étatisée et du « communisme de guerre ».

La face cachée du désastre de 1941 et sa conséquence économique

Ces réalités ont été largement camouflées à l'époque, mais surtout complètement occultées par le désastre de 1941. Pour expliquer l'effondrement devant l'offensive nazie, la propagande soviétique a eu beau jeu, après coup, de donner à croire que l'URSS n'était pas du tout préparée à la guerre, que Staline était profondément pacifiste et qu'il n'avait pu, à la veille de la guerre, que gagner un peu de temps en signant son pacte avec Hitler...

On sait aujourd'hui que les défaites des premiers mois de la guerre sont imputables à des erreurs stratégiques et tactiques purement militaires, à l'incapacité d'un état-major vidé de ses meilleurs éléments par les purges des années 1935-1938 [1]. Deux années de collaboration active dans le cadre du pacte germano-soviétique avaient d'ailleurs largement démobilisé la nouvelle génération d'officiers. Quant aux soldats soviétiques, comme on l'a vu, ils sont à cette époque très démoralisés, sinon carrément défaitistes : beaucoup sont prêts à se rendre à l'ennemi, pourvu que le régime tombe...

Ce que ne révèle jamais l'histoire officielle de cette période, ce sont les quantités invraisemblables de matériel – tanks, canons, avions, camions... – que l'aviation allemande a détruites, ou que les nazis n'ont eu qu'à ramasser, pendant les premiers jours de la guerre. En principe, le 21 juin 1941, les Soviétiques disposaient de deux fois plus de chars que la coalition hitlérienne qui leur faisait face.

Cette production massive d'armements lourds n'apparaît bien sûr pas comme telle dans les bilans des plans quinquennaux. Elle est masquée sous des centaines d'usines de tracteurs, de véhicules civils, de constructions mécaniques et de produits chimiques qui avaient été reconverties, tout en restant sous le contrôle théorique de leurs administrations civiles de tutelle. Ce n'est qu'à partir de 1937-1939 que toutes ces productions passent sous le contrôle direct du commissariat de l'industrie de la Défense. Et, avec la guerre, toute l'économie soviétique. Évolution compréhensible dans ces circons-

1. Parallèlement aux procès de Moscou et aux purges « politiques » et « économiques », Staline fait liquider le maréchal Toukhatchevski et des milliers d'officiers de l'Armée rouge.

tances... Mais aussi véritable expérience refondatrice dans le cadre de cette économie étatisée : les avantages offerts par la mobilisation totale de la population et la « rentabilité » de la production militarisée et intensive n'échapperont pas plus aux industriels qu'aux militaires soviétiques... L'industrie soviétique mise au pas, ça marche mieux. Du moins, jusqu'à un certain point...

La guerre froide va permettre au complexe militaro-industriel soviétique de prospérer, augmentant constamment sa part de production dans des milliers d'ateliers qui ne furent jamais rendus à la production civile. L'effort de guerre, proportionnellement, ira encore s'accroissant par rapport au niveau atteint en 1939; les capitaux disponibles s'orienteront « naturellement » vers ce riche, puissant et juteux secteur militaire. La pression maximale sur la consommation des citoyens ne commencera à retomber qu'à la fin des années cinquante. En fait, la population soviétique fut pratiquement maintenue en état de mobilisation permanente jusqu'au dégel.

La puissance de la VPK minée par l'horizontalité

L'ensemble des affaires militaires et militaro-industrielles relève (jusqu'en 1991) d'une instance très puissante, qui n'a de comptes à rendre qu'au seul Bureau politique du Parti : le Conseil de défense. Ce conseil est en principe présidé par le secrétaire général du Parti. Mais dans la pratique, la conduite de la politique d'investissements est déléguée à une commission militaro-industrielle, la CMI (en russe : VPK), dont les membres sont choisis par le secrétariat du Comité central et le Conseil de ministres. Cette commission prend en charge les attributions budgétaires et planifie les aspects matériels du développement de l'armée. Outre les axes de développement de l'industrie militaire proprement dite, la commission décide de toutes les orientations industrielles civiles susceptibles de jouer un rôle majeur dans la défense du pays : localisation et taille des entreprises, caractéristiques des installations et capacité de production. Cela pour planifier l'éventuelle reconversion militaire de toute entreprise « civile ».

Les dossiers soumis à la VPK sont préparés par un grand nombre de sous-commissions et d'organismes permanents, dont la plus importante ne relève évidemment pas de la hiérarchie militaire : c'est un secrétariat du Comité central du Parti chargé exclusivement des problèmes de défense. Les scientifiques constituent un lobby influent au travers de divers organismes : les ministères « techniques », les instituts de recherche et le fameux Comité gouvernemental à la science et aux techniques (en russe : GKNT). Ce comité chapeaute la planification de la recherche, tant civile que militaire, récolte et diffuse l'information sur les découvertes, qu'elles soient d'origine soviétique ou étrangère (c'est-à-dire « importées » par les services de renseignement...). Bon nombre de fabrications à usage militaire dépendent de ministères civils, notamment ce qui relève de l'électronique, des communications, de la construction navale et aéronautique, de la construction d'engins lourds (dont dépendent les équipements spatiaux). L'état-major fait valoir ses exigences à travers le ministère de la Défense, qui possède son propre comité scientifique et technique et appuie ses demandes sur les travaux d'instituts dépendant directement des différents secteurs des forces armées (flotte, armée de terre ou de l'air...)

L'institution militaire joue un rôle de premier plan dans l'URSS de Brejnev. Mais c'est plus par son poids économique que par la place qu'occupent les militaires dans la société. Les effectifs de l'armée sont pléthoriques, mais le Parti lui assigne un rôle secondaire; elle n'est jamais vraiment associée au pouvoir et reste sous surveillance. La démesure est flagrante lorsque l'on considère les dépenses militaires. D'après les indices officiels, l'URSS consacre à la défense des budgets proportionnellement deux fois plus élevés que les budgets américains. Cette démesure ne rend pas le secteur militaire beaucoup plus productif que les secteurs purement civils. Les directeurs des usines d'armement sont obligés de se livrer à des gymnastiques comptables tout aussi complexes et de livrer des chiffres tout aussi faux que leurs confrères du secteur civil, corsetés par le Plan. Ces deux secteurs sont en effet interdépendants, le civil fournissant l'intégralité des matières premières absorbées par la production en grande série d'armes, munitions, vêtements militaires, etc.

Ainsi, malgré sa position dominante, il faut souligner aussi que le secteur militaire est en fin de compte obligé de s'adapter au mode de fonctionnement réel du secteur civil, et donc, malgré sa « verticalité », de jouer sa partie dans les relations économiques « horizontales », plus ou moins officieuses...

La reconversion du complexe :
des intentions aux actes

Il est de toute première urgence de s'attaquer à la reconversion du secteur militaire dans l'industrie soviétique, parce que cette reconversion est la clé du problème économique et social de la Russie [1]. Et il faudra, bien évidemment, tenir compte de sa dimension sociale : ne pas acculer au désespoir les millions d'hommes qui y travaillent, ce qui n'est pas une mince affaire...

En république de Russie, le complexe militaro-industriel constitue l'essentiel du tissu industriel : en 1990, 80 p. 100 en gros de la production répondait aux besoins de l'armée. Ces chiffres ahurissants ont été donnés par l'académicien Iouri Ryjov, directeur de l'Institut de l'aviation à Moscou, qui dirigeait la commission scientifique du Soviet suprême. Ryjov avait été chargé par Gorbatchev d'élaborer de nouveaux concepts de sécurité et d'envisager la réduction des dépenses militaires. Après qu'il eut donné ces chiffres et mis en chantier un programme d'action, Gorbatchev lui a interdit de poursuivre ses travaux.

Il ne suffit pas de situer en quantité l'importance de l'industrie militaire, il faut encore envisager le poids global et qualitatif de ce fameux complexe dans notre économie. Il en est l'épine dorsale, les autres branches se greffent sur son tronc. Il détermine la structure et suce les forces vives des autres branches. En quelque sorte, il prive la population de chemises, de pantalons et de chaussures! Toutes les usines qui sont laissées en dehors de ses circuits sont négligées par la planification et leur équipement n'a pas été renouvelé depuis qu'elles sont en service. Ces usines sont par conséquent dans l'impossibilité pratique de produire les biens dont le pays a tant besoin. Dans ma circonscription électorale, les machines les plus modernes du combinat textile ont vingt-cinq ans d'âge. Beaucoup datent du début du siècle. Le complexe militaro-industriel ne se contente pas de priver l'industrie civile d'investissements, il embauche le personnel le plus

---

1. Iouri Afanassiev est intervenu constamment, depuis la conférence du PCUS de juin 1988, pour que les effectifs permanents de l'armée soient réduits et que ses « bataillons de construction », véritables colonies disciplinaires fournissant un travail non rémunéré dans des conditions climatiques extrêmes, soient supprimés.

qualifié. Le complexe militaro-industriel avait soumis à sa propre logique l'ensemble de la société civile, mise tout entière à son service.

La part des produits purement militaires dans l'ensemble des marchandises produites en Russie a commencé à diminuer en 1990, avec la mise en place de l'Institut central de reconversion de l'industrie d'armement. La diminution toute relative de la proportion de biens militaires dans la production globale (on passe de 60 p. 100 à environ 52 p. 100, selon les chiffres de l'ICRIA) n'est pas liée à la création de cet organisme, elle découle du manque de capitaux et ne doit rien aux mots d'ordre de reconversion et de désarmement lancés par Gorbatchev. Il était prévu, dès 1990, de réduire d'un cinquième les commandes militaires et d'imposer aux usines d'armement la reconversion en douceur des chaînes de fabrication mises en chômage technique. Rien n'a été réalisé en ce sens jusqu'au décret de reconversion du gouvernement Eltsine, entré en vigueur au début de l'année 1992. Le déficit budgétaire chronique n'a pas permis de débloquer les 9 milliards de roubles qui devaient être affectés à la reconversion. Les capitaux manquent pour transformer les ateliers et acquérir de nouvelles machines-outils. De sorte que neuf chaînes sur dix continuent aujourd'hui à produire imperturbablement des équipements inutilisables. Ces produits non recyclables s'accumulent dans des proportions inimaginables.

Les stocks gigantesques de produits que l'armée n'est plus en mesure de s'offrir doivent être détruits; mais cette destruction est elle-même retardée parce que personne ne veut en supporter le coût exorbitant. On est, paraît-il, parvenu à doubler la production d'équipements destinés au secteur agro-industriel en détournant seulement 8 p. 100 environ du potentiel des usines d'armement vers ce type de production. C'est dire la disproportion entre les indices de production dans l'industrie militaire et l'industrie civile.

Le gap électronique a poussé le complexe au « suicide »

Le lecteur s'interrogera à bon droit : mais comment une telle structure a-t-elle pu tolérer la mise en œuvre des réformes politiques de Gorbatchev, et comment a-t-elle pu accepter le verdict des urnes, l'élection de Eltsine et la procédure de liquidation dont elle est victime aujourd'hui?

La raison essentielle de ce suicide, ce fut la prise de

conscience par ses managers de l'échec du modèle économique socialiste. Et le déclic qui permit cette prise de conscience fut la mise en évidence du retard technologique. Ce retard, dont on refusait de tenir compte en ce qui concerne les secteurs civils, est devenu patent dans le domaine militaire à partir de la fin des années soixante-dix, quand on s'est aperçu que les guerres modernes ne pouvaient être gagnées sans le concours de l'électronique la plus sophistiquée. A partir du moment où les échecs extérieurs (Afghanistan, Moyen-Orient...) vinrent démontrer la déficience technologique des armements conventionnels soviétiques, la confrontation avec le reste du monde devenait impossible.

Pour restaurer le leadership dans le domaine militaire, il fallut alors rendre ce retard perceptible à toute la société, et lancer une campagne de restructuration globale. Cette nécessité fut en fait à l'origine de la perestroïka, et de la glasnost. En outre, il ne faut pas négliger dans cette affaire une dimension psychologique importante : les Russes ont cessé sous Brejnev de croire qu'ils étaient entourés d'ennemis irréductibles, qu'ils étaient en permanence menacés d'une nouvelle invasion...

L'économie russe reste largement militarisée

À présent, chacun s'arrache les cheveux en se demandant ce qui se passe dans notre pays et pourquoi, subitement, en l'espace de deux à trois ans, la majorité de la population est plongée dans la misère. Voici ce que deux célèbres spécialistes du complexe militaro-industriel russe, E. Alexandrov et V. Kolbine, ont publié sur ce point dans les *Izvestia* du 16 juin 1992 :

« Le déficit chronique colossal de notre économie, l'excédent des dépenses par rapport aux revenus, qui dure depuis des années, est à l'origine de la crise qui étouffe notre pays. Ce déficit est dû pour l'essentiel aux gigantesques dépenses de notre industrie d'armement. Leur échelle nous a été scrupuleusement cachée par la politique des prix artificiels, le camouflage des dépenses du budget sous d'autres titres et la dissimulation de la véritable étendue de l'industrie militaire. Jusqu'en 1989, on a présenté à la société un montant global des dépenses militaires s'élevant à 4,2 p. 100 seulement du PNB. La falsification répétée des statistiques a fini par faire perdre à nos dirigeants eux-mêmes toute idée du coût réel de la technologie militaire. Seule la pression exercée depuis trois ans par les pays de l'OTAN a permis une évaluation plus sérieuse de nos dépenses militaires, et ce n'est que tout récemment qu'il a été reconnu qu'elles dépassaient 30 p. 100 de notre PNB.

« C'est à ce prix que nous sommes parvenus à la parité avec les États-Unis en ce qui concerne les armes stratégiques, à ce prix que nous avons dépassé les pays de l'OTAN dans les domaines de l'artillerie, de la technologie des chars de combat et de celle des armes chimiques; c'est le prix de notre supériorité dans le domaine des fusées de moyenne portée dont nous savons, depuis la signature des accords sur leur destruction, que l'URSS en possédait 1 846 et qu'elles lui avaient coûté 600 milliards de roubles, tandis que les États-Unis n'en avaient que 826.

« Aucun système, aucune économie n'est en mesure de supporter de telles dépenses. Maintenant, il faut que l'essentiel – au minimum les deux tiers – du complexe militaro-industriel soit rendu à l'industrie civile, à seule fin que les investissements soient amortis. Les savants américains ont, à juste titre, fréquemment rappelé que les dépenses militaires de leur pays étaient trop élevées et proches de la limite du possible; ils ont estimé que ces dépenses étaient la cause principale du retard que prennent les États-Unis vis-à-vis des autres pays développés. Or ces dépenses ne s'élèvent qu'à 6,1 p. 100 du PNB des États-Unis. Il est suicidaire, pour notre économie, de supporter un poids atteignant presque le tiers du PNB.

« Longtemps nous avons préservé une certaine stabilité en exploitant sans compter nos ressources naturelles et en bradant nos richesses à l'étranger, en détruisant notre environnement et en faisant bon marché de la santé de nos concitoyens. Les richesses de notre pays ont tari, les gens se sont appauvris et leur espérance de vie a diminué...

« Nous avons cessé de financer les régimes et les partis " frères ", nous avons renoncé au " projet du siècle " [1], il faut aujourd'hui renoncer à l'industrie militaire. En renonçant aux priorités idéologiques dans la conduite de notre politique internationale, nous avons entériné la destruction d'une grande partie de l'armement déjà produit. Cependant, si absurde que cela paraisse, nous n'avons pas gelé la production de nouveaux outils de destruction. À la fin de l'année 1991, sur environ

---

1. Irrigation des steppes d'Asie centrale par le détournement des fleuves sibériens.

5 000 usines d'armement, 12 seulement avaient cessé leur activité. La démilitarisation de notre économie vient seulement de commencer avec la décision de réduire les commandes de l'armée de 70 p. 100. Il faut maintenant mettre cette décision à exécution. Ce n'est pas facile parce que nous faisons face à l'entêtement du lobby militaire dans la société. La réduction des dépenses militaires touche quarante à cinquante millions de Russes, engagés à divers degrés dans la production militaire. »

Et dans la Russie, à présent orpheline de l'URSS, l'armée reste toute-puissante et, en l'absence de toute doctrine militaire nouvelle, parfaitement « soviétique ». Notre nouveau président a fait savoir que nos fusées n'étaient plus dirigées sur les États-Unis. Dans quelle direction sont-elles donc pointées ? On n'en sait rien. L'absence de doctrine militaire est de mauvais augure au moment où l'armée est en pleine décomposition. Nos militaires se vendent à présent comme mercenaires, spéculent sur les mitraillettes, les tanks et les canons. Il me semble particulièrement dangereux que l'armée soit abandonnée à son triste sort et ne soit plus à la disposition que d'elle-même.

Quand il n'y a plus de doctrine stratégique d'État, quand l'ancienne doctrine militaire s'évanouit d'étrange façon et qu'aucune autre ne vient la remplacer, on peut craindre que l'armée ne devienne une force politique indépendante, l'objet de manipulations de la part de groupes ou même d'individus...

Le bluff de la « propriété sociale », propriété privée collective de la nomenklatura

Quant à l'économie étatique dans son ensemble, dont il faut aujourd'hui gérer la privatisation, comment se présente-t-elle ?

La question du statut de l'économie soviétique est restée définitivement sans réponse. La définition du modèle de la « propriété socialiste » n'a toujours pas été donnée au bout de soixante-dix années de socialisme. On a fait croire au peuple que la « propriété sociale des moyens de production » avait été instaurée dans notre pays. Mais il est devenu évident que la forme de propriété qui nous est présentée comme telle n'est pas une véritable propriété sociale. Nous avons affaire à quelque chose de tout à fait différent : la propriété discrétionnaire de l'État sur les moyens de production et sur l'emploi des producteurs.

Longtemps il a été dit aux Soviétiques que la propriété

privée avait été abolie dans leur pays et que cette abolition représentait un progrès dont ils devaient être fiers. Avait-on vraiment aboli la propriété privée? Ne s'est-on pas contenté de reconvertir la propriété privée présocialiste en l'étatisant? Ce qui a conduit à une sorte de propriété privée de la fonction, et du fauteuil de direction...

Il semble bien que la forme première que prit la réalisation de l'idée socialiste en Russie ait été celle que Marx définit comme « socialiste vulgaire ». En fait, on est en droit de considérer que la pression de cette forme de « propriété privée généralisée » dans le cadre du communisme « de caserne » est si forte qu'elle aspire... à anéantir tout ce qui ne peut pas être possédé par tout le monde et chacun. De là viennent l'étouffement systématique de la personnalité, le rejet organique des talents. De là vient qu'à travers ce type de « socialisation », la société entière soit dans l'incapacité de trouver son propre visage.

On ne peut pas « restaurer » un capitalisme qui n'a jamais existé

Bien entendu, ce type de questions peut sembler d'une importance secondaire au lecteur occidental qui s'interroge sur la conduite de la privatisation dans l'ex-URSS. Mais avant de voir de quelle façon la restitution des biens confisqués au peuple s'opère, il convient de s'entendre sur le caractère de cette confiscation. Une fois la distinction entre propriété sociale et propriété d'État bien comprise, on peut regarder de plus près la nature et le statut actuel des biens qui doivent être rendus à ceux qui en méritent la pleine propriété.

Ce serait commettre une erreur de jugement très grave que de concevoir cette privatisation comme une mesure dirigée contre le petit peuple, comme une sorte de « restauration bourgeoise ». Au contraire, il faut la comprendre comme une des formes de la restitution des moyens de production aux véritables producteurs. C'est au collectif de petits propriétaires qu'il revient de décider s'ils veulent ou non travailler en commun, s'ils veulent reformer une exploitation collective ou coopérative. C'est à eux de s'interroger sur le degré de collectivisation. Ce n'est pas à l'État d'en juger.

Les « boyards de Eltsine » défendent la tradition impériale... contre le marché

Si l'on approfondit l'observation des processus en cours en Russie, on remarquera que la tendance de la nomenklatura est de faire la propagande de la « restauration bourgeoise », voire même de la restauration tout court : la restauration monarchiste.

Cela n'a rien d'étonnant, puisque la nomenklatura n'a aucun intérêt à voir se réaliser le programme de la révolution bourgeoise, programme trop « partageux » à son goût. Le propos de la nomenklatura est de restaurer la direction centralisée de l'économie pour gérer le pays sans contrôle démocratique, à coups d'oukazes. Cette direction centralisée ne contrevient pas aux projets d'exploitation « mixte » des richesses : personne n'empêche les sociétés privées occidentales de s'installer ou même d'acheter intégralement des sites industriels. Personne ne travaille au maintien de la propriété d'État. On s'empresse au contraire de « privatiser »... On pourrait donc croire qu'il n'y a plus d'entraves à la libre concurrence... Il n'en est rien. Les entreprises sont en fait confisquées par ceux qui les ont gérées jusqu'ici et cette passation de pouvoir, comme par un coup de baguette magique, est maquillée par les médias officiels en « restauration capitaliste ».

J'ai déjà eu l'occasion de dire que le capitalisme n'avait jamais existé en Russie et que, par conséquent, il ne pouvait y avoir de « retour » au capitalisme. Les nouveaux maîtres de la Russie ne souhaitent pas faire toute la lumière sur la nature du pouvoir économique dans la Russie prérévolutionnaire. Ils préfèrent la maquiller en économie libérale pour proclamer leur attachement à une forme traditionnelle de « management à la russe » qui ne laisse aucune autonomie aux classes moyennes.

Il faut bien comprendre ce point : quand ils font appel aux anciennes valeurs, quand ils se réclament des traditions « impériales » russes, quand ils remettent à l'honneur les cérémonies religieuses et font valoir leur fidélité aux Romanov, les « boyards de Eltsine » ne défendent pas une conception nostalgique de l'empire russe, ils ne font que défendre leur gagne-pain.

2
L'ÂGE D'OR DE LA BUREAUCRATIE, NOTRE MATRICE

Le public occidental a beaucoup de mal à comprendre comment un pays aussi riche et bien doté par la nature que le nôtre a pu sombrer dans un marasme économique qui semble un puits sans fond. Certains refusent de croire à la crise, pensent qu'elle est un bluff de plus, fabriqué tout exprès pour soutirer de l'argent aux nations les plus favorisées. Ce n'est pas tout à fait aussi simple...

La crise de l'économie russe est très réelle et profonde. Tous les secteurs sont touchés : l'agriculture, l'industrie, le bâtiment, la recherche scientifique, le secteur bancaire et l'ensemble de l'appareil bureaucratique. La productivité a baissé dans tous les domaines de façon continue depuis le début des années quatre-vingt. Depuis près de trois ans, cette baisse s'accélère à un rythme catastrophique. On ne sait pas jusqu'où ira cette spirale infernale.

On a donc quelque raison de s'interroger sur l'origine du mal et de rechercher les vrais coupables. En se contentant d'accuser une clique peu nombreuse de responsables corrompus, chargés de tous les péchés, l'appareil de propagande de Gorbatchev a tenté de cacher la véritable origine du phénomène. Pour éviter de voir mise en accusation la structure de l'appareil de production qui assure son pouvoir, la nomenklatura réformiste a trouvé en Brejnev un bouc émissaire, dont elle a fait l'archétype du bureaucrate profiteur, du despote antipathique et incapable. La réalité est quelque peu différente, et le bilan des années Brejnev plus nuancé.

L'ère Brejnev a été sans aucun doute marquée par un certain immobilisme politique, par une crispation paranoïaque de l'appareil dirigeant et par une évidente volonté de ressusciter des méthodes tyranniques. Cependant, le début de l'époque qu'on convient aujourd'hui d'appeler « de la stagnation » a été marqué par une agitation fébrile des responsables de notre économie. La première décennie de pouvoir de l'équipe Brejnev a vu entrer en vigueur plusieurs réformes, dans le cadre d'une tentative de refonte globale des mécanismes économiques.

Il faut regarder les dix-huit années de règne de Brejnev comme un achèvement. Le régime de cette époque est un aboutissement, le couronnement de tous les efforts consentis jusque-là. Les périodes transitoires sont alors dépassées : on n'en est plus à la construction de la nouvelle société comme dans les années vingt et trente, ou à la reconstruction de ce qui a été démoli par la guerre. La société soviétique est parvenue à maturité, et ce qu'on appelle « socialisme développé » est véritablement le résultat de l'action des dirigeants. De ce point de vue, l'époque Brejnev présente le plus haut intérêt pour qui veut parvenir à comprendre le caractère des collisions qui lui ont succédé, pour saisir, notamment, le sens de la perestroïka gorbatchévienne.

Aujourd'hui encore, alors que nous en sommes déjà assez éloignés, cette époque est ressentie par beaucoup comme une accalmie relative, un moment de félicité ardemment désiré. Cette période de notre histoire a été qualifiée de « stagnation » par les idéologues gorbatchéviens, mais ce mot a tout autant le sens de « stabilité » et de « stationnement serein » que celui de « piétinement sur place ». Bien des aspects du vécu de cette époque, des premières années de pouvoir de Brejnev surtout, ont donné aux contemporains des raisons de prendre ce qui se passait pour un apaisement longtemps attendu.

Pourtant, à cette époque déjà, bien des gens comprenaient que le silence de la société révélait une inquiétante atmosphère d'agonie. Andreï Amalrik, Vladimir Boukovski, Alexandre Zinoviev, Andreï Siniavski, Andreï Sakharov, Alexandre Soljenitsyne et bien d'autres le criaient à pleine voix au monde entier. Ces cris ne faisaient pas sens à l'Ouest, et encore moins chez nous. Bien trop de gens avaient envie de penser que nous étions comme tout le monde et que la société soviétique était une société normale; qui se distinguait certes par quelques singularités et déviations indésirables, mais qui restait dans l'ensemble saine. Bien peu voulurent alors accepter le caractère achevé du socialisme brejnévien, et voir en lui quelque chose de semblable au « fascisme ordinaire ». Ce qui est pourtant aujourd'hui devenu évident pour le plus grand nombre.

Cela dit, l'époque Brejnev est encore considérée comme un achèvement du socialisme. C'est sur cette époque de maturité de la société que l'on constate l'ampleur des résultats – confondants – d'Octobre. C'est-à-dire que l'on peut observer dans l'époque Brejnev des traits concrètement socialistes presque intemporels, tandis que ce qui est historique et propre au monde russe semble s'effacer.

La bureaucratie faisait fonction d'employeur unique au nom de l'État. Elle gérait la répartition des biens sociaux les plus prisés. Sa domination absolue des besoins alimentait la multiplication exponentielle des bureaux et administrations. Tous les appels à relever le niveau de vie étaient en conséquence directement adressés aux hautes sphères du Parti. Pour toute réponse, la direction faisait la propagande de l'alibi idéologique qui justifiait le nivellement des salaires et le maintien du système de surveillance : « conservation des acquis sociaux » , « homogénéité de la société socialiste » , « gommage des différences de classe », etc.

Le résultat social de cette stratégie a été le repli sur des traditions de commandement qui avaient déjà fait leur temps partout ailleurs et la crispation des mécanismes de contrôle, ce qui renforça objectivement le retard et fonda la base sociale de « la stagnation ».

L'urbanisation galopante et la crise sociale larvée

À l'encontre des intérêts du développement du pays, les mécanismes de la croissance extensive se renforçaient de jour en jour. Ils avaient entraîné le déplacement de masses considérables vers les grandes villes. Si en 1959 la population urbaine de l'URSS atteignait 47,9 p. 100 de la population totale, elle s'éleva à 56,9 p. 100 en 1970 et à 63,4 p. 100 en 1981.

Le gigantesque exode de la jeunesse rurale vers les villes ou les « chantiers du siècle » ne s'accompagna pas d'un développement concomitant des infrastructures sociales. Les jeunes eurent du mal à assimiler la culture des villes, et leur sentiment aigu d'isolement et d'infériorité fut à l'origine de manifestations antisociales. Coupés de leurs liens avec le village et dans l'impossibilité de s'intégrer au mode de vie urbain, les immigrants constituèrent une subculture marginale caractérisée par la délinquance et l'alcoolisme, seuls exutoires du collectivisme militaire de la vie des foyers.

Les obstacles bureaucratiques mis à la libre circulation des personnes, l'assignation à résidence contrôlée en permanence par le biais des « relevés de livrets de domicile », les divers privilèges liés au mode d'attribution des logements par les entreprises, la manie des attestations – tous phénomènes d'un caractère essentiellement précapitaliste – ... ont empêché le libre mouvement de la force de travail et laissé les travailleurs et les spécialistes à la merci de cliques qui mettaient en coupe réglée des régions entières.

Ces méthodes ont empêché la classe ouvrière de s'intéresser à l'amélioration de son sort, elles ont limité l'essor d'une intelligentsia technicienne susceptible de faire concurrence aux bureaucrates. Le mode de développement extensif a maintenu très haut la demande en main-d'œuvre non qualifiée pour les travaux les plus durs. Ce besoin en main-d'œuvre de faible coût a eu pour premier effet une « lumpénisation » de l'ensemble de la classe ouvrière. Il a par la suite entraîné une large utilisation de la main-d'œuvre « serve » vivant en centres de détention.

Le goulag, un réservoir permanent de « serfs »

Bien que le nombre total des emprisonnés soit devenu incomparablement plus faible qu'à l'époque de la grande terreur, les camps de concentration et l'ensemble des lieux de détention restent les principaux fournisseurs de main-d'œuvre des grands chantiers et des industries dangereuses. À la fin des années soixante-dix, on comptait encore dans l'ensemble des prisons et des camps de concentration d'URSS pas moins de trois millions de condamnés. En outre, sur les chantiers d'utilité publique travaillaient environ deux millions de condamnés à des peines légères, inférieures à trois ans, main-d'œuvre que l'on appelait à cette époque les « chimistes [1] ».

Sur les 1 114 condamnés occupés à travailler dans le combinat chimique de Kemerovo à partir de 1972, 125 seulement

1. « Chimistes » : en jargon pénitentiaire, ce terme désigne les ouvriers qui occupent des emplois mortellement dangereux.

étaient encore à leur poste de travail cinq ans après. La plupart de ces ouvriers avaient changé d'emploi dès la fin de leur peine. Cette situation n'est pas exceptionnelle, elle était répandue dans de nombreuses autres régions du pays. Et de telles méthodes ne permettaient pas non plus de résoudre le problème posé par le bas niveau de rentabilité du travail, elles n'amélioraient pas, bien sûr, la qualification générale des ouvriers. Les résultats économiques du travail forcé se sont avérés incomparablement plus faibles que ceux du travail libre.

La dévalorisation soviétique du travail ouvrier

C'est de l'époque Brejnev que date la consolidation d'une classe particulièrement défavorisée de prolétaires, les *limit-chiks,* c'est-à-dire les ouvriers qui ne bénéficient que d'un droit de résidence limité dans le temps dans les grandes villes et qui n'ont pas le droit de changer de travail, à moins de quitter la ville [1]. Cette période a vu en outre se généraliser l'interdiction du changement de résidence au moment où les travaux agricoles battent leur plein. Ces possibilités illimitées de manipuler des millions de vies humaines donnaient au pouvoir l'illusion de diriger véritablement le pays.

Au moment même où le pays est lancé à la conquête du cosmos, près de 50 millions de personnes, soit 70 p. 100 des paysans, 60 p. 100 des ouvriers bâtisseurs, 40 p. 100 des ouvriers d'industrie, exercent des travaux physiques non qualifiés. Le rythme de résorption de ce type de travail était extrêmement faible : le nombre des manœuvres n'avait diminué que de 0,7 p. 100 entre 1975 et 1982. Ce qui veut dire que pour arriver à une mécanisation du travail comparable à celle des pays développés, il aurait fallu au moins cinquante ans selon les estimations les plus optimistes!

Les traits caractéristiques des secteurs de production non automatisés sont bien connus : faible niveau d'organisation et de discipline dans le travail, manque d'éthique des rapports humains, absence de motivation et très haut niveau d'alcoolisme. Les causes en sont tout aussi connues. La pratique séculaire du nivellement des salaires et de la limitation de la

1. Ces travailleurs venus des campagnes, jeunes et célibataires, résident dans des foyers pendant parfois plus de dix ans et n'obtiennent que rarement le droit de s'installer dans des logements normaux, même lorsqu'ils ont fondé une famille.

marge d'initiative des ouvriers a amené le départ progressif des individus les plus qualifiés hors de la sphère de la production industrielle.

Les tentatives de freiner ce processus en faisant jouer la compétition socialiste et sa « stimulation matérielle » n'ont guère donné de résultats. Même au sein de l'élite technicienne des ingénieurs et des spécialistes de haut niveau, l'activité créatrice, la productivité étaient très faibles. Sous l'impulsion des organisations du Parti, des « plans de créativité personnelle » ont été imposés à près de 80 p. 100 des spécialistes, mais seuls 14 à 20 p. 100 d'entre eux remplissaient ces plans. L'apathie et l'indifférence à la vie sociale rejaillissaient sur la productivité à tous les niveaux de la hiérarchie.

Les managers bureaucrates « infiltrent » l'appareil

Le mouvement des cadres dans l'appareil suivait le train-train des procédures d'avancement administratif. Cependant, pour marquer sa préférence pour les techniciens compétents et sa méfiance à l'égard des idéologues, l'équipe Brejnev-Kossyguine prit l'habitude de débaucher des spécialistes du domaine de l'économie, des directeurs de grand combinat, et les chefs d'entreprise les plus habiles pour leur confier la direction de l'État. Ces spécialistes étaient recrutés par les organes régionaux du Parti, ce qui offrait de plus belles perspectives de carrière, des salaires et des avantages en nature incomparablement plus élevés. Ce système privait l'industrie de ses organisateurs les plus compétents, il freinait en outre l'ascension des spécialistes du « matériel humain » formés dans les écoles du Parti, plus familiarisés avec l'histoire et les sciences humaines.

Toute une série de phénomènes conduisait à la transformation de la nomenklatura en une sorte d'anti-élite : les principaux critères d'admission dans la caste n'étaient ni la compétence, ni le professionnalisme, ni les convictions morales ou les bonnes mœurs, mais la maniabilité des individus et leur dévouement à leurs supérieurs. La méthode essentielle en était le clientélisme et le népotisme. L'accès au gotha des élus se faisait avant tout par le biais du travail bénévole dans l'organisation des komsomols. Tout conduisait à l'inamovibilité et à l'immunité d'une caste qui se recrutait à l'intérieur de sa propre corporation selon une nouvelle Table des rangs qui s'appelait « niveaux de direction ». On peut sans peine comparer la pyramide hiérarchique de la nomenklatura avec le système féodal des vassaux et des suzerains, voire avec la Société des ceintures dorées qui gouvernait l'ancienne Novgorod. Chaque membre de la nomenklatura représente un service particulier ou une région particulière du pays, sans être le moins du monde en contact avec la société. Chacun a ses vassaux et son suzerain, à l'exception du secrétaire général.

Le temps du conformisme absolu et les dissidents

Le résultat de cet ensemble de phénomènes fut la consolidation d'un conglomérat relativement compact de forces sociales de diverses origines : des employés peu éduqués, des pseudo-savants, des travailleurs indisciplinés, des ingénieurs faiblement qualifiés, des dirigeants peu compétents et des paysans indifférents au résultat de leur travail. Une oligarchie d'un type particulier fit son apparition : relativement nombreuse dans la société, elle était occupée à une unique tâche, celle de diriger le pays, mais à mesure que cette caste mettait toute son énergie au renforcement de sa propre cohésion la société se faisait plus indifférente aux affaires de l'État.

La paresse et l'apathie générale réchauffaient dans leur sein l'alcoolisme croissant de la population. Personne n'avait le moindre intérêt pour l'intensification de la production ou le progrès technique et personne ne souhaitait de sérieuses transformations structurelles de la société. Privé de contacts avec la culture contemporaine, abstraitement concerné mais organiquement coupé des événements du monde extérieur, porté aux préjugés, le Soviétique moyen constituait la recrue rêvée de l'armée de réserve de la stagnation.

Les rares manifestations de mécontentement ou les interrogations qui se faisaient jour dans les diverses couches de la société étaient l'objet de répressions massives de la part de l'appareil. Un conformisme absolu devint la norme de comportement. Le durcissement du climat politique, dû à l'intolérance de l'appareil brejnévien à l'égard des manifestations d'indépendance, conduisit à la marginalisation des intellectuels libéraux.

De petits groupes de scientifiques et d'artistes se constituèrent pour résister à la limitation sensible des libertés individuelles. Ces intellectuels engagés étaient surtout préoccupés de la satisfaction des demandes de plaignants adressées aux députés du Soviet suprême. Ils se consacraient en outre à la rédaction de pétitions demandant l'abolition des articles du code pénal revêtant un caractère politique.

Cette époque vit la formation dans la société d'un petit groupe de personnes, qui, à l'encontre des groupes oppositionnels apparus plus tôt dans l'histoire russe, se disaient « apolitiques », sans idéologie et exclusivement intéressées au respect du droit des individus.

Il est vraisemblable que le mouvement des droits de l'homme est né lors de la première manifestation de ces défenseurs de la société civile, le 5 décembre 1965 sur la place Pouchkine, à Moscou. À peu près à la même époque, on assiste à d'autres manifestations de la volonté d'exprimer des droits individuels envers la société, notamment dans le domaine de l'art. La peinture et la poésie non officielles font leurs premières armes. L'association littéraire SMOG [1] organise, en avril 1965, la première manifestation publique non officielle à Moscou.

Le procès de Siniavski et Daniel en 1968 et la sévérité du verdict, sept ans de camp pour Siniavski et cinq pour Daniel, vont consacrer la fin du dégel politique. En réaction à ce premier procès politique post-stalinien, le *samizdat* fait son apparition, et avec lui les œuvres de Boulgakov, Platonov, Tsvetaïeva et Mandelstam, effacées des mémoires par la censure, sont redécouvertes. Les protestations contre les condamnations de Siniavski et Daniel entraînent de nouvelles vagues de répression, le procès contre Guinzburg et Galanskov, par exemple. Après plusieurs décennies de terreur de masse, le système soviétique doit, pour la première fois, faire face au phénomène de l'opposition politique.

L'apparition d'une pensée différente et sa diffusion rapide dans la société font valoir combien le système est malade, à l'heure même où le socialisme atteint sa maturité. Mais personne n'a conscience de la maladie. La façon dont le pouvoir et la société réagissent alors à l'existence d'une pensée différente prouvent que le système politique russe n'avait pas fondamentalement changé au fil des siècles. L'indifférence polie de la société et la relative tolérance du pouvoir confirmaient jour après jour la stabilité de ce système, pourtant fondé sur l'exploitation des êtres vivants jusqu'aux limites de leur subsistance.

Pour le pouvoir, la dissidence était une sorte d'étrangeté inexplicable, que lui, pouvoir, était prêt, dans une certaine mesure, à supporter, ce qui n'était pas le moindre de ses

1. *Smelost, mysl, obraz, gloubina :* « Courage, idée, forme, profondeur. »

mérites. Khrouchtchev, Brejnev, Andropov et d'ailleurs même Gorbatchev étaient véritablement convaincus du fait que le régime qu'ils avaient fondé était si indispensable et si naturel qu'il ne pouvait y avoir ni faille, ni même désaccord temporaire, entre le pouvoir et la société. Ils ne comprenaient absolument pas par quel miracle des gens pouvaient penser le réel d'une façon différente de la leur. Cette incompréhension explique la perplexité et l'aigreur de Khrouchtchev lorsqu'il rencontrait des intellectuels. Elle est aussi à l'origine d'une repartie étonnante de Gorbatchev : « En ce qui concerne le pluralisme politique, il ne saurait y avoir deux opinions. »

Le pouvoir confessait son incapacité à contrôler la pensée à l'intérieur même des cerveaux. Mais il restait convaincu qu'il ne fallait en aucun cas autoriser l'apparition publique de cette pensée. En somme, le propos de la terreur n'avait pas changé depuis Staline; la répression s'était seulement adoucie, humanisée. Pensez donc, quelque sept années de camp seulement pour une œuvre littéraire, on n'est plus collé au mur comme sous Staline! Le pouvoir était très fier de sa mansuétude, et la société elle-même était dans l'ensemble satisfaite. Une écrasante majorité de gens appréciait très négativement les cas de dissidence qui venaient à être connus. Une erreur commune était fortement ancrée dans la conscience populaire : la direction était invincible et il ne servait à rien de lui résister. Les répressions contre les dissidents étaient considérées comme parfaitement normales par les dissidents eux-mêmes. Ils étaient prêts à souffrir, pourvu qu'il n'y ait pas de nouveau Staline.

C'est ce qui explique la soumission et l'indifférence générales lorsque les premiers procès politiques publics firent leur apparition. C'est ce qui explique l'expectative, le détachement et le sang-froid généralisés quand on déshonora Sakharov et Soljenitsyne. C'est aussi de cette façon que je m'explique que, bien plus tard, une large majorité de Moscovites ne se soit pas mêlée aux événements du 19 au 22 août 1991. Dans presque tout Moscou, ces nuits-là, les fenêtres des appartements sont restées non éclairées.

Bien entendu la cause des dissidents n'a pas perdu de sa grandeur du fait de la haine générale. La taupe a continué à creuser et, à un moment donné, l'évidence s'est imposée à tous. Mais le « socialisme avancé » de Brejnev a fait la preuve de sa solidité en montrant qu'il régnait une concorde parfaite entre le pouvoir et la société à l'égard de « ceux qui pensent différemment ».

Le durcissement du régime sous Brejnev ne doit pourtant pas nous empêcher de voir, derrière l'autoritarisme, que c'est précisément pendant ces années-là que la pensée sociale et politique s'est structurée dans notre pays. Après plus de trente années d'uniformisation, des courants différents ont réussi à se dessiner. On a vu renaître les courants de gauche démocratique qui avaient disparu depuis la fin de la NEP. On a assisté à une véritable résurrection des courants de droite, dispersés et anéantis depuis 1921 : les différentes tendances néoslavophiles, nées autour de la redécouverte de notre patrimoine rural et chrétien et regroupées autour du mouvement littéraire des « écrivains paysans »; le nationalisme russe, fondé sur l'exaltation de la puissance nationale et de la continuité de l'État; enfin le libéralisme démocratique, qui bien qu'il ait perdu ses tribunes publiques à la fin des années soixante, après que Tvardovski eut été relevé de la rédaction en chef de *Novy Mir*, a quand même continué de se développer dans des universités, des maisons d'édition, des rédactions de revue, jusque dans certaines sections de l'Académie des sciences, par exemple la section sibérienne.

Une telle situation n'aurait pas été imaginable à l'époque de Staline, pas plus qu'à l'époque de Khrouchtchev, dominée par l'obsession du retour au « véritable » marxisme-léninisme. C'est précisément dans les années soixante et soixante-dix que l'intelligentsia s'est détachée du marxisme-léninisme, et parfois même du marxisme tout court.

L'aveuglement de l'Occident

Dans les premières années de la huitième décennie du XXᵉ siècle, le monde entier continuait imperturbablement à voir en l'URSS un pays comme un autre, un pays qui avait, certes, ses singularités, était enveloppé d'un certain mystère et gros d'un danger non négligeable, mais somme toute un pays normal, qui était parvenu, au terme de décennies de travail acharné, au rang de seconde superpuissance. Bien peu de gens voyaient derrière le « socialisme réel », un réel royaume de l'imaginaire. Et personne n'aurait, au début des années quatre-vingt, supposé qu'il n'y aurait plus d'URSS à la fin de la décennie. Non seulement que l'URSS disparaîtrait en tant que superpuissance contrôlant le sixième des terres émergées, mais que son système social, son système économique aux dimensions imposantes et tout son système de valeurs, défendu par des millions de gens, allaient s'écrouler.

Qu'est-ce donc qui empêchait alors l'Occident de s'apercevoir de ce qu'était l'URSS à ce moment-là ? Comment se fait-il que les voix des dissidents n'aient pas été plus entendues ? Un regard attentif pouvait déjà distinguer, derrière le masque de la superpuissance, un pays faible et peu développé, dans lequel le niveau général de la technologie industrielle était à peine supérieur à celui des pays développés à la fin du XIXᵉ siècle. Et si quelqu'un s'était alors penché sur les indices globaux faisant apparaître, côte à côte, le niveau de développement des transports, du crédit et des communications, celui de la médecine et de l'hygiène, le niveau de productivité des usines, l'état des routes et la mécanisation de l'agriculture, il se serait convaincu d'une chose : ce pays est encore loin de la modernité.

Quelques circonstances ont rendu l'Occident aveugle. En 1957, l'URSS envoie dans le cosmos le premier satellite artificiel. En 1961, le premier Terrien est envoyé en orbite. C'est le Soviétique Iouri Gagarine. La première moitié des années soixante-dix amène un tournant dans l'histoire contemporaine : l'URSS est parvenue à la parité avec les États-Unis du point de vue du nombre des têtes nucléaires. L'annonce de ces événements a comme ensorcelé le monde, qui a pris l'URSS pour une superpuissance. Ces épisodes (qui, certes, ne manquaient pas d'éclat : souvenons-nous de la façon dont Gagarine a été accueilli partout) ont en quelque sorte couvert la monstruosité d'une économie soviétique programmée pour la guerre, masqué son essence vampirique dirigée contre la société civile.

Il y a une autre cause à l'aveuglement de l'Occident : l'expansionnisme soviétique. Il n'était pas un caractère secondaire de la politique étrangère de l'Union soviétique. Il en était la véritable fin. Dès les premiers pas de la Russie soviétique, il était clair que le but ultime de ses nouveaux dirigeants était l'anéantissement du monde capitaliste. L'intervention en Pologne en 1920, l'installation forcée d'un pouvoir « soviétique » dans les zones conquises, le honteux pacte de 1939 entre Hitler et Staline (qui prévoyait un partage du monde entre les deux régimes totalitaires), le découpage de Yalta... sont les étapes essentielles de la poursuite d'un même but. Les années soixante et soixante-dix verront une monstrueuse poussée de cet expansionnisme, cette fois-ci en Asie, en Afrique et en Amérique latine.

Et les discours! Quels extraordinaires aveux faits au monde entier! Lénine dit : « Quand nous serons assez forts pour abattre l'ensemble du monde capitaliste, nous le prendrons au collet sans tarder... » Khrouchtchev : « De toute façon, nous vous enterrerons tous... » Brejnev : « L'Union soviétique considère la coexistence comme une forme de lutte des classes entre le socialisme et le capitalisme... » Brejnev encore : « Le triomphe complet du socialisme dans le monde entier est inévitable. Pour y parvenir, nous nous battrons sans épargner nos forces. »

Cet expansionnisme et cette volonté globale d'anéantir le système adverse sont restés caractéristiques de notre politique jusqu'à l'époque de Gorbatchev. N'oublions pas que la guerre s'est poursuivie en Afghanistan, que l'aide économique et militaire aux régimes fantoches ainsi que la subvention des partis frères ont continué imperturbablement. Le discours prononcé par Gorbatchev à Fulton au printemps 1992 révèle que notre prix Nobel de la paix n'a toujours pas compris – à moins qu'il ne fasse semblant de ne pas comprendre – que la menace sur le monde est toujours venue de l'URSS, y compris à l'époque où il gouvernait le pays.

On est en droit de conclure que c'est précisément la vigueur de cet expansionnisme qui a empêché les Occidentaux de s'apercevoir que l'URSS en était au dernier souffle, qu'elle était condamnée.

Mais autre chose encore a « travaillé » dans le même sens : les allocations de crédits. À la fin des années soixante-dix, le montant total de notre dette avoisinait les 50 milliards de dollars. À ce moment déjà, une réalité très évidente témoignait de la monstruosité et de la faiblesse de notre économie, faisait la preuve de notre faillite financière : l'URSS consacrait 28 p. 100 de ses revenus au règlement des intérêts de la dette. Mais comme les puissances occidentales avaient, à cette époque, cessé d'être de simples bâilleurs de fonds pour devenir de véritables partenaires de l'URSS...

Les circonstances que je viens d'énumérer ont tout d'abord permis à l'Occident de s'illusionner sur l'état de décrépitude de l'URSS. Par la suite, dans les années de la pseudo-perestroïka, qui n'a été qu'une reddition en rase campagne, elles ont été à l'origine de l'explosion de « gorbymania » à l'Ouest. Et elles continuent aujourd'hui de se faire sentir.

3

L'ÉCONOMIE SORTIE « DE L'OMBRE »
ET LE MARCHÉ SAUVAGE À LA RUSSE

Au bout de la première décennie de décomposition du système « vertical », on commença à s'apercevoir que même le fonctionnement du complexe militaro-industriel était en danger. À la fin de la seconde décennie de cette décomposition, le régime lui-même dut se résoudre à la « restructuration » globale... qu'était censée être la « perestroïka ».

Mais nul n'avait pris la mesure d'un phénomène majeur, d'une mutation décisive qui s'était développée à toute allure pendant ces vingt ans de décomposition : une drôle de « recomposition » spontanée de l'économie était déjà en cours... Car l'époque de la stagnation avait aussi été celle d'une transformation qui n'apparaît dans aucun des paramètres utilisés par les économistes officiels : le développement impétueux du marché !

Par le troc, la société « réforme »
l'économie dans le dos de l'État

Les entreprises étaient théoriquement privées du droit de revendre leurs stocks de matières premières ou de les échanger contre des marchandises indispensables. Pour le faire, elles eurent recours à des intermédiaires clandestins. Le marché noir vint ainsi au secours de l'économie chancelante. Il augmentait notablement les frais des entreprises, mais il satisfaisait leurs besoins. Les habitudes de conspiration devinrent la règle dans tous les domaines d'activité. Le système reposait sur le huis clos. Les titulaires de postes de responsabilités dans l'appareil étaient, tant en province qu'au Centre, en contact permanent avec les businessmen de l'ombre.

Si Khrouchtchev, en son temps, avait exprimé quelque mécontentement quand on lui avait parlé de prévarications se chiffrant en millions de roubles, la nouvelle administration, elle, ne s'inquiétait pas du mouvement illégal de dizaines de milliards de roubles. Ainsi allait l'économie soviétique réelle...

Comment en était-on arrivé là dans un pays où toute l'activité économique était planifiée par une administration sourcilleuse, où l'émission de la monnaie était centralisée et où la criminalité avait été réduite par des méthodes plus sévères que partout ailleurs? Il n'y a qu'une explication possible : le mouvement naturel de la vie a repris ses droits et rongé peu à peu un système artificiel.

L'erreur des bolcheviks, c'est de n'avoir pas voulu admettre que les acteurs de la vie économique ne se dirigent pas comme des soldats de plomb...

L'économie léniniste,
« simple comme une lettre à la poste »...

Lénine a dans l'idée que toute la machine économique d'un État peut être dirigée comme une grande administration. À plusieurs reprises, il clame son admiration pour l'organisation de la Poste en France et en Allemagne : il lui semble qu'organiser la distribution des marchandises est d'une simplicité enfantine. Les moyens de la production et les conditions de la distribution doivent être étroitement contrôlés par l'administration. Ce contrôle permet une harmonisation idyllique de la vie économique : les biens ne sont plus échangés sur un marché aux aléas imprévisibles, ils sont distribués... comme du courrier.

Dans un premier temps, le système de planification étatique de Lénine ne parvient pas à se mettre en place. Dans les conditions de la guerre civile, il n'est pas en mesure de se substituer aux mécanismes du marché libre. Le bilan du « communisme de guerre » proprement dit est catastrophique, et la NEP permet une remise à flot provisoire.

Mais dès la fin de la NEP, en 1929, le système de Lénine est remis à l'honneur et semble, paradoxalement, tout à fait opérationnel. On entre en effet dans une économie de guerre, une économie en apparence socialiste mais au fond tout bonnement autoritaire, de même nature que celles qui se mettent en place au même moment en Allemagne et en Italie. Le modèle idéal de l'économie socialiste correspond aux nécessités de l'effort de guerre. Le régime fonctionne par conséquent à plein rendement de 1930 à la fin des années cinquante. Ce type de structure peut tenir tant qu'il garde un semblant d'utilité, c'est-à-dire jusqu'à un certain niveau minimal de développement. L'économie directive, dite « administrative » ou « verticale », donne encore quelques résultats dans l'après-guerre. Elle n'est plus opérante dès qu'on entre dans une ère de bien-être. Cette limite a été dépassée dans les années soixante. Depuis cette époque, une économie de troc entre producteurs tend à remplacer l'économie planifiée déficiente.

Il y a donc maintenant près de vingt ans que la structure « verticale » est systématiquement détournée. Deux formes d'économie spontanée bafouent le monopole d'État sur la distribution des biens de consommation et la répartition des produits manufacturés : le marché noir entre les citoyens et l'échange direct entre les entreprises et les structures de production. On est passé d'une économie régie par des oukazes à une économie de troc entre bureaucrates de niveau moyen et inférieur.

Comme nous l'avons vu, la réforme Kossyguine était en fait la reconnaissance implicite de la crise d'un système bloqué dans son développement. Entre 1960 et 1964, il aurait vraiment fallu passer outre, déboucher sur d'autres formes d'échanges. C'est précisément à ce moment-là que toute l'économie entra en crise, et le système politique avec, figeant les premières réformes. Le régime s'avéra incapable de mettre en place une réforme effective de la distribution, donc... la société opéra une réforme de fait.

Les relations « verticales » s'étant révélées inefficaces parce que les dirigeants sont incapables de concevoir ce qui se passe, la société lance ses propres passerelles entre les secteurs.

Marché noir, « marché bureaucratique » et mafia

Ces relations de rechange sont dites « horizontales » par les économistes. Comme aucun mécanisme de régulation ou de contrôle n'est mis en place, comme toutes les relations sont spontanées, et qu'elles ne sont pas assumées par la législation, dans la mesure où tous les échanges prennent la forme du troc, ils sont le terrain de prédilection du marché noir, et donc le lit de la mafia.

Le schéma type de la gestion de l'économie à l'époque Brejnev offrait l'aspect suivant : les entreprises présentaient des requêtes pour obtenir des ressources, on en faisait la somme totale et on renvoyait cette requête plus haut dans l'échelle administrative jusqu'à atteindre les lieux *ad hoc* du pouvoir central, seuls habilités à répartir l'ouvrage entre les fabricants. L'ensemble de la besogne était ensuite redistribué aux entreprises, lesquelles exhibaient en réponse leurs exigences et leurs carnets de commande en matières premières. En quelque sorte, le cycle de la planification se répétait à l'infini. La planification n'était plus imposée du haut, comme à l'époque de Staline, mais du bas. Elle avait cessé de présenter un caractère directif, pour devenir consensuelle et interactive dans sa répétitivité. Le mouvement des requêtes vers le haut et des assignations vers le bas s'accompagnait de marchandages acharnés entre la direction et ses subordonnés pour obtenir que les tâches productives soient réduites au minimum et l'attribution des ressources portée au maximum.

Ce système de marchandages verticaux était complété par un commerce d'échanges horizontaux, légal ou illégal, entre les unités de production. À mesure que l'économie se diversifiait et que sa croissance entraînait une augmentation du flux des requêtes vers les instances supérieures, ce flux se ralentissait jusqu'à atteindre une quasi-immobilité, comme si des bouchons entravaient le courant de l'information. La répartition des ressources en devenait de plus en plus complexe. Les entreprises s'attachèrent à conserver leurs approvisionnements en s'adressant directement à leurs fournisseurs. On estime qu'à la fin du règne de Brejnev, la part des échanges horizontaux a atteint les deux tiers de l'ensemble de tous les échanges de matières premières et produits manufacturés.

Heureusement. Car au moment où la perestroïka accéléra la décomposition des structures de commandement, ce sont ces échanges horizontaux qui sauvèrent notre économie d'un krach brutal; ils furent à l'origine du marché de troc interrégional actuel.

Les marchandages verticaux et horizontaux dépendaient essentiellement du statut des partenaires au sein de la hiérarchie bureaucratique. C'est ce qui explique que l'on n'ait pas seulement échangé des biens et des services dans le « marché bureaucratique développé » des dix dernières années, mais aussi tout ce qui peut avoir un prix dans une société hiérarchisée : étendue de la sphère d'influence, nombre de subordonnés, droits de passer outre la législation... Au niveau des villages, un simple secrétaire de comité de Parti du canton pouvait ainsi acheter un procureur pour couvrir les directeurs de ses kolkhozes, obligés de louer illégalement des brigades de travailleurs rémunérés en vodka afin de sauver la « norme » du Plan.

Ces échanges ne peuvent pas être considérés comme des délits de corruption, mais comme la caractéristique du système complexe du « marché bureaucratique développé », un marché universel où tout se vend et s'achète.

Un effet de libéralisation rampante

Cette renaissance de la société à travers le commerce a eu pour résultat une transformation sans précédent du mode de vie dans notre pays. Ces relations d'échange qui obligent tous et chacun à marchander les biens de la vie sociale ont engendré des formes particulières de jurisprudence et de conception du droit coutumier. Les droits politiques et économiques de la population, et plus particulièrement de ses dirigeants, se sont considérablement élargis. On est étonné de constater que, dans les conditions d'un régime totalitaire réputé immobiliste, la législation ait fait de tels progrès dans le sens de la reconnaissance des droits des individus. La stabilisation de la rotation des cadres et la reconnaissance de fait de l'indépendance des unités de production vis-à-vis de leurs administrations de tutelle s'accompagnent d'un net élargissement des droits de propriété des citoyens sur l'habitat qui leur est alloué par l'État; les paysans cessent d'être assignés à résidence et obtiennent enfin des droits civiques identiques à ceux des citadins.

Ces relations d'échange ont entraîné en outre un nivellement sans précédent des statuts sociaux. Les titres, les nominations et tout l'apparat des dirigeants ont été désacralisés. D'un ordre militaire strictement hiérarchisé, on est passé insensiblement à des relations d'intérêt plus égalitaires qui préparent le terrain pour la démocratie. Il est intéressant de remarquer que les inégalités entre les castes se sont réduites à partir de la fin des années soixante, ce que l'on constate par exemple au travers de la disparition des femmes de ménage et des employées de maison.

Les relations de travail à l'intérieur des entreprises ont

changé de caractère de façon frappante. Dans le monde entier, de même que chez nous jusqu'à l'époque de Brejnev, la soumission est de rigueur dans l'entreprise : le travailleur qui s'engage ne se contente pas seulement de vendre son travail concret, il fait le sacrifice de son indépendance dans les limites des nécessités de la productivité. Chez nous, des rapports contractuels d'un ordre tout à fait nouveau lient la direction aux exécutants : personne n'est *a priori* redevable de rien à personne. Remarquons en passant que c'est à cette caractéristique étrange que nous devons aussi, en partie, l'échec d'un « putsch » qui comptait encore sur de purs rapports de subordination d'un bout à l'autre de la hiérarchie du commandement...

Le « marché bureaucratique » s'est montré capable de résoudre des problèmes devant lesquels d'autres régimes socio-économiques auraient pu succomber : la décentralisation spontanée et la dérégulation rampante. Les rangs inférieurs de la hiérarchie ont acquis de plus en plus de droits, la rébellion des individus s'est exprimée par la passivité, mais les droits acquis se sont consolidés à travers les habitudes prises jusqu'à prendre la place des normes juridiques.

En portant un coup très dur aux structures de pouvoir de notre société, la perestroïka n'a fait qu'accélérer brutalement ces processus qui mûrissaient doucement depuis vingt-cinq ans. À compter de 1986-1987, notre pays a perdu sa dernière « chance » de voir restaurer l'économie par des méthodes militaires. À la fin des années soixante-dix, et dans la première moitié des années quatre-vingt, un dictateur partisan du marché (à la Pinochet) aurait peut-être pu se servir du système de « commandement administratif » soviétique pour imposer une privatisation et une libéralisation du marché dans le seul intérêt de la nomenklatura. Pour y parvenir, il aurait fallu avoir l'audace d'imposer une idéologie ouvertement anti-communiste à la nation. Par bonheur, cela n'a pas pu avoir lieu.

On ne peut s'empêcher cependant de déplorer qu'aucune véritable volonté de réforme ne se soit fait sentir assez tôt. On a préféré tromper le pays en lui présentant des modèles apparemment conséquents, empruntés aux expériences hongroise et yougoslave : location des outils de production aux coopérateurs et comptabilité indépendante de chaque entreprise. Combinée avec les attaques politiques contre la bureaucratie, la mise en application de ces modèles a définitivement ruiné les relations commerciales verticales; ce qui a débouché sur une absence complète de contrôle central des échanges, particulièrement sensible dans l'hiver 1989-1990.

À ce moment précis, les chefs d'entreprise firent une expérience plus déconcertante que désagréable, celle de n'avoir plus aucun élément pour comprendre par quel biais ils devaient gérer leur approvisionnement. Mais, à l'encontre de l'agitation désordonnée manifestée dans les hautes sphères, un système spontané de régulation sauva le pays du chaos.

La gestion du chaos et la nouvelle utopie « capitaliste »

À partir de 1986, les éléments les plus « progressistes » de l'appareil dirigeant se persuadent (et convainquent le pays) qu'il ne saurait être très difficile de parvenir au degré de prospérité de l'Occident. Il suffirait d'écarter les obstacles que l'organisation bureaucratique a mis en travers de la route du commerce et de la productivité. Enlever aux bureaucrates le contrôle de la vie économique suffirait à faire s'évaporer les habitudes anciennes. On se proposait en outre de prendre exemple sur les systèmes sociaux les plus avancés d'Europe de l'Ouest et on disputait doctement de ce qu'il faudrait garder et laisser de ces modèles pour que notre peuple soit rassasié. Pas une seule fois, en six années de perestroïka, il ne fut proposé un schéma nouveau, inhabituel, de la transition, qui réponde à ce que nos paradoxes imposent. On ne vit aucun programme prendre en compte l'état réel de notre vie sociale.

Les doutes, qui s'insinuèrent bientôt dans les esprits du plus grand nombre quant à l'adéquation des programmes de réforme proposés, alimentèrent la certitude d'un manque de radicalisme chez les réformateurs. Comme si nos échecs étaient dus à un manque d'audace et de résolution. Le fameux « Programme des 500 jours » est inspiré par la nécessité de calmer l'opinion. Fidèle à la rhétorique guerrière traditionnelle, il propose aux Soviétiques de tout renverser et reconstruire, de « faire front tous ensemble » et dans toutes les directions à la fois, pour que, dans un avenir à portée de main, tous jouissent du bonheur retrouvé.

Croissance : moins 15 p. 100 par an! mais tous les chiffres sont faux

Croissance : moins 15 p. 100 par an!
mais tous les chiffres sont faux

Dans les faits, le système est rétif à ce type de réformes. Aucun programme d'accélération de la privatisation n'entre en vigueur. On dirait que la direction ne connaît pas le pays qu'elle a en charge. Qui donc pourrait apprécier la situation quand des dizaines d'années d'interdit empêchent de disposer des vrais chiffres? Les plus malins se font une idée vague des choses en mitigeant le contenu des cours de sociologie et d'économie politique officielle à l'aide des clichés véhiculés par les radios de contre-propagande occidentales. Il ne faut pas s'étonner si les réformes entendent transformer, non pas la réalité environnante, mais un modèle illusoire répondant aux fantasmagoriques indices dont disposent les économistes. Les réformateurs ne parviennent pas à faire entrer dans leur raisonnement la forme que prennent la plus grande part des échanges réels.

On dirait qu'il est, dans la bonne société, de mauvais goût de mentionner certains usages : les chauffeurs qui ravitaillent les magasins isolés avec leurs taxis et voitures de fonctions, les secrétaires de comités régionaux du Parti qui sauvent leurs ouailles de la faim en troquant « sauvagement » des denrées avec d'autres régions, ou encore les ministères qui vendent sans les déclarer des licences d'exportation pour obtenir au plus vite telles ou telles pièces détachées... Ces secrets de Polichinelle répandraient-ils de mauvaises odeurs? Les conseillers économiques de Gorbatchev ne cesseront pas d'affirmer que ces formes marginales ne concernent que 3 à 5 p. 100 des échanges.

On a beau continuer à condamner l'économie « de l'ombre » en paroles, et même à châtier ceux qui se rendent coupables de business illégal, l'économie horizontale connaît une progression constante, nettement accélérée depuis 1985. Et l'on assiste parallèlement à la déliquescence des structures verticales, à la décomposition de tout le système de production. Cette décomposition prend depuis 1988 un tour catastrophique. On n'arrive pas à déterminer les causes d'un tel cataclysme parce qu'on ne dispose d'aucune donnée statistique véridique depuis plusieurs décennies. On ne sait pas du tout à quel moment le processus de croissance et d'accumulation des richesses s'est renversé.

Les chiffres mensongers empêchent certainement l'explication de phénomènes aussi incompréhensibles que la baisse soudaine de la production industrielle. Cette baisse, continuelle depuis la fin des années soixante-dix, ne fait que s'accélérer chaque année. On n'est pas en mesure d'établir aujourd'hui la courbe de baisse du taux de croissance. On n'est sûr que d'une chose : la production diminue de 15 p. 100 en moyenne chaque année!

Dans certains secteurs, tels que l'industrie textile et l'agro-alimentaire, la baisse est encore plus forte. Les chiffres ont été systématiquement falsifiés jusqu'en 1987 au moins. Toute la planification est un mensonge de bout en bout : les données de bases sont fausses, et par conséquent les chiffres obtenus à l'arrivée sont faux aussi.

La valeur du rouble est elle-même difficile à établir. Son cours n'est jamais le même selon qu'il est dépensé pour fabriquer des biens de consommation ou pour produire des armes et des équipements militaires.

La baisse générale de la production a trois causes :
1° le gâchis des matières premières et celui des produits (mal) finis;
2° le vieillissement de l'infrastructure technique et le manque de capacité des techniciens; dans les années soixante, la production des textiles en Russie se faisait encore avec des machines produites d'après des copies de machines anciennes, des modèles de la fin du siècle dernier;
3° le déséquilibre des échanges intérieurs lié au changement de forme des échanges : les échanges verticaux deviennent horizontaux sans que quiconque soit en mesure de gérer cette transformation. Il n'y a pas de véritable adéquation des hommes à cette nouvelle forme de travail.

Le troc interrégional généralisé

Il faudra bien, tôt ou tard, cesser de regarder notre pays comme une grande usine dont les régions seraient les différents ateliers. En réalité, il s'agit d'un holding monstrueux de commercialisation et d'échange de marchandises. Ce nouvel angle de vue nous autorise une approche radicalement différente de la façon dont il convient de conduire les réformes.

En premier lieu, il est inutile d'imaginer qu'on va « construire » le marché. Il existe déjà, bien qu'il soit déformé et peu efficace. Il ne doit pas être question de le créer *ex nihilo,* mais de développer celui qui existe. En second lieu, il ne faut plus perdre de temps ni d'énergie à combattre l'économie dite de « commandement administratif ». Maintenant, les formes de management militarisées ont pratiquement disparu. Il ne convient pas non plus d'adopter des programmes anti-crise ambitieux, qui gênent le développement du marché existant et le replongent régulièrement dans des crises difficiles à supporter pour la population. D'ores et déjà assise sur le commerce, notre société interprète les plans gouvernementaux comme de nouvelles ingérences dans la lignée du système de « commandement administratif ».

Le nouvel ordre économique ne correspond à aucune conception décrite antérieurement, à aucune impulsion d'origine universitaire ou politique. Le processus des échanges confirme l'intuition de l'économiste Friedrich Von Hayek : l'ordre spontané est toujours plus en phase avec le réel que l'ordre organisé.

Les échanges horizontaux qui s'étaient amorcés sous le règne de Brejnev ont servi d'exemples à un nouveau type d'économie transitoire : le troc, bientôt rebaptisé « *bartering* interrégional ». Les entreprises ont constitué des pools ou des syndics, non plus par branches d'activité mais par régions, qui font valoir leurs exigences en biens de consommation et matières premières à d'autres syndics d'envergure similaire. Le principe est le suivant : si vous ne nous livrez pas au plus vite ce qu'il nous faut, nous arrêtons nos livraisons. C'est ainsi que la région d'Arkhangelsk exige des produits alimentaires en échange de bois et de papier et que la Lettonie est obligée de livrer de la viande à Pétersbourg parce que seule cette ville produit des pièces détachées essentielles pour les ascenseurs. La singularisation économique des régions, si critiquée aujourd'hui, et l'interdiction d'exporter librement d'une région à l'autre des produits se sont avérées l'unique condition d'un fonctionnement effectif du *bartering* interrégional, lequel garantit aujourd'hui la survie de notre économie. À l'heure actuelle, ce troc entre régions et le vieux marchandage entre bureaucrates sont à l'évidence les formes principales de l'échange des marchandises.

Bien que ce troc soit une forme extrêmement grossière de marché, la loi de l'offre et de la demande y joue un rôle tout aussi essentiel que dans le marché libre. C'est précisément au succès du *bartering* que nous sommes redevables de la croissance sans précédent de la production de certains biens de consommation durable : plus 10 p. 100 de réfrigérateurs et plus 14 p. 100 de téléviseurs couleurs pour la seule année 1990.

Les régions qui produisent des biens essentiels à l'ensemble du pays (combustible, papier, nourriture) se retrouvent dans une situation enviable, tandis que celles qui produisent des biens d'équipement lourds et des machines-outils perdent le poids qui leur avait été attribué par la planification centrale. Cette économie de troc oblige parallèlement les régions placées jusqu'ici sous la tutelle du complexe militaro-industriel, ainsi que les grandes villes qui, comme Moscou, ne « produisent » que de la bureaucratie dirigeante, à se reconvertir au plus vite.

L'économie de *bartering* présente en outre l'intérêt de bloquer les développements inflationnistes négatifs. Empêchant l'inflation dans le commerce, elle protège les échanges contre la politique financière du gouvernement. Dans l'avenir, cette économie de troc va certainement se transformer en économie monétaire, mais, en raison dc l'illégitimité et de l'improbable valeur des billets de banque émis par nos institutions, ce sera une économie plus indexée sur le dollar que sur toute autre monnaie.

Vers une confrontation avec la nouvelle nomenklatura

Les droits acquis par les niveaux inférieurs de l'encadrement sont en train de trouver un nouvel agencement. On assiste à un bouillonnement sans précédent de l'activité organisatrice et à une véritable restructuration, par la base, de la hiérarchie de commandement. Les apparatchiks ne sont plus « entre eux » dans ce travail, ils ont pour partenaires les nouveaux entrepreneurs qui aujourd'hui disposent de ressources financières autonomes. L'ancien réseau des prérogatives, l'ancien marché bureaucratique se transforment sous nos yeux en marché de type intermédiaire. Le marché de troc nous rapproche d'une situation juridique plus normale, il constitue une transition vers le marché libre et la propriété privée.

La forme la plus achevée de ce processus est la privatisation « spontanée » des biens étatiques. Les permanents du Parti désidéologisés, les directeurs d'entreprise et de réseau de distribution (en tout cas les jeunes et ceux d'âge moyen), les propriétaires de coopératives et d'entreprises mixtes, les députés nouvellement élus dirigeant les soviets locaux, etc., se servent de la législation héritée de la perestroïka pour confisquer la privatisation à leur profit. Nous assistons à cette privatisation depuis 1990; la libéralisation intervenue au début de 1992 n'a fait qu'accélérer le processus.

Donnons deux exemples de la manière dont ils procèdent. Un groupe d'entreprises fonde sa propre banque commerciale à caractère coopératif et y dépose tous ses fonds. Cette banque appartient aux entreprises et ne peut s'écarter d'un pouce de ce que lui enjoint le collège de ses clients. Par la suite, les entreprises mettent en circulation des actions. Ces titres sont presque en totalité achetés par la banque coopérative, qui devient le véritable propriétaire du groupe d'entreprises. Bien entendu, au sein de l'entreprise, seule une poignée de gestionnaires de haut niveau est au courant de la transaction. Ils se sont rendus propriétaires de la coopérative en détournant les fonds de l'entreprise. L'encadrement moyen, les ingénieurs de recherche et les travailleurs hautement qualifiés, tous sont exclus de cette privatisation.

Autre méthode : une coopérative lance de concert avec un grand combinat d'État un emprunt commun en vue de racheter le combinat. Le piquant dans cette affaire, c'est que l'entreprise est en mesure de se racheter elle-même, sans se servir de ce subterfuge, pourvu qu'elle emprunte auprès d'une banque commerciale et qu'elle paye ses dettes sur le long terme à mesure que les prix du marché montent. Cela semble logique. Mais, dans ce cas-là, le directeur recevrait une part de l'entreprise à peine plus élevée que la part revenant à chacun des ouvriers et des spécialistes. Une telle perspective est irréelle : elle ne correspond pas à l'idée de la propriété privée que se font les entrepreneurs soviétiques. Par conséquent, il est bien plus avantageux d'endetter l'usine entière auprès d'une coopérative privée au sein de laquelle le directeur occupe une place prépondérante. On peut faire plus « propre » en utilisant une coopérative intermédiaire, et plusieurs hommes de paille pour faire l'interface.

Il est vraisemblable que la couche éclairée de la population refuse d'admettre un tel partage au profit de la nouvelle nomenklatura, qui s'apparente de plus en plus à une nouvelle spoliation. D'autant qu'on ne voit pas ce qui justifie cette mise à l'écart de toute une classe de petits propriétaires potentiels.

Les abîmes du marché « sauvage-totalitaire »

Il faut repartir de ce point : il a bien existé un marché dans l'économie socialiste, mais ce marché était illégal et non régulé par des lois. Ce marché est en fin de compte bien plus sauvage et illimité que le marché capitaliste. On n'y échange pas seulement des marchandises, c'est-à-dire des objets, mais aussi toutes sortes d'équivalents à l'argent : mesure de la quantité de travail, privilèges, fonctions... en fin de compte, on y échange des personnes. Le représentant local de la nomenklatura exerce un pouvoir illimité sur ses administrés puisqu'il détermine le nombre de mètres carrés qui leur sera attribué pour se loger, le prix des biens de consommation, l'approvisionnement en alcool, la possibilité pour les enfants de fréquenter telle ou telle école, etc.

D'une certaine façon, avec le totalitarisme le marché s'est considérablement élargi, à une échelle qui n'est pas concevable pour l'Occident. On a commencé par échanger des matières premières de première nécessité : bois, charbon, essence... Mais bientôt, des produits matériels on est passé à l'échange des fonctions, des honneurs, des qualités humaines et des degrés de moralité. Prenez par exemple la façon dont on négocie l'entrée de ses enfants à la faculté. Ne peut entrer en faculté que celui à qui on peut arracher quelque chose en échange.

Ces dimensions illimitées des relations marchandes (tout s'achète, tout se vend) produisent un type de société original où l'on retrouve, exacerbés, les rapports de dépendance entre les hommes que nous avons hérités de la féodalité, mélangés avec les rapports capitalistes les plus brutaux quand les rapports entre les hommes deviennent des rapports entre choses qui s'échangent. En un sens, les « eaux froides du calcul égoïste » dont parlait Marx sont autrement plus froides encore dans un régime totalitaire.

Comment « légaliser » un marché si monstrueux ?

Comment faire pour transformer ce marché monstrueux en marché efficace et régulé par des lois ? Les « recettes » de la prospérité sont connues depuis longtemps : propriété privée, libéralisation des échanges, liberté des prix, monnaie forte...

Cependant, dans notre pays, les dirigeants comprennent la notion de marché d'une tout autre façon : depuis leurs bureaux de ministère, du haut des tribunes de leurs parlements régionaux et républicains, ils entendent imposer à un pays qui ignore la signification du mot « marché » une nouvelle vie. Ils veulent déterminer à qui revient le droit d'être propriétaire, d'être marchand; ils entendent interdire toutes les formes imprévues d'échange. Ils veulent une nouvelle fois apprendre à vivre à leur peuple.

Ce faisant, ils affectent d'ignorer que la propriété d'État a déjà disparu dans notre pays, que la privatisation s'est opérée en vertu d'un droit coutumier non écrit. Même si les sociologues et les juristes ne se sont toujours pas attaqués à la description de ces « droits coutumiers secrets », chaque citoyen les connaît dans notre société et chacun de ceux qui en jouissent est prêt à les défendre bec et ongles. Les champions de la privatisation *ex nihilo* agissent comme de nouveaux bolcheviks. Ils veulent à toute force imposer un marché imaginaire doué de toutes les vertus, et « propre », lavé d'avance de toute corruption.

Malheureusement pour eux, l'État est aujourd'hui incapable de faire respecter la loi. Même dans le cas d'un « partage noir [1] », il serait difficile d'éduquer les gens au respect envers la propriété privée, après qu'elle a été si longtemps bafouée.

Dans notre pays, contaminé par les mythes socialistes et rongé par les structures parasitaires étatiques, il serait vain d'attendre que les élites pensent et mettent en actes une législation efficace *a priori* pour contrôler le marché. Les processus spontanés vont à présent bien plus vite que les élucubrations théoriques des économistes, ils sont bien plus efficients que la lente élaboration d'un cadre juridique. Il serait judicieux de cesser de tirer des plans sur la comète, d'arrêter de faire adopter des centaines de textes de loi. Il faut plutôt tenter de codifier les processus incontrôlés auxquels nous assistons et asseoir la nouvelle législation sur la jurisprudence et les habitudes prises.

---

1. « Partage noir » : au siècle dernier, ce terme recouvrait le projet – et, finalement, la pratique en 1905 et 1917 – d'un partage spontané et « sauvage » des terres seigneuriales entre les paysans. Une des premières organisations populistes clandestines a porté ce nom.

Les Russes, la loi et le nouveau koulak

Il ne serait pas mauvais que les Russes changent de manière d'envisager la loi. L'idée même de loi recouvre pour eux une réalité antipathique, de mauvais aloi : c'est généralement un morceau de papier sur lequel sont imprimés des ordres contraires aux usages, imposés par un petit groupe de personnes. Les oukazes des présidents Gorbatchev et Eltsine ont gardé ce caractère. Les vraies lois sont celles qui expriment la volonté générale, elles sont une formalisation de la vie réelle des peuples. Que nos dirigeants cessent de se plaindre de ce que leurs lois restent lettre morte. Les lois ne sont opérantes que lorsqu'elles correspondent aux conditions réelles.

On peut citer au moins un exemple très parlant du devenir probable de l'économie de l'ombre : je connais un paysan, il s'appelle Vitali Sourgoutski, qui possède à présent une exploitation individuelle alors qu'il était auparavant directeur de sovkhoze... Juriste de formation, il a été directeur de kolkhoze et procureur de district en Sibérie, avant de prendre la direction d'un important sovkhoze. Il est de ceux qui ont commencé à animer ces réseaux d'économie horizontale, à l'époque où il dirigeait son sovkhoze. Comme il avait des ennemis au comité de district du Parti, on lui a mis la main au collet, on l'a expulsé du Parti et jeté en prison. Il y a passé deux ans sans jugement. Entre-temps, la perestroïka a été mise en chantier et ce type de délit a été considéré d'une autre façon. Le jugement rendu l'a innocenté. On a donc dû le réintégrer dans les rangs du Parti et lui verser une indemnité de... 22 000 roubles, parce que son salaire antérieur était relativement élevé : 800 roubles.

Avec cet argent, cet homme a pu louer de la terre et investir pour rendre viable son exploitation individuelle. Il a en quelque sorte été reconnu que l'on ne pouvait pas travailler ni être efficace sans avoir recours au marché horizontal. Il a été reconnu que le pays avait trop besoin de fermiers entreprenants pour que l'on enferme les malins qui avaient détourné le bien public. Cette histoire est typique; on pourrait citer un nombre infini d'exemples semblables.

Montée des archaïsmes :
vodka, dollars et moulins à vent

Nous voyons aujourd'hui réapparaître bon nombre d'archaïsmes qui devaient s'effacer avec la modernisation de la Russie. Partout le troc est pratiqué : de ville à ville, de ville à village, de village à village, de consommateur à consommateur. On assiste aussi à la résurrection des guérisseurs et à la réhabilitation des technologies anciennes, comme le retour aux moulins à vent dans les campagnes.

Les gens retrouvent des réflexes ancestraux : à la campagne, ils recommencent à creuser des caves pour y entasser des réserves; en ville, ils entassent des dizaines de kilos de conserves artisanales sur les balcons. On constate le même engouement au niveau des mœurs, des valeurs, de la religiosité... On revient au XVIIIᵉ siècle. Ce retour aux habitudes archaïques peut être envisagé comme une résurgence normale, une simple libération d'un passé dont on avait trop vite voulu s'affranchir, mais cette analyse serait superficielle : nous avons aussi affaire à un phénomène qualitativement nouveau. Les archaïsmes rejaillissent à partir du moment où les moulins « modernes » cessent de fonctionner, où les abattoirs sont dans un état lamentable. On peut penser qu'il s'agit de formes capitalistes spontanées qui n'arrivent pas à s'imposer parce qu'elles sont contraintes par les carcans bureaucratique, juridique et politique. Mais ce peut être aussi bien une sorte de retour à une société précapitaliste, un retour à une économie de troc contreproductive.

On a cessé de se servir de monnaie parce que les billets de banque ont perdu leur valeur, mais on se sert de valeurs d'usage qui servent de monnaie. La vodka est un étalon usuel : un plombier coûte trois bouteilles pour un robinet, x bouteilles pour une baignoire, un couvreur ou un menuisier de même.

On revient au passé, mais on n'arrive pas à remettre les choses au niveau où elles étaient avant. Dans le passé, il y avait un certain ordre. Le système des foires, par exemple, était en Russie extrêmement sévère, mais efficace. On imposait les marchands avec beaucoup de rigueur, la taxe perçue servait à l'entretien des grandes routes et des voies fluviales. Ces transports routiers et fluviaux ont aujourd'hui presque disparu, de sorte qu'on se trouve dans une situation où les archaïsmes semblent bien plus difficiles à surmonter qu'au début de ce siècle. De ce point de vue, nous sommes bien plus archaïques qu'aux XVIIe et XVIIIe siècles.

Dans une société traditionnelle, le troc n'est jamais libre, il est limité par une sourcilleuse réglementation tacite. On échange les objets selon un code précis et une classification des valeurs. L'honneur du guerrier, la vertu de l'épouse, la barbe blanche du grand-père, sont des valeurs sacrées et exclues de la sphère du marché. Tandis que dans le marché noir soviétique, tout semble pouvoir s'échanger. Les individus sont broyés par une sorte de violence barbare très caractéristique des sociétés modernes.

Le vrai krach est un krach moral

Le Soviétique est un individu faussement archaïque, incapable de retrouver les canons de sa morale sociale ancienne, parce que imbibé par les coutumes totalitaires destructrices. La communauté paysanne spontanément anti-individualiste est définitivement détruite par soixante-quatorze ans de contrainte collectiviste.

Le marché qui se met en place après l'effondrement des valeurs socialistes, quelques décennies après que la révolution communiste eut fait sauter les tabous sur lesquels reposait l'ordre patriarcal traditionnel, est un marché illimité, universel. Il ne connaît pas encore de nouvelles lois, alors qu'il a perdu les traditions qui le régulaient autrefois. Si on veut mesurer la profondeur de la chute, il ne faut pas se servir de catégories économistes, il ne faut pas se contenter de s'affliger des 15 p. 100 de baisse de la production. Pour mesurer le bilan de soixante-quatorze ans de collectivisme étatique, il faut évaluer cette chute en termes d'éthique : la vraie chute est à la mesure du krach de toutes nos traditions, de toutes les habitudes de respect de la personne.

Il me paraît dommage que ce changement complet du type de mentalité n'ait pas été perçu en Occident, où l'on attend un simple réveil de l'éternel homme russe après son hibernation durant la glaciation communiste. Pire, il n'est même généralement pas perçu en URSS, où les intellectuels refusent d'admettre le gâchis humain que sous-entend l'état de nos mœurs.

Les nouveaux leaders politiques essayent de s'illusionner. Cette volonté d'illusion est particulièrement sensible chez Eltsine et Sobtchak, qui disent toujours, comme Gorbatchev :

« Nous sommes à la veille d'une réforme profonde de l'organisation de l'économie. » Ils ne voient pas l'étendue de la privatisation sauvage, l'étendue des échanges horizontaux. C'est comme si ce qui était déjà entré dans les faits était trop inattendu, inacceptable, et ne pouvait être réel.

Éviter les modèles américains imaginaires

Mais puisque la vie économique n'a pas attendu les hommes politiques pour s'adapter aux circonstances, il ne faut pas que les législateurs croient qu'ils vont installer le marché là où il n'existait pas. Ils peuvent bien essayer d'installer le capitalisme par décrets. Donner une assise légale et poser des limites au marché est bien de leur ressort, mais le capitalisme, en fait, ne les a pas attendus pour naître et se développer.

Il suffit de faire le tour de Moscou en voiture pour s'en convaincre : à chaque carrefour important, à chaque bouche de métro, on croise des marchés improvisés où les particuliers vendent et échangent des marchandises. Installer le capitalisme reviendra en fait à légaliser l'essentiel de l'économie de l'ombre en faisant le partage entre ce qui, dans cette réorganisation spontanée échappant à tout contrôle, relève du gangstérisme pur et simple et ce qui peut devenir un marché tel qu'on le conçoit dans les pays développés. La loi n'aura qu'à opérer un travail de tri dans le marché existant.

Il ne faut surtout pas faire comme Iavlinski, notre jeune premier de l'économie libérale en Russie. Il va à Harvard, à la pêche aux conseillers économiques de haut niveau, un peu comme Gorbatchev allait glaner des subsides au Groupe des sept. Iavlinski est dynamique et convaincant, il semble sérieux. Son équipe travaille à inventer de nouveaux modèles pour les plaquer sur ce qu'elle identifie comme un vide. Elle n'a pas un regard pour notre déroutante réalité.

En niant l'existence du marché sauvage, Iavlinski cache aux experts américains le prix de la réalité. Il préfère leur expliquer ce qu'il veut faire et ce à quoi ils doivent travailler avec lui, en se servant d'éléments qu'ils croient déjà connaître : « Attendu que 95 p. 100 de la production vient encore du secteur étatique et que seulement 5 p. 100 des biens de consommation sont produits par des coopératives et des sociétés de droit privé, nous considérerons pour simplifier que 95 p. 100 des échanges restent monopolisés par des administrations. »

En somme, on nous dit une nouvelle fois qu'il faut faire « du passé table rase »...

Ce qui me préoccupe, c'est qu'on ne sent pas, aujourd'hui, de volonté ni même d'aptitude à penser la situation. La direction ne veut pas prendre en compte la réalité, elle veut travailler sur un schéma théorique des échanges économiques entre régions et républiques de l'ex-Union. La base de la nouvelle économie russe se dessine sous ses yeux, mais il ne veut pas prendre en compte ce qu'elle voit.

Des vérités économiques qui dérangent

Seul un petit groupe d'économistes, que personne n'écoute, demande que l'on ouvre les yeux. Ils ont publié des articles aux titres ravageurs dans la presse libérale. Dès septembre 1991, Boris Pinsker rappela que « les casseroles vides sont plus terribles que les tanks », que le danger d'insurrection que fait peser une paupérisation non maîtrisée des masses est plus grand que le risque d'un second putsch.

Un article de Vitali Naïschul démontre que « le système brejnévien a sauvé la perestroïka du krach économique » et qu'il ne faut pas démonter ce système avant d'être en mesure de le remplacer par les mécanismes du marché. Rien à faire, tout le monde semble vouloir s'illusionner. Cette pensée reste dissidente parce qu'elle prend le contre-pied de la pensée officielle défendue par Popov, Chataline et tous les autres.

Je crois que c'est en l'occurrence la pensée officielle qui est idéaliste, qui tourne le dos aux tendances spontanées de notre vie économique. L'idée que Iavlinski se fait de notre économie me paraît d'autant plus dangereuse qu'elle laisse reposer le plan de réforme et la participation des capitaux occidentaux sur des chiffres faux. Une éventuelle déception des investisseurs serait tragique. Dans l'ensemble, les hommes d'affaires sont déjà très circonspects. Certains ont été échaudés par le degré d'inertie, de corruption, voire la malhonnêteté des partenaires qu'ils pressentaient.

Immoralisme bolchevique et amoralisme russe

On ne peut pas en réalité parler de malhonnêteté dans le sens d'une volonté avouée de spolier le partenaire. Le plus souvent, il s'agit d'une incompréhension des mécanismes de la protection juridique, tels que le dépôt des brevets, d'un manque de respect pour la propriété éditoriale, littéraire, musicale, d'une indifférence à la notion de droits d'auteur. L'URSS a bien signé une convention internationale sur le copyright, il y a près de vingt ans. Dans l'ensemble, ses institutions s'y sont tenues en matière d'édition littéraire. Mais le mépris du droit des auteurs soviétiques est si ancré que la déliquescence des instances légales soviétiques laisse le champ libre à de vieux réflexes...

Prenons un exemple récent de mépris des droits d'édition musicale : l'ensemble de l'œuvre des groupes de musique pop les plus célèbres des années soixante-soixante-dix est inaccessible aux nouveaux éditeurs phonographiques russes parce que le prix de cession des droits en est trop élevé. Le marché de ce style de musique, autrefois prohibé, est loin d'être négligeable. L'ancien monopole d'État de l'industrie du disque, la société Mélodia, en a fait l'expérience au cours de la dernière décennie en diffusant des disques de ces groupes, généralement fabriqués à partir d'enregistrements piratés. Ces piratages ont été parfois régularisés ultérieurement, quand les propriétaires occidentaux se sont trouvés être acheteurs d'enregistrements d'origine soviétique ou bien vendeurs de nouveaux enregistrements intéressants impossibles à pirater.

Forts de cette expérience, les nouveaux entrepreneurs russes préfèrent repiquer les enregistrements sans les payer. Pour se justifier, ils font bon marché de leur fierté nationale et sont prêts à identifier la Russie au tiers monde : « Les propriétaires de cette musique ne nous croient pas solvables, ils se sont habitués à ignorer le marché russe; au nom de quoi faudrait-il que nous nous fassions connaître et pourquoi devrions-nous enrichir ces gens plus riches que nous? »

On ne manque ni d'argent ni de ressources en Russie pour négocier des brevets de fabrication ou des licences de diffusion. On voit que le problème est plus culturel que pécuniaire.

Perte de tout repère : le Russe sans idéal du moi

Lorsqu'on me pose la question de savoir si je partage le pessimisme ambiant sur le devenir de la Russie, je réponds oui. Mais je me fonde sur une autre argumentation que celle des autres pessimistes. Dans l'ensemble, ils ont considéré que la politique de Gorbatchev manquait de sérieux et que la conduite des nouveaux démocrates ne donnait aucune raison d'être optimiste. La source de mon pessimisme est autre. Je n'attache pas beaucoup d'importance au comportement de tel ou tel leader, je vois le nœud du problème dans cette crise des mœurs que je viens d'évoquer, dans cette rencontre entre l'immoralisme professé par les bolcheviks et l'archaïsme russe renaissant. Cette effroyable dimension du troc et du marchandage de tous les biens et de toutes les valeurs en est le produit hideux.

Longtemps encore, il ne pourra en être autrement; parce que chacun des habitants de l'ex-URSS se retrouve totalement perdu dans le monde tel qu'il est. Rares sont ceux d'entre nous qui peuvent s'y situer. Comment le pourrions-nous puisque nous avons totalement perdu l'idée de l'endroit où nous nous trouvons, dans le temps comme dans l'espace?

Nous venons d'être extirpés sans ménagement du congélateur – les processus historiques normaux dans toute société ont été effectivement congelés depuis 1921 – où les bolcheviks nous avaient enfermés. L'ex-Soviétique n'a plus conscience de la coordination de ses mouvements, il ne peut même plus se représenter comme une cellule dans une société qui serait un corps vivant. Il est un pantin désarticulé qui s'agite dans une société déboussolée, aussi chaotique qu'un dépotoir.

Je sais qu'il est difficile de se représenter ce que je veux dire quand je parle de perte des notions de temps et d'espace. Essayez seulement de songer à ce que l'on a dit à ces hommes à propos de la place – triomphale – qu'ils occupaient dans le monde. Auparavant, l'homme soviétique considérait qu'il était tout en haut de l'échelle du progrès social, qu'aucun peuple au monde ne bénéficiait d'autant d'avantages sociaux. Cette échelle était linéaire et les Soviétiques étaient juchés sur son sommet.

Si l'on prend l'échelle du temps, il était dit, là aussi, que nous avions dépassé l'ensemble du monde, que nous étions en avance d'une époque sur le temps universel. En ce qui concerne l'espace, il nous semblait que le monde entier tournait autour de l'URSS, qu'elle en était le point de mire et le centre de l'univers. Ces idées étaient ancrées profondément, gravées dans les jeunes cervelles par les manuels scolaires. Les chapitres de nos manuels portaient des titres allant dans ce sens : « La signification internationale du premier plan quinquennal », « La signification internationale du deuxième plan quinquennal »... Le résumé reprenait en treize ou quatorze points l'ensemble des raisons qui faisaient du plan quinquennal un événement d'une importance essentielle pour l'humanité tout entière. Si l'élève ne pouvait citer que deux de ces raisons, il était mal noté.

On oublie trop que, tout récemment encore, la *Pravda*, comme toute la presse officielle, consacrait plusieurs colonnes, voire des pages entières, à la publication des télégrammes de félicitation venus de l'étranger. Le monde entier nous félicitait à tout instant : pour l'accomplissement de telle ou telle tranche de grands travaux, pour la tenue du congrès du PCUS, l'anniversaire du dirigeant bien-aimé... Au moment du centième anniversaire de la naissance de Lénine, on a publié des télégrammes de félicitations dans la *Pravda* pendant une année entière, sur une double page. C'est comme cela que l'on a réussi à enfoncer dans le crâne des gens que le monde entier gravitait autour de leur pays, qu'il n'avait d'yeux que pour leur vie à eux, les Russes.

Subitement, ce système d'orientation s'est effacé. Toutes les valeurs inculquées ont disparu avec lui. Les Russes n'ont plus d'idéal du moi.

VI

ABÎMES DU NOUVEL ÂGE
RUSSE

Il a fallu, en août 1991, une révolution pour mettre un point final au processus amorcé par la Révolution de 1917. Cette impression de se retrouver au point de départ s'explique par la nature même de la révolution bolchevique. On a beaucoup dit de cette « Révolution d'octobre » qu'elle avait « accéléré le processus historique ». Je pense, bien au contraire, qu'elle a permis de conserver intacts les traits principaux des archaïsmes russes.

L'échec mondial
du modèle révolutionnaire « euro-asiatique »

La Révolution de 1917 est aussi ambivalente que l'ont été les réformes de Pierre le Grand dont nous avons pu mesurer, malgré leur puissance à long terme et leur inspiration « éclairée », dans quelle impasse elles ont conduit ce pays. Seul l'aspect extérieur de la Russie en a été radicalement transformé. La modernisation accélérée de la Russie s'est à nouveau opérée sur des bases fausses. Le bolchevisme a joué le rôle d'un conservateur : il a congelé la société dans l'état où il l'a trouvée. L'échec du modèle de société euro-asiatique n'intervient de ce fait qu'en 1991, et non en 1905 ou en février 1917 comme on aurait pu l'espérer.

La Russie des bolcheviks a perpétué l'héritage tataro-mongol : égalitarisme hérité du nomadisme et autoritarisme, goût militaire de la hiérarchie, cruauté, droit de vie ou de mort sur les sujets... Nous assistons à la fin de cette civilisation.

Je voudrais insister sur la dimension mondiale de la « révolution d'août ». Nous sommes les initiateurs du modèle de la dictature révolutionnaire. Les bolcheviks ont répandu ce modèle sur près de la moitié du monde : toute l'Europe centrale, la Chine, l'Indochine et bon nombre de pays d'Afrique. Aucun de ces régimes n'est la copie exacte du modèle soviétique, mais ce qui les unit, c'est cette sorte de conservatisme social qui va de pair avec l'institution de la propriété étatique des moyens de production et d'une dictature politique inouïe même des régions les plus arriérées. Ce monopole est partout appelé « propriété sociale », et partout il est justifié par la nécessité de militariser l'économie pour hisser ces sociétés au niveau de développement des nations riches. Aujourd'hui, ces régimes sont partout en déclin; la libéralisation en Union soviétique − avant même son effondrement final − a fait insensiblement tache d'huile.

Le communisme est mort. Ce qui doit disparaître avec lui, ce sont les tentatives dictatoriales de ceux qui s'opposent au communisme avec les moyens de leur ennemi : les régimes collectivistes fascistes et intégristes religieux.

Après la révolution ouvrière « sans ouvriers »,
la révolution bourgeoise « sans bourgeois »?

Prenons bien la mesure du phénomène actuel : le régime communiste artificiel s'en va, mais il ne laisse pas la place à des démocrates favorables à la division des pouvoirs législatif, exécutif et judiciaire; le pouvoir n'est pas allé à ceux qui veulent tout de suite rétablir la propriété privée et donner les entreprises à des entrepreneurs... Nous assistons en réalité à l'établissement de régimes autoritaires dont Eltsine, Popov et Sobtchak sont l'incarnation en Russie, Kravtchouk en Ukraine, Karimov en Ouzbékistan, pour ne citer que ceux-là...

Cet autoritarisme s'appuie sur la *sobornost*, la mentalité « collectiviste-égalitaire » que j'ai évoquée plus haut. La haine contre tous ceux qui s'enrichissent, et contre la richesse comme telle, reste très vive en Russie. C'est une tradition profondément enracinée; on la retrouve exprimée tout autant chez les occidentalistes modérés, les anarchistes et les révolutionnaires, que chez les slavophiles d'obédience chrétienne. Tous ces gens s'entendent sur une idée : s'opposer à la pourriture de l'Occident bourgeois. Ils rejettent l'idée que la Russie doit refaire le chemin par lequel sont passées toutes les nations développées d'Occident. Ils veulent opérer une sorte de saut magique de la préhistoire à la post-histoire.

Ce qui me paraît étrange, c'est qu'aucun de ces partisans du passé n'a conscience du degré de pourrissement des structures traditionnelles de l'État russe. Ces structures, vieilles de huit siècles pour certaines d'entre elles, se sont écroulées sous leur propre poids après une longue et imperceptible dégradation. Parce que ce n'est pas l'Occident qui nous a vaincus et a imposé sa culture, c'est notre civilisation euro-asiatique qui s'est décomposée de l'intérieur.

De même, ce n'est pas une insurrection massive des masses populaires qui a fait céder une oligarchie communiste déterminée à défendre son pouvoir quoi qu'il en coûte. Les maîtres de la nomenklatura ont tout l'air d'avoir été irrémédiablement usés par sept décennies de pouvoir; ils tentèrent mollement d'en imposer à une population inerte et indifférente qui ne répondait plus depuis longtemps à leurs injonctions, qui semblait même avoir cessé de les craindre. Nous n'avons fait face ni à une guerre civile, ni à une guerre étrangère, mais à un processus souterrain, lent et contradictoire, qui se termine en banqueroute, sur cet épisode dérisoire d'une reddition de « putschistes » en rase campagne.

Et pourtant, c'est bien une révolution culturelle bourgeoise-démocratique...

Ce qu'il y a de révolutionnaire dans cet effondrement, c'est le sentiment unanime de toute une société qu'il faut rejeter tout à coup l'héritage de soixante-quatorze ans de régime. Je ne vois pas ce que l'on devrait conserver de cette période, ni de quels enseignements – dans un sens positif, s'entend – notre « socialisme » pourrait bien être porteur pour l'avenir... Il me semble que l'écrasante majorité des Russes partage aujourd'hui mon sentiment à ce sujet.

Il s'agit là d'une révolution culturelle au sens propre : l'évidence que le bien-être repose sur la libre entreprise et la propriété privée des moyens de production. Cette conviction profonde s'est imposée en août 1991.

De ce point de vue, la révolution qui démembre l'Empire et balaie le régime communiste est bien une révolution « bourgeoise-démocratique », une révolution semblable à celles qu'ont connues la France et l'Amérique à la fin du XVIIIe siècle.

Les médias russes regorgent de commentaires sur les transformations en cours dans notre société, et notamment sur la révolution d'août. Bien entendu, ils font une large place à l'aspect émotionnel des choses et s'abstiennent d'analyser en profondeur ce qui se passe réellement. Il arrive pourtant que l'on tombe sur un article comparant l'éviction de l'ancienne nomenklatura à celle des oligarchies nobiliaires dans les révolutions bourgeoises-démocratiques classiques, de type anglais ou français. Ce type de comparaison s'explique de façon très évidente.

De même que l'Europe occidentale des XVIIᵉ et XVIIIᵉ siècles, nous essayons en ce moment d'enraciner dans notre pays le principe de l'économie de marché, de consolider par la législation les conditions d'un développement économique reposant sur une sacro-sainte propriété privée. Les indices de ce type de mutation sautent aux yeux, ils sont les traits typiques des révolutions bourgeoises.

Les tendances à la démocratisation de la société sont indubitables : le régime totalitaire fondé sur un système de parti unique a été écarté; la nation semble déterminée à transformer toutes les structures étatiques en les divisant en trois pouvoirs indépendants : exécutif, juridique et législatif; les élus expriment leur volonté de reconnaître les droits de l'homme, la liberté de conscience, la liberté de déplacement, le libre accès à l'information et sa libre diffusion, tels qu'ils sont reconnus par la communauté internationale.

Mais la réalisation pratique de ces idées bourgeoises-démocratiques par la nouvelle direction russe soulève des doutes, pour ne pas dire plus. Elle oblige à prêter attention aux différences existant entre nos réformes et les processus qui se sont déroulés au fil des révolutions occidentales. La bonne foi des nouveaux gouvernants de la Russie n'est pas seule en cause, c'est surtout l'état d'arriération de notre pays qui est à l'origine de leurs atermoiements.

Au moment où tombent les monarchies absolues en France et en Angleterre, les fondements sur lesquels reposent les systèmes économiques bourgeois sont déjà consolidés depuis plusieurs siècles, au moins depuis le XIVᵉ. À savoir : l'entreprise privée, le développement de mécanismes financiers à caractère partiellement international, la conscience de l'importance des intérêts personnels et des garanties juridiques qu'exige leur protection.

Si l'on veut comparer nos tâches avec celles qui s'imposaient dans l'Europe occidentale de cette époque, on doit d'abord remarquer que de telles institutions préparant au marché font défaut chez nous; et que notre société civile manque de maturité. C'est précisément là – j'en suis convaincu – que réside le caractère unique du moment présent de l'histoire russe, la spécificité de notre transformation démocratique « à la russe ».

Dans le domaine économique, notre révolution a pour but avoué la restauration de la propriété privée et l'établissement du capitalisme. Je dis établissement et non rétablissement parce que – je le répète – la Russie n'a pas connu de vrai capitalisme. Le sens de la propriété privée et de l'entreprise y fait encore défaut.

La Révolution française a couronné un très long processus d'enracinement du sens de l'entreprise et de la propriété privée, un processus qui s'était engagé dès le XIIIᵉ siècle au moins et s'était affirmé avec la Renaissance. La spécificité de la révolution russe d'aujourd'hui, c'est que c'est elle qui fait démarrer le processus de formation de l'entreprise libre. La prise de conscience est encore à venir.

Les trois « états » de la nouvelle Russie

Voyons maintenant quelles sont les forces sociales et politiques que l'on peut nettement distinguer en Russie aujourd'hui. Il me semble que notre société est plus diversifiée que les analyses marxistes ne l'ont dit; elle n'est en tout cas pas fondée sur les trois catégories « ouvriers », « paysans » et « intellectuels », entre lesquelles tout antagonisme de classe aurait disparu, ainsi qu'on continuait à l'affirmer au milieu des années quatre-vingt.

Elle présente déjà un large panel de classes sociales différenciées au sein de trois « états », au sens que l'on donnait à ce mot au moment de la Révolution française : une nouvelle élite du pouvoir, de larges classes moyennes et un prolétariat d'ouvriers déclassés.

La nouvelle nomenklatura démocrate

Je commencerai par la couche sociale qui, à l'heure actuelle, tient les rênes du pouvoir au niveau des républiques et de ce qui reste de pouvoir fédéral. Il s'agit d'un nouveau lobby, d'un club des grands commis de l'État et des représentants de la grande industrie, des directeurs et des administrateurs des principales entreprises, issus pour l'essentiel de l'ancien complexe militaro-industriel. Je l'appellerai « nouvelle nomenklatura démocrate ».

Je ne dirais pas qu'il s'agit là, globalement, d'une classe ennemie de la société, à la différence de la nomenklatura du PCUS. Bon nombre d'entre eux ont compris qu'il ne fallait pas conserver les structures de l'ancien régime, qu'il fallait les réformer en profondeur. Cependant, de par leurs allégeances sociales et politiques, ce sont des gens de culture étatique : ils ne croient réalisables que les transformations qu'ils sont capables de concevoir, autrement dit seulement celles qu'ils croient pouvoir mettre eux-mêmes en chantier. Ils sont par exemple tous partisans de la privatisation, mais ils cherchent à la réaliser en conservant intacts les monopoles hérités des structures étatiques. Ils « privatisent » d'un bloc des branches entières de l'industrie.

Actuellement, la transformation des entreprises en sociétés par actions s'effectue au profit de ceux qui, de fait, sont déjà les maîtres du pouvoir économique : les dirigeants des ministères sectoriels et des fameux « départements de production », ces administrations de tutelle qui organisent la distribution des matières premières et sont censées surveiller l'échange des produits entre les usines. Ces organismes se restructurent en profondeur, changent d'appellation, mais ils conservent le contrôle administratif sur les entreprises, par branches entières, les branches essentielles de notre économie. Ils transforment des firmes qui appartiennent nominalement à l'État en sociétés par actions ou en sociétés d'autres types, nominalement privatisées.

D'ici quelque temps, je le crains, on nous annoncera par voie de presse que la privatisation est entièrement réalisée. On décomptera branche par branche, secteur par secteur, district par district et enfin usine par usine, tous les échelons du système de production dans lesquels, à 50 p. 100 ou plus, la privatisation aura été « réalisée ». Personne ne saura comment cela s'est fait. Et la société civile s'apercevra avec stupéfaction qu'on s'est à nouveau moqué d'elle.

De ce point de vue, le plus grave est à venir : cette privatisation ne pose aujourd'hui qu'un problème moral délicat, demain elle posera un problème social d'une ampleur inimaginable... La défense des intérêts strictement économiques va passer au premier plan. La société sera divisée par des questions qui ne sont plus celles de savoir s'il faut ou non un parti communiste, ni si le totalitarisme est acceptable ou non. Ces questions sont déjà pour l'essentiel résolues, même si elles ne le sont pas encore définitivement à tous les échelons de la société. En revanche, les nouvelles contradictions qui apparaissent sont susceptibles de diviser la société du point de vue des intérêts pécuniaires, et ce sera un schisme beaucoup plus profond et essentiel.

En d'autres termes, on peut dire qu'auparavant, sous Brejnev et Gorbatchev jusqu'au tout dernier changement, le pouvoir en Russie s'exerçait par la confiscation des fauteuils, des fonctions et des charges. Il suffisait de s'agripper à une charge au sein de la hiérarchie du Parti ou de celle de l'administration pour que les richesses pleuvent. Désormais, il faut avoir accès sans intermédiaire aux biens et moyens matériels, et c'est seulement grâce à eux (que ce soit sous la forme d'actions, de devises, de biens immobiliers ou autres) que l'on peut réussir. La domination politique se transforme en domination économique.

Les classes moyennes majoritaires

Le second « état » de la nation russe rassemble en une seule force sociale la catégorie de citoyens la plus nombreuse et sans doute la plus concernée par les problèmes de choix de société. Je veux parler des classes moyennes, qui ont commencé à se constituer et à prendre conscience de leurs intérêts propres au sein de la société russe.

L'écrasante majorité de ceux qui sont mécontents de la situation dans laquelle s'est retrouvé le pays appartiennent à cette catégorie : ingénieurs, techniciens et travailleurs qualifiés, une part importante de l'intelligentsia non technicienne, des employés de bureau et d'anciens fonctionnaires du Parti... À ces gens s'ajoute la classe naissante des petits entrepreneurs, coopérateurs et employés travaillant dans des secteurs déjà largement désétatisés : les services, la comptabilité et les professions du domaine culturel. Ils sont déjà relativement nombreux et ont l'intention de faire parler d'eux.

Il me semble que ces couches occupent une place centrale dans la structure sociale de notre pays, qu'elles ont un penchant naturel pour une politique centriste, et que leurs aspirations se sont reflétées pour une large part dans le programme politique du mouvement Russie démocratique. Une telle politique centriste est en quelque sorte en contradiction directe avec celle que mène la nouvelle nomenklatura, même si le discours que tiennent les nouveaux gouvernants incite ces classes moyennes à les soutenir. En ce qui concerne par exemple la privatisation et l'approfondissement de la trans- formation du système politique, leurs intérêts coïncident, à première vue : ils peuvent donc trouver un langage commun. C'est essentiellement la question des moyens et des formes de la privatisation qui les fait diverger.

Les démocrates sont aujourd'hui les élus des classes moyennes : une couche de la population qui aspire à la dignité de « citoyen », des gens qui ne sont pas encore des personnes accomplies mais qui sont en passe de le devenir. Ils ne sont déjà plus des *Homo sovieticus,* des *savok* comme on dit chez nous – c'est-à-dire littéralement des « pelles à ordures »ǃ – bons à ramasser tout ce qu'on leur dit et leur jette... Ce terme péjoratif s'est généralisé dans notre société. Ce n'cst pas une mauvaise chose. Quand les gens se mettent à parler avec tant de mépris de leur propre condition, c'est signe qu'ils veulent s'en affranchir.

Or on ne peut devenir une personne accomplie que si l'on dispose librement de soi. On ne peut disposer de soi sans la liberté économique. Les gens comprennent qu'il est temps de l'accorder à tous. Nous ne sommes pas encore des personnes, mais nous sommes déjà des citoyens, ou en passe de le devenir.

Le lumpenprolétariat en réserve d'un putsch

Je vois enfin une troisième force politique très puissante en Russie : le lumpenprolétariat [1]. Je veux parler de cette caté- gorie de travailleurs et d'employés qui sont habitués à vivre dans la misère, ceux dont on dit qu'ils « ne font pas de gras », mais dont la misère est « sous garantie ». Cela peut être dur, voire invivable par moments, mais tout est garanti : le salaire, la bouteille, de quoi grignoter, un toit de guingois sur la tête et un emploi.

La plupart des paysans n'aspirent non plus à rien d'autre qu'à conserver le peu qu'ils possèdent. Dans notre pays, une quantité innombrable de gens vivent suivant le principe : « Vous faites semblant de nous payer, nous faisons semblant de travailler. »

On estime que ces « assistés » représentent 30 p. 100 de la

1. Non pas le prolétariat, mais le prolétariat « en haillons », pauvres marginalisés, ouvriers déclassés... selon une appellation marxiste tradition- nelle.

population de notre pays. Il me semble que cette couche est de loin la plus susceptible de pencher en faveur de l'extrémisme politique, et il y a quelque raison de penser que ses intérêts peuvent confluer avec ceux des gens qui viennent de quitter la scène politique. L'appareil du PCUS a toujours vu son intérêt dans la manipulation des plus défavorisés, de ceux que l'intelligentsia appelait ironiquement « les hégémones [1] ». Il a toujours travaillé à dresser par des mots d'ordre démagogiques cette couche contre les autres, et menacé de recourir à sa force aveugle contre les éléments novateurs. Une partie de l'ancienne nomenklatura reste orientée dans ce sens.

Il ne faut donc pas exclure une variante très dangereuse de développement, celle que l'on peut le plus vraisemblablement attendre en cas de jonction entre les intérêts du lumpenprolétariat et des apparatchiks réprouvés. Ces derniers sont susceptibles de se rassembler sous la bannière du groupe le plus attaché à la doctrine stalinienne, autour de l'inénarrable Nina Andreievna, ou bien de Guidaspov et de Prokofiev, respectivement anciens secrétaires de l'organisation du Parti à Leningrad et Moscou. Ce mouvement avancerait les mots d'ordre les plus primitifs : ordre, discipline, baisse des prix, surtout celui de la vodka...

Aussi étrange que cela puisse paraître, la probabilité d'un retour au régime totalitaire est plus forte encore dans certaines républiques de la périphérie, et il faut s'y attendre à la croissance de phénomènes qui sont déjà visibles, tels que la multiplication des brimades contre la population russophone.

Sous le drapeau de la défense des Russes se rassembleront par contrecoup les ex-potentats du PCUS et les marionnettes ultra-nationalistes à la Jirinovski, qui expriment le plus exactement les aspirations du lumpenprolétariat. Cette classe est capable de se soulever comme un seul homme contre la nouvelle nomenklatura tout autant que contre les classes moyennes; elle constitue l'armée de réserve d'un éventuel nouveau putsch.

---

1. Jeu de mots soviétique officiel : faute de désigner les prolétaires comme « les dictateurs »... dans le cadre de ladite « dictature du prolétariat », on appelait les ouvriers « hégémones », dans le cadre de la supposée « hégémonie ouvrière » sur la société!

Une tendance autoritaire dans le camp démocrate

C'est ainsi que je vois la répartition des forces sociales. Pour revenir plus précisément sur leur expression politique, je dirais que le Mouvement des réformes démocratiques personnifie les intérêts de la nouvelle nomenklatura, tandis que Russie démocratique a longtemps représenté ceux des classes moyennes. Peut-on encore espérer que sa politique continuera d'être l'expression de ces classes et que Russie démocratique saura agir en alliée des réformateurs sur certains points, mais, sur d'autres, s'opposer à eux ?

Le nœud actuel des divergences, outre le regard différent sur la privatisation que nous avons évoqué, réside dans les méthodes de la nouvelle direction qui laisse voir toujours plus nettement une tendance au renforcement extrême du pouvoir exécutif aux dépens du pouvoir législatif, et montre qu'elle entend empêcher la constitution d'un pouvoir judiciaire indépendant. Ces tendances apparaissent au travers de l'augmentation du nombre des conflits à tous les niveaux de pouvoir. Les heurts sont surtout sensibles à Moscou et à Saint-Pétersbourg, où conseils municipaux et conseils d'arrondissement sont perpétuellement en lutte contre les maires Popov et Sobtchak ; ils commencent à se faire sentir au niveau des républiques, notamment à travers l'opposition du Soviet suprême à Boris Eltsine.

Cette tendance à la constitution d'un nouvel autoritarisme issu des rangs de la démocratie, très visible dans la sphère politique, est tout aussi forte dans la sphère économique.

L'éclatement du mouvement démocratique

On dit parfois un peu vite qu'il n'y a pas de démocrates russes, que leur nombre se réduit à quelques dizaines de militants des droits de l'homme et de députés progressistes, renforcés par les quelques milliers de résistants au « putsch » spontanément accourus pour protéger le Parlement russe. Ce n'est pas tout à fait le cas. Si les ténors du mouvement sont restés peu nombreux jusqu'à la chute du communisme, il ne faut pas croire pour autant qu'ils n'ont pas eu d'influence sur la population.

La grande majorité des démocrates russes s'est reconnue

dans le mouvement Russie démocratique. Ce fut un mouvement large, constitué d'un bloc de divers partis politiques pas encore très différenciés. En 1991, ce mouvement rassemblait plus de 60 p. 100 des députés des soviets de Moscou et Leningrad, il pouvait revendiquer près de 60 p. 100 des intentions de vote des Soviétiques. C'est lui, au départ, qui a porté Eltsine à la présidence, Popov à la mairie de Moscou et Sobtchak à celle de Leningrad.

Mais, à compter de septembre 1991, le mouvement Russie démocratique perd sa raison d'être première : le régime totalitaire est tombé, les objectifs ont été atteints. La nouvelle tâche du mouvement, c'est de formuler des propositions « positives » afin de faire de la Russie un pays vivable, de restaurer la « Maison Russie », pour reprendre la terminologie de Soljenitsyne.

Au lieu de quoi nous avons assisté, à partir de l'automne 1991, à la multiplication des tensions et des désaccords au sein du mouvement Russie démocratique. Les divisions internes ont fait en peu de mois de ce grand mouvement de combat contre les communistes un corps mort privé de dynamisme et d'initiative. Chacun de ses leaders a rassemblé une cour d'intrigants qui font ouvertement campagne pour des individus et non plus pour un programme. Le mouvement a en quelque sorte failli à sa tâche en devenant un ramassis d'aventuriers politiques aux aspirations antagoniques. Essayons de nous orienter dans le dédale des partis et mouvements qui se réclament de la démocratie.

Un nouveau bloc de partis et de tendances baptisé Entente populaire s'est séparé du mouvement Russie démocratique et cherche à se faire connaître. Il rassemble notamment le Parti démocrate de Russie, dirigé par Travkine, les Constitutionnels-démocrates d'Astafiev et le Mouvement chrétien-démocrate de Russie d'Aktsioutchits. L'Entente populaire partage notre point de vue en ce qui concerne l'urgence et la nature des réformes dans la sphère économique, mais nous divergeons absolument en ce qui concerne la réorganisation institutionnelle des États et des entités nationales dans notre pays. Ces gens parlent d'une « Russie une et indivisible » et cachent mal leur nostalgie de l'Empire. Leur démocratisme est borné dans les limites de leur nationalisme, ce qui les rapproche des cliques populistes et fascistes, telles que le Parti libéral-démocrate de Jirinovski ou le Front national-patriotique issu de la société Pamiat.

On l'aura compris, tous les hommes politiques sans exception sont, à présent, « démocrates » en Russie. Il y a les droites « national-démocrate » et « démocrate-populaire », le centre « libéral-démocrate » et la gauche « social-démocrate »... Il ne faut pas s'en étonner. Comment pourrait-il en être autrement puisque la société ignore jusqu'au sens du mot « démocratie » ? Et c'est là que le bât blesse. Les gens aspirent dans leur grande majorité à un mode de vie occidental et à des garanties légales de la propriété privée. Ils se sont entichés de politiciens qui mettaient ces mots d'ordre en avant, mais ils ne savent pas encore précisément ce que recouvre la notion de démocratie. Les concepts de « pouvoir exécutif », « pouvoir législatif », etc., ne semblent pas mieux compris. La quasi-totalité des citoyens confond les prérogatives du pouvoir exécutif avec celles des instances législatives.

La dérive du nouveau pouvoir : l'exemple de Moscou

Prenons le cas du conseil municipal de Moscou. En septembre 1991, le maire, Gavril Popov, refuse d'avaliser la nomination d'un nouveau chef de la police, choisi par le ministère de l'Intérieur et élu par le soviet de Moscou avant la tentative de putsch. Les députés de Moscou se lancent dans une grève de la faim (!) pour empêcher la nomination du démocrate que Popov a choisi pour commander la police. De nombreux élus de Moscou admettent que le choix du maire se défend, ils n'en soutiennent pas moins la grève, par peur de voir le maire confisquer tous les pouvoirs. Et, en effet, Popov outrepasse ses pouvoirs ; il veut être la seule instance, à la fois exécutive et législative ! Mais de qui est-il donc l'élu ? De quelles volontés doit-il se faire l'exécutant ? Une fois de plus, le pouvoir exécutif n'entend exercer que sa propre volonté. On dirait que cette conception du pouvoir est dans les gènes de notre peuple. C'est en cela que consiste la particularité de la Russie. On comprend d'autant moins pourquoi Popov a recours à de telles méthodes quand on se souvient qu'il dispose de la majorité absolue au conseil municipal.

Abordons maintenant la structure des organes exécutifs à Moscou. Nous avons un maire, un vice-maire, un sous-vice-maire... en somme un vrai gouvernement avec ses ministres, ses préfets et ses sous-préfets ! On a mis en place une hiérarchie très étendue de décisionnaires, dont le pouvoir n'est pas légal parce qu'il n'est pas juridiquement fondé par un acte constitutionnel. La volonté de Popov suffit, surtout depuis qu'elle est consolidée par les décrets de Eltsine en faveur des maires des grandes villes. Ces décrets donnent à Popov les pleins pouvoirs, ils lui permettent de ne pas consulter les autres instances représentatives de Moscou.

Dans les faits, toute la pyramide du pouvoir exécutif mise en place par Popov est occupée par des représentants du pouvoir exécutif dont les droits sont tout à coup étendus au mépris des règles de la démocratie. Les « préfets » de Popov se substituent aux conseils d'arrondissement et gèrent des districts dont les frontières ne correspondent plus aux circonscriptions qui ont élu ces conseils...

Ce que je dis pour Moscou vaut aussi pour Saint-Pétersbourg, où le maire Anatoli Sobtchak a été élu par une coalition rassemblant près de 80 p. 100 du conseil municipal.

Les buts affichés sont l'occidentalisation, le libéralisme politique et économique, mais les moyens mis en œuvre sont ceux de la vieille Russie autoritaire. L'habitude des rapports guerriers en politique, l'habitude des appels à l'extermination des opposants, produisent un réflexe de violence, une volonté d'imprimer sa marque sur la société par tous les moyens... Ce désir d'exécutif fort qui puisse mettre en acte la seule volonté des chefs doit être imputé à cette tradition.

Qu'y a-t-il derrière le Mouvement des réformes démocratiques?

À l'entrée du dernier hiver perestroïkiste, les feux de l'actualité ont éclairé un nouveau mouvement politique : le Mouvement des réformes démocratiques. On retrouvait à sa tête les personnalités les plus en vue du moment, en rupture de ban avec Gorbatchev mais toujours à la tête de structures de pouvoir influentes : Édouard Chevarnadze, ex-chef de la diplomatie, Gavriil Popov et Anatoli Sobtchak, maires des deux capitales, Alexandre Iakovlev, ancien chef de l'aile réformatrice du Parti, Arkadi Volski, président de l'Union des entrepreneurs, qui est en fait le syndic de l'industrie militaire, et l'économiste Chataline, représentant l'élite scientifique.

Ce MRD tire sa puissance de réseaux tissés de longue date dans l'appareil communiste; j'en veux pour preuve la présence parmi ses fondateurs de grands capitaines de l'industrie militaire, du gratin de la science officielle soviétique, ainsi que d'anciens dirigeants du PC de Lituanie et du PC de Russie.

Bref, toute la nomenklatura post-communiste a constitué sous nos yeux un parti qui aspirait au statut de parti au pouvoir, même si, formellement, il ne saurait plus être question officiellement d'un unique « parti du pouvoir ».

Ce mouvement ne s'est pas seulement constitué distinctement des orientations affirmées par le gouvernement russe et Boris Eltsine; son congrès constitutif a nettement signifié son opposition ouverte à certaines orientations de Boris Eltsine au moment de l'élection de ce dernier en juin 1991.

Je distingue encore deux points de désaccords principaux entre les volontés du président russe et celles du MRD : d'une part, les leaders de ce mouvement continuent à parler de la nécessité d'une union formelle entre les républiques, alors que celles-ci font valoir de plus en plus clairement qu'elles n'en veulent pas; d'autre part, ils souhaitent continuer à réformer notre économie sans la démonopoliser.

Pour remplacer l'ancienne direction centrale, ses ministères et ses monopoles par branche, ces « réformateurs » introduisent des structures de direction financière monopolistes, implantent des cartels d'entreprises mixtes, soignent des associations d'entrepreneurs de tout poil, qui, dans les faits, assument des fonctions identiques à celles des anciens ministères centraux soviétiques. Le MRD considère que les méthodes purement étatiques sont seules à même de conduire à une modernisation optimale du système.

Tout ceci n'empêche pas le MRD de concourir à des transformations qui, en principe, ne nuisent pas au développement de notre société. Il apporte son soutien à une équipe ministérielle bien plus libérale et démocratique que ne le voudraient les options qu'il défend...

En revanche, du point de vue du mouvement qui fut le moteur de la démocratisation sous le régime précédent, Russie démocratique, le gouvernement russe pèche au contraire par manque de libéralisme. Ce mouvement reproche à l'équipe choisie par Eltsine un certain manque de détermination dans la conduite des réformes dirigées contre les monopoles, un certain laisser-aller dans la lutte contre la privatisation sauvage en cours et qui se réalise au seul profit de la nomenklatura.

Carence des nouvelles autorités russes

Le nouveau paradoxe, c'est la façon dont le nouveau pouvoir exécutif s'installe. Eltsine nomme des gouverneurs qui sont tous des hommes du Parti, des gens formés avant l'ascension de Gorbatchev. Comment est-ce possible?

Tout simplement parce que les démocrates du Parlement sont entourés de membres de l'ancien appareil d'État qui était en place sous Brejnev. Il n'y a personne d'autre que cette bonne vieille nomenklatura du Parti pour administrer les régions. C'est elle qui mène la danse et gêne les démocrates dans leurs mouvements. Je crois qu'il n'y a plus de temps à perdre en atermoiements. Les dirigeants démocrates ont besoin d'une majorité parlementaire acquise à leurs idées. Il faut immédiatement dissoudre les chambres et procéder à un nouveau scrutin qui confirme l'élection des conseillers de la présidence et des membres du cabinet, et qui leur assure une majorité parlementaire.

Eltsine lui-même a été absorbé jusqu'au printemps par des réformes politiques et structurelles; aujourd'hui encore, il ne s'occupe pas des questions économiques, et surtout pas du commerce. Ne pas s'attaquer à cette réforme, c'est permettre que se perpétuent le clientélisme et les féodalités.

Cette carence du nouveau personnel politique russe s'explique aisément. D'un côté, la nouvelle démocratie conserve trop de traits traditionnels hérités du clientélisme et du bureaucratisme; les parlementaires d'âge mûr ont l'habitude de faire peu confiance aux discours, n'ont aucune expérience du travail législatif et conservent des manières autoritaires. D'autre part les jeunes élus sont trop peu nombreux et ne se recrutent généralement pas dans l'élite de la jeunesse instruite. Les militants de la démocratie ont beaucoup espéré que la carrière politique tenterait des jeunes formés aux nouvelles méthodes, ouverts sur le monde et non corrompus par l'exercice du pouvoir dans les institutions brejnéviennes. Il n'en est rien.

Les plus talentueux de nos jeunes gens s'orientent vers le journalisme ou les affaires. La politique a mauvaise réputation, personne ne croit qu'elle soit utile à la société. Dans les universités, le mot d'ordre : « Enrichissez-vous » a plus de succès que : « Prenez le pouvoir ».

Une jeunesse déboussolée, des cerveaux en fuite

Qu'on me permette de profiter de cette parenthèse sur l'état d'esprit de notre jeunesse pour évoquer un autre sujet d'inquiétude : la fuite des cerveaux. Les jeunes ne veulent pas consacrer leur vie à la rénovation de la Russie. Leur réussite commerciale doit les conduire, c'est du moins ce qu'ils s'imaginent, à vivre à cheval entre la Russie et l'Occident, à travailler en Russie et à se donner du bon temps en Europe ou aux États-Unis. Dès qu'ils constatent qu'il est encore très difficile d'avoir accès aux mécanismes du commerce international et qu'il ne leur sera pas donné de mettre en vente librement les richesses de leur pays, ils choisissent le départ définitif.

Soixante-dix mille jeunes spécialistes sont déjà partis. Un sondage récent affirme qu'un adolescent sur cinq aspire à l'émigration. Ils apprennent les langues étrangères avec cette idée en tête. On dirait qu'ils ont quitté spirituellement le pays bien avant d'en être partis. Ils ont rompu tous les liens qui les unissent à la culture soviétique avant d'en avoir tissé de nouveaux avec la culture du pays où ils rêvent de s'établir. Il est vraisemblable que la plupart ne parviendront pas à partir et qu'ils vivront de longues années parfaitement indifférents à la société russe qui les entoure, habités par ce désir perpétuel d'exil. Il me semble que ce phénomène est une véritable tragédie, parce que ce n'est pas avec cet état d'esprit que l'on viendra à bout de l'inertie générale.

Pour une privatisation « transparente »

La principale question en suspens est celle du « passage au capitalisme », ou plutôt du passage à un capitalisme avoué, puisque au fond ce socialisme n'en était pas un, la propriété des moyens de production n'ayant jamais été vraiment collective mais détenue de fait par une minorité.

Le marché noir, fondé sur la fonction et non sur la personne, n'est, nous l'avons dit, rien d'autre qu'un marché privé illégal. Par conséquent, la transition vers une économie de type capitaliste est bien moins une rupture qu'il n'y paraît à première vue. Il n'y a pas lieu de faire table rase, puisqu'il existe déjà des structures capitalistes sauvages depuis près de trente ans, comme nous l'avons vu plus haut.

Parmi les divers schémas de transformation économique plus ou moins viables élaborés ces derniers mois en URSS, seuls se distinguent par leur netteté les deux plans menant à des résultats rapides : d'un côté celui de Iavlinski, de l'autre celui du groupe Séliounine-Pinsker-Piyasheva.

Le plan Iavlinski est sans aucun doute bien plus radical que tous ceux qui ont été adoptés jusque-là au niveau gouvernemental, tant par le cabinet de l'URSS du temps de Pavlov que par celui de la Russie de Silaev [1]. Cependant, ce plan reste enfermé dans le cadre étroit de l'idée d'une régulation stricte de la vie économique par l'État; il s'accorde avec la théorie du maintien d'un « gouvernement central » en tant que sujet à part entière de la nouvelle fédération d'États souverains. Malgré toute son aspiration affirmée à une libération de l'économie des contraintes de l'idéologie, le plan Iavlinski reste fidèle au schéma d'une « société au service de l'État ».

La stratégie envisagée par le groupe Pinsker-Séliounine-Piyasheva sous-entend au contraire une liberté plus étendue des producteurs, un passage à la notion d'un « État pour la société ». Leur plan, qui a été présenté officiellement au Soviet suprême de la république de Russie, accorde une priorité inconditionnelle à la propriété privée et ne laisse aux mécanismes financiers de l'État que les fonctions limitées de dispensateurs d'aides.

Je crois que ce plan est bien plus en phase avec les tendances que l'on perçoit dans le développement récent des économies occidentales. Il s'accorde tout à fait avec l'expérience de transformation des structures en Europe centrale, ainsi qu'avec les exigences de minimalisation des tensions sociales lors du passage au marché ouvert.

Les nouvelles autorités ne sont toujours pas parvenues à s'accorder sur le choix définitif de l'un ou l'autre de ces plans. Je ne vois qu'une seule explication à ces atermoiements : la nomenklatura a pris le temps de se partager le gâteau avant de mettre les miettes en vente.

Je suis persuadé que si la privatisation continue d'être réalisée de la manière dont elle l'est aujourd'hui, un cata-

1. Pavlov fut le dernier Premier ministre de Gorbatchev, compromis dans l'affaire du « putsch »; Silaev fut Premier ministre de la Russie de l'élection de Eltsine à la réforme monétaire de janvier 1992.

clysme social d'une ampleur inimaginable est inévitable. Lors
du plénum d'octobre 1991 du mouvement Russie démocratique, j'ai tenté de définir la position de notre groupe de
réflexion sur ces questions. Cette position peut se résumer de
la façon suivante : si la société civile n'obtient pas l'accès aux
mécanismes qui régissent la mise en place de la privatisation,
c'est-à-dire si elle n'a pas la possibilité de résoudre directement
le problème de la propriété, si elle reste écartée du processus
de transformation de notre système (et c'est ce qui est en
train de se passer), alors la vague de mécontentement social
va prendre une telle force qu'elle renversera tous les Eltsine,
Popov, Sobtchak..., en un mot toute la « nomenklatura démocrate ». Ils peuvent perdre le pouvoir.

Un exemple de privatisation confisquée : Moscou

Reprenons l'exemple de Moscou : Popov a tous pouvoirs
pour privatiser comme il l'entend. Mais la manière dont il
organise ce passage au marché libre est pour le moins surprenante. C'est lui qui détermine les prix pour les entrepreneurs, par décrets! Il établit les prix des boutiques qui doivent
être mises en vente, fixe le montant des impôts, attribue les
terrains à bâtir... Il explique d'un ton papelard qu'il doit
séparer le bon grain de l'ivraie, les bons entrepreneurs des
mauvais. Les mauvais sont ceux qui ont donné des pots-de-
vin au pouvoir précédent. Il faut donc entendre que les bons
sont ceux qui n'ont pas encore eu le temps d'en donner au
pouvoir actuel. Les mauvais entrepreneurs établissaient les
prix eux-mêmes, les bons se conformeront aux injonctions du
maire...

Popov a promis aux Moscovites qu'ils auraient droit à des
lopins de terre à l'intérieur de Moscou. Mais avant de procéder
à cette distribution, il a commencé par s'approprier ces
terrains. À présent, il veut étendre ses prérogatives à l'ensemble du territoire de Moscou, ce qui revient à annexer la
banlieue. Cette manie de vouloir régir et contrôler tous les
mouvements de la société s'inscrit dans notre tradition russe
autoritaire. Le principe du strict contrôle des prix à la consommation est présenté comme une méthode de lutte contre la
corruption. Bien sûr, cette plaie nous a valu beaucoup de
souffrances, et elle est toujours ouverte... Mais un tel contrôle
exige la mise en place d'un appareil important; ce qui explique
que la mairie se soit emparée de l'immeuble imposant qu'oc-

cupait auparavant le Comecon, l'ex-Communauté économique des pays socialistes. Popov a ensuite exigé le bâtiment du musée Lénine et nous avons eu toutes les peines du monde à obtenir que cet immeuble soit attribué au Musée d'histoire de la ville. Beaucoup d'autres bâtiments appartiennent à la mairie et sont occupés par des armées de fonctionnaires dont la tâche avouée est de mettre toute l'activité économique en coupe réglée. Nous assistons à la reconduction de méthodes bureaucratiques pluriséculaires, revêtues pour la circonstance des oripeaux de la démocratie économique. En un sens, c'est du bolchevisme au service du libéralisme; et le monopolisme communiste a été remplacé par un capitalisme monopoliste – entre guillemets « démocratique ». Popov, qui fut le symbole de la lutte contre le système de commandement administratif, n'a rien de plus pressé que de le reconstruire.

La privatisation doit être menée de concert avec la restructuration administrative. Il est évident que la nouvelle Russie a besoin d'une administration forte et structurée sur de nouvelles bases, en vertu de nouveaux principes, selon un nouvel organigramme. Ce travail de restructuration ne peut attendre, et il est bon que les maires des grandes villes s'y soient attelés. Mais il faut mener en même temps la réforme de la propriété et attribuer les logements, les commerces et les terres, comme cela a été fait en quelques mois en Hongrie et en Pologne. Il ne faut pas attendre que le pouvoir de la bureaucratie soit restauré pour commencer timidement à combattre son monopole. Le pouvoir démocratique risquerait alors de tomber pour laisser la place à un gouvernement autoritaire dont le programme politique serait l'expression des intérêts de la bureaucratie. Seuls les communistes et les bureaucrates ont intérêt à ce que la privatisation soit retardée.

Accéder à la propriété privée par le partage égalitaire des « biens nationaux »?

Pour éviter que la nomenklatura du Parti ne se transforme en nomenklatura des combinats, nous avons proposé plusieurs modes concurrents de « privatisation démocratique ». Nous souhaitons par exemple que tous les citoyens détiennent des actions ou des certificats leur attribuant une participation dans leur unité de production.

De quel montant seraient ces certificats? Sur ce point, il y a eu beaucoup de divergences. À la veille de la nouvelle année, il était question de montants allant de 5 000 à 25 000 roubles qui pourraient être escomptés. Mais avec 5 000 roubles on ne va pas bien loin, et avec 25 000 on ne peut pas espérer grand-chose non plus. Eltsine vient de créer la surprise, au cœur de l'été, en annonçant que la part de chacun s'élèverait à 10 000 roubles. Cette somme est ridicule à l'heure ou le dollar vaut plus de 200 roubles.

En somme, l'initiative vient un peu tard. Il me semble qu'elle anéantit tout espoir d'éviter une cassure irrémédiable dans la société. L'institution de la co-propriété individuelle des biens actuellement nationaux [1] était porteuse d'espoir, notamment parce qu'elle coupait l'herbe sous le pied des collectivistes : elle n'entrait pas en contradiction avec notre psychologie égalitaire séculaire. L'égalité à laquelle nous pensions n'excluait nullement l'inégalité dans l'avenir en fonction du travail fourni. Cette égalité de départ devant le partage des « biens nationaux » devait au contraire constituer une base incitatrice, favorisant le nouvel esprit de compétition.

La question de la terre

En ce qui concerne la terre, la loi a déjà été votée en Russie. Mais le mécanisme de la passation n'est pas établi. La loi elle-même est très contraignante, rien n'est dit sur la propriété effective de la terre, la revente de la terre n'est pas légale. Qui plus est, les problèmes essentiels ne se posent pas au niveau de la législation. Ils sont d'ordre matériel. On peut dès aujourd'hui diviser les champs, les granges et les étables des kolkhozes, attribuer des parcelles à tous les travailleurs des sovkhozes et donner à chacun un certificat confirmant l'acquisition pleine et entière des terres. Il n'est pas non plus bien difficile de donner au paysan la possibilité de décider lui-même ce qu'il veut faire sur ses terres, de lui donner le droit de les vendre comme bon lui semble. Qu'il décide seul s'il souhaite rester dans le kolkhoze ou constituer une autre coopérative avec les partenaires de son choix, etc.

Le vrai problème, c'est qu'on ne peut pas rendre effective l'accession à la propriété de la terre quand les moyens de réaliser l'appropriation manquent : il faut des engrais, des routes, des matériaux pour construire des étables, des tracteurs

1. La formule « biens nationaux » recouvre un état de fait en Russie, mais renvoie aussi à la vente massive des propriétés d'aristocrates et d'ecclésiastiques saisies lors de la Révolution française.

et tous les engins agricoles... En résumé, il ne sera possible de privatiser que si les pays occidentaux participent à notre effort en nous vendant des machines de petite taille et en nous initiant à des technologies légères.

Il y a un autre aspect du problème, qui n'est pas négligeable, le problème politique. On accuse les paysans d'avoir été favorables au « putsch », de ne pas avoir participé au mouvement démocratique. C'est aller un peu vite en besogne. L'inertie des campagnes s'explique par la perpétuation du servage collectiviste. Les directeurs de kolkhoze ont aujourd'hui le même pouvoir discrétionnaire sur les moujiks que les barines du siècle dernier. Ce pouvoir absolu n'a pas été effleuré par la perestroïka. Rien n'a été tenté pour que les paysans aient confiance et s'emparent des terres. À présent, qui va être chargé de la division des terres? Si ce sont les autorités locales ou régionales, c'est-à-dire la bureaucratie hier encore communiste, on court à l'échec. Il y aura des contestations à n'en plus finir, parce que celui qui divisera les terres donnera les bonnes à ses amis et clients, et laisse les mauvaises aux autres...

Les organes de pouvoir locaux qui subsistent aujourd'hui ne sont déjà plus le reflet des réalités. Ils sont dominés par des représentants du Parti élus au cours de la première époque de la perestroïka, quand tous ces problèmes ne se posaient pas encore. Pour sortir de l'impasse, il faut les évincer et faire d'abord sauter toutes les restrictions légales sur la propriété. Ce qui enlèvera le pouvoir aux contrôleurs de ces restrictions. Le pouvoir de la nomenklatura réside tout entier dans le contrôle des interdictions : comme celles-ci sont totalement irrationnelles, il y a toujours moyen d'offrir ou de vendre des faveurs et passe-droits.

Il est possible de donner tout le pouvoir de diviser et de distribuer les terres à la base, aux paysans qui les travaillent. C'est une procédure très complexe, mais pas irréaliste. Les documents du cadastre et du recensement des terres cultivées établis au début du siècle ont été conservés. On ne rétablirait bien sûr pas exactement la carte de l'agriculture de 1913, parce que bien des familles ont quitté la terre ou ont été exterminées par la dékoulakisation. Mais on pourrait s'en servir pour faire un inventaire de toutes les terres et procéder à la nouvelle division, plus équitable que celle à laquelle on peut s'attendre de la part des privilégiés du système communiste.

La propriété privée bloquée par nos traditions

Les partisans d'une restauration immédiate de la propriété privée sont nombreux dans la société mais ils restent mal représentés. Je crois que plus de la moitié de la population aspire confusément à un mode de vie occidental. Mais cette masse est représentée par une toute petite minorité d'intellectuels radicaux.

Au sein des divers organismes politiques et institutions représentatives, on rencontre très peu d'élus qui soient vraiment engagés à fond en faveur d'un abandon des structures totalitaires. Si on fait le tour des clubs et des mouvements qui travaillent à une démocratisation en profondeur de nos institutions, on finit par croiser sans cesse les mêmes gens. Aux réunions du mouvement Russie démocratique, on retrouve des militants de l'organisation Mémorial et des députés de l'ancien Groupe interrégional.

Les seuls acteurs du changement qui ne soient pas des hommes politiques sont les nouveaux entrepreneurs, les responsables de coopérative, les fermiers indépendants. Nous avons travaillé à faire se rencontrer ces hommes nouveaux, afin qu'ils se concertent et déterminent les priorités de la réforme. Il faut de toute urgence réfléchir à de nouvelles lois et présenter un programme politique concret à la masse des partisans du changement.

Si l'on essaye de se distancier un petit peu des péripéties politiques de la Russie d'aujourd'hui, de la confusion des collisions sociales qui continuent à s'amplifier au fil des mois, je crois qu'il ne reste guère de raisons d'envisager avec optimisme le mouvement de notre société vers son humanisation et sa modernisation. On peut néanmoins penser que la crise dans laquelle nous nous débattons – pour combien de temps? – est la crise finale de la lutte entre tradition et modernité qui s'étire depuis plusieurs siècles en Russie.

La crise actuelle est au confluent de plusieurs crises de niveaux historiques différents. Le mouvement auquel nous assistons est un nœud formé par trois mouvements de différents niveaux : les phénomènes politiques de courte durée, les mutations socio-économiques sur la durée et les processus qu'on ne peut presque pas mesurer dans le temps, parce qu'ils ont trait à l'évolution des mentalités, aux transformations

naturelles géographiques et écologiques. Ces dernières menacent aujourd'hui de mettre un terme, par une catastrophe
sans précédent, à nos volontés de changement. La crise d'aujourd'hui va-t-elle déboucher sur la naissance d'une société
ouverte en Russie, ou bien n'est-elle qu'une phase spécifique,
le moment fortuit où les divers facteurs que nous venons
d'énumérer interfèrent? Il est difficile de le dire. Je penche,
comme je l'ai dit, pour une appréciation peu réjouissante de
nos perspectives.

Le seul fait qui puisse donner de l'espoir est ce facteur
historique incontestablement nouveau dans la réalité russe et
que l'on doit à la seule œuvre utile sans doute du régime qui
a dominé ce pays depuis 1917 : la première tentative conséquente de relever le niveau culturel du peuple en liquidant
l'illettrisme général.

Contre un nouveau chambardement conservateur

Les problèmes qui se posent à nous dans les domaines
économiques et politiques sont pour l'essentiel ceux qui étaient
à l'origine de la première tentative de réforme bourgeoise en
Russie au début du XXᵉ siècle. Dans la confrontation avec
l'Europe, fruit du conflit limité à la Crimée en 1853-1855, il
devint évident que la crise du régime était sur le point
d'éclater, que le système de l'autocratie n'avait plus de perspectives, que ce régime politique s'appuyait sur des structures
de propriété pré-industrielle, sur des mœurs, une éthique, des
habitudes et une mentalité caduques. C'est la même constatation que firent à nouveau, à la fin du XXᵉ siècle, les apparatchiks réformateurs de l'entourage de Gorbatchev. Les aménagements démocratiques introduits par Alexandre II, Witte,
Stolypine, et les droits consentis par la NEP telle que la
concevait Boukharine, visèrent à cette transformation profonde de la société russe qui n'est toujours pas accomplie.

Cette transformation a été arrêtée dans son élan par des
révolutions aux discours avant-gardistes mais au contenu réactionnaire. Les événements de 1905, et plus encore ceux de
1917, doivent être considérés comme des révolutions conservatrices. Dans la forme, il semble qu'elles aient tout changé :
la réalité sociale est à peine reconnaissable après de tels
événements. Mais au fond ces événements ont conservé intacts
les fondements patriarcaux traditionnels de la société russe.

C'est de la même manière, nous l'avons vu, qu'il faut

analyser les règnes des tsars Ivan le Terrible et Pierre Ier. La perestroïka de Gorbatchev était à mon sens de même nature, et la post-perestroïka à laquelle nous assistons aujourd'hui est grosse de conséquences analogues puisque, dans son essence profonde, la révolution d'août n'est que la dernière en date des confrontations entre le traditionalisme russe et la modernité.

Les cataclysmes sociaux dans le genre du coup d'État bolchevique de 1917 commencent habituellement par rejeter les forces du passé, les structures d'oppression qui freinent le développement de la société. À ces moments de notre histoire se découvrent les fondements de notre vie, les bases de la réalité russe, les traits traditionnels et permanents du collectivisme, de l'égalitarisme et du parasitisme social. C'est dans ces traditions patriarcales, qui ont de façon décisive constitué notre mentalité nationale et sont facteurs de notre sous-développement sur le long terme, que l'on retrouve l'origine de nos habitudes, de nos aspirations et de nos mœurs. Les mutations se font dans ce domaine très lentement, et certainement pas à l'unisson des exigences de l'époque.

Toutes les tentatives de transformation radicale d'inspiration bourgeoise et démocratique ont fini en Russie de la même manière : le pouvoir et l'État ont soumis la société, l'ont en quelque sorte absorbée et ont fait de leur propre existence la seule réalisation à laquelle la société était en droit d'aspirer.

C'est bien ce que nous avons observé au cours de la dernière étape de la perestroïka gorbatchévienne : un président élu à la va-vite par un Congrès des députés du peuple acquis à l'avance s'est attribué à l'aide de ces mêmes députés dociles des pouvoirs extraordinaires lui permettant de constituer un régime de pouvoir personnel. Et, comme nous l'avons souligné, s'enclenchait déjà le cycle d'une nouvelle répression...

Les mesures de ce genre entrent tout à fait dans le cadre typique des révolutions conservatrices russes où de nouvelles structures répressives viennent remplacer les structures traditionnelles. C'est de cette façon que les événements de 1917 ont engendré le système du terrorisme d'État, de cette façon que le dégel khrouchtchévien a débouché sur une restauration de l'appareil répressif, de cette façon encore que les tentatives de réforme de Kossyguine ont été couronnées par la réaction rampante conduite par Brejnev, Souslov et Andropov. Tout le XXe siècle russe est le théâtre de cette confrontation entre la tradition et la modernité, qui, de fait, se termine imperturbablement par la défaite de la société et le renforcement de l'État.

Menace autoritaire, non-renouvellement des élites

La Russie est, aujourd'hui comme il y a un siècle et demi, à la croisée de deux chemins : ou bien le renforcement autoritaire des pouvoirs exécutifs conduit à la conservation du traditionalisme russe, ou bien ceux d'en haut adoptent les idées réformatrices dans la continuité d'Alexandre II, de Witte et Stolypine, ce qui nous permettra enfin de reprendre possession de notre véritable essence nationale et de nous arrimer à notre identité européenne.

La première de ces deux voies me semble malheureusement la plus probable; ce pronostic semble confirmé par les difficultés auxquelles se heurtent certains pays d'Europe centrale qui tentent de s'arracher aussi à l'héritage de la tradition, eux aussi à mi-chemin entre l'archaïsme et la modernité et nourris de despotisme asiatique.

D'autres indices témoignent de la séduction qu'exerce le scénario conservateur : les transformations économiques en profondeur, qui seules peuvent garantir le dépassement de la tradition, n'ont pratiquement pas commencé, même dans les territoires où sont au pouvoir des personnes promues par les forces démocratiques. C'est ainsi que l'oukaze du président de la Russie sur la remise des bâtiments du PCUS aux organes judiciaires n'est pratiquement nulle part mis à exécution. Les tribunaux et les divers organes judiciaires continuent à moisir dans des bâtiments parfaitement inadaptés à un exercice normal de la justice. Les anciens bâtiments du PCUS ont depuis son interdiction été récupérés par des structures administratives exécutives, rarement par des élus du peuple.

Le nouveau président dont les Russes se sont dotés le 12 juin 1991 a été élu pour mettre en place un gouvernement de transition. La société attend de ce gouvernement qu'il prenne rapidement toutes les dispositions pour assurer la privatisation et le passage à l'économie de marché. La population sait que la mise en œuvre des réformes économiques exige un nouveau personnel politique. Elle attend donc que les organes du pouvoir soient renouvelés. Ce qui est loin d'être le cas.

Au lieu de nommer aux postes clés des gens susceptibles

de faire avancer les réformes, on installe des gens qui y sont tout à fait opposés. Les nouveaux responsables ont été formés du temps de Brejnev; ils ont été sélectionnés sur de longues années pour leur docilité. La population les perçoit comme une mafia solidaire dont elle n'a rien de bon à attendre. Au lieu de recruter des responsables dans l'appareil existant, au lieu de faire appel aux responsables de la faillite, il faudrait se mettre à la recherche de nouveaux experts, nommer de nouveaux cadres, comme cela s'est fait en Tchécoslovaquie.

L'énigme du nouveau tsar populiste

Comme je l'ai dit, de cette situation catastrophique la faute ne revient pas exclusivement à l'équipe choisie par Eltsine. Le président lui-même a donné par le passé des gages de bonne volonté en se démarquant, dès 1987, des privilèges de la nomenklatura. Cette attitude franchement hostile au régime lui a valu une popularité qui pouvait lui permettre d'avoir les coudées franches dans la mise en route des réformes.

Le charisme de Eltsine tenait beaucoup aux persécutions dont il fut victime dès qu'il a pris la parole contre Gorbatchev et dès qu'il s'en est pris à la corruption, à la mafia, quand il n'était que secrétaire du Comité du Parti de Moscou. Eltsine a tout de suite compris qu'il fallait refuser, ou du moins affecter de refuser, les privilèges liés à son statut. Parvenu au faîte du pouvoir, il refusait encore sa datcha. Il a su aussi jouer de la rumeur pour faire valoir que le KGB avait tenté de le supprimer, mais sans jamais l'affirmer ouvertement...

Si primaire qu'il paraisse, ce populisme ne manque pas de côtés positifs. D'une certaine façon, il incarne une identité russe impulsive et irrationnelle qui ne demande qu'à s'exprimer après soixante-dix ans de dictature de la « rigueur » marxiste. De ce point de vue, il capte des pulsions vindicatives qui pourraient être récupérées par le fascisme si le pouvoir démocratique abandonnait ce terrain émotionnel et laissait se former un vide affectif. Ce populisme repose en outre sur une base critique : dans ce sens, cette forme d'opposition au pouvoir a eu une valeur positive. La critique des privilèges, notamment, visait à résoudre les problèmes en faveur du peuple, par exemple le problème de l'alimentation.

Ce populisme est cependant négatif quand on sait que les promesses faites ne pourront pas être tenues. Eltsine porte en lui les deux faces de ce populisme : celle de l'électoraliste vulgaire, celle du sauveur charismatique. Il n'est pas un intellectuel, et c'est peut-être un avantage dans la mesure où sa façon d'exposer les problèmes qui se posent à la société sont immédiatement perceptibles par le peuple. S'il n'a pas la faconde d'un Walesa, il en a la simplicité. Sa personnalité provoque la sympathie parce qu'il est très direct et relativement sincère. Il choque les gens instruits et bien élevés par l'emploi d'expressions grossières qui sont pourtant passées depuis longtemps dans les normes. Le peuple a été conquis par cet homme dont la presse dit qu'il boit et qu'il a été retrouvé ivre et trempé sur la berge d'une rivière. Pourtant, l'héritage de l'apparatchik reste sensible chez Eltsine; il en a gardé les tics de langage, l'emploi de clichés soviétiques, le goût des honneurs et les manières autoritaires...

Pour comprendre sa personnalité, il faut connaître la nature du pouvoir en Russie. Eltsine est contraint de donner à son mandat présidentiel toutes les apparences d'un pouvoir personnel et absolu. Il doit gagner la complicité d'une hiérarchie démesurée en lui montrant son propre attachement à certains privilèges que lui assure sa fonction. Eltsine fait ainsi un emploi ostentatoire de son escorte et des limousines du Kremlin pour ne pas faillir à la tradition qui veut que le tsar sorte du château en attelage d'apparat...

Eltsine néglige les questions économiques, il est un homme d'État, un homme de pouvoir plus qu'un réformateur libéral. C'est un « tsar », dont Popov et Sobtchak sont les « boyards » les plus influents. Comme par le passé, les boyards se chargent de contrôler les provinces et de les attribuer à leurs favoris, tous issus de l'ancien appareil communiste et attachés à un système qui leur permet d'exercer un pouvoir absolu sur leurs administrés. Comme pour faire contrepoids à cette administration provinciale, Eltsine choisit des ministres dont le propos avoué est de venir à bout de la propriété étatique des moyens de production. L'intention, une fois de plus, n'est pas condamnable, mais le résultat est piteux : aucune réforme agraire, aucune remise en cause réelle du monopole étatique jusqu'à ce jour.

Au moment où la Russie est au bord du chaos, elle n'est pas dirigée par une équipe homogène et déterminée ayant pour mobile commun la restauration de la machine économique. Le vice-président (et général) Routskoï sert d'alibi « prolétarien » à un gouvernement ultra-libéral, et Khasboulatov, le président de l'Assemblée, sert d'alibi « impérialiste » à une équipe chargée de décoloniser et de procéder à l'évacuation des troupes russes.

Vers un nouvel empire russe?

La grande majorité des nouveaux dirigeants russes se prononcent pour une Russie centralisée. Ils sont soutenus dans ce nouveau combat par les groupes parlementaires des Réformateurs démocratiques et de Russie démocratique. Toutes tendances confondues, ces grands rassemblements veulent imposer la suppression des barrières régionales et des statuts d'autonomie que les communistes avaient accordés aux provinces où résident des populations de souches différentes. Ces démocrates veulent à présent écarter tout danger de sécession d'une de ces provinces et se disent prêts à soutenir une confrontation violente avec les peuples rebelles. Ces positions franchement impérialistes font presque l'unanimité parmi les élus russes. Le bloc Unité populaire, qui rassemble des démocrates-chrétiens, des constitutionnels-démocrates, des monarchistes, des syndicalistes, etc., parle d'abolir les « frontières intérieures ». Sous le nom de Russie, les dirigeants de ce bloc entendent un espace impérial, avec la Russie au sommet de la pyramide des républiques. Eltsine penche pour cette tendance. Khasboulatov, le président du Soviet suprême de la Russie, a repris le slogan des monarchistes d'avant 1917 : une Russie « une et indivisible ». Ils ont dessiné les contours d'un nouvel « empire démocratique de Russie ».

Avant que ne soit définitivement enterrée la fiction juridique appelée Union soviétique, Eltsine ne désespérait pas de parvenir à former un gouvernement fédéral, et il avait exposé ses prétentions en ce qui concerne les postes clés : les ministères des Finances et de la Défense devaient revenir à des Russes... Bien que les républiques aient vite fait la preuve de leur volonté d'indépendance, bien que cette Communauté des États indépendants très souple ait remplacé l'Union, la leçon ne semble pas avoir porté. La même volonté d'imposer le leadership russe transparaît dans la politique nationale menée sur le territoire de la république fédérative de Russie. Les nouveaux maîtres ont encore des velléités de s'immiscer dans les affaires intérieures des républiques.

Sobtchak, pourtant réputé le plus libéral de l'équipe, s'est ainsi permis de fixer, en octobre 1991, des délais d'accès à l'indépendance et d'attribuer des brevets de démocratie à des républiques non russes. On reconnaît dans ce comportement la marque du vieil idéalisme russe. Cette idée tenace d'une mission universelle donnée à la Russie porte en elle un intégrisme latent, une volonté incorrigible d'imposer aux gens le « bien », sans qu'ils aient à y redire parce que la notion même du bien ne peut leur être donnée que par les élites russes. Dans le cas de l'Azerbaïdjan, le maire de Saint-Pétersbourg s'est porté garant du processus de démocratisation : gare! si les libertés fondamentales n'y sont pas acquises... pas d'indépendance! L'Histoire ne cesse d'infliger des démentis à ces nationalistes à courte vue : les troupes de la CEI ont quitté l'Azerbaïdjan en février-mars 1992 et plus aucun dirigeant russe n'est en mesure d'imposer aux Azéris sa conception de la démocratie.

On se souvient qu'immédiatement après le « putsch » le porte-parole du président Eltsine avait fait état de revendications territoriales de la Russie à l'égard des républiques limitrophes qui venaient de proclamer leur souveraineté. Cette déclaration hâtive, puis mollement désavouée par le président, entraîna une dégradation non négligeable de nos relations avec l'Ukraine. Et ce n'est pas fini...

Popov versa ensuite de l'huile sur le feu en exposant les revendications concrètes de la Russie sur certains territoires de l'Ukraine et du Kazakhstan et en proposant dans la foulée de supprimer les statuts d'autonomie accordés à certaines entités nationales sur le territoire de la république de Russie. Je suis prêt à tomber d'accord avec le professeur Popov lorsqu'il considère, du point de vue purement théorique, le peu de perspectives que l'Histoire offre aux petites enclaves structurées en « États de rang inférieur » au sein de la république fédérative de Russie. Mais il me semble qu'il n'est pas indiqué de se permettre ce type de remarques au moment où nous assistons à une montée catastrophique des conflits interethniques dans notre pays.

La situation dont nous avons hérité ne nous laisse pas le loisir de gloser sur la réorganisation administrative de notre république. Le seul moyen de garantir une stabilité minimale et une paix relative pendant la conduite de réformes économiques difficiles, c'est de ne pas remettre en chantier le découpage administratif et national de la Russie, si absurde et révoltant soit-il. Il faut se garder d'employer avec les minorités le langage que leur tenait Gorbatchev.

L'Union slave : un coup de force de Eltsine

L'accord constituant la Communauté des États indépendants, signé en Biélorussie et confirmé à Alma-Ata, a consacré la chute du dernier empire colonial. Cet accord constitue une fin logique et incontestablement fondée, dans la mesure où il ne fait qu'entériner une situation déjà ancienne. Cependant, cet accord pose de nouveaux problèmes.

Le premier de ces problèmes est lié aux modalités de la négociation, lesquelles ont conduit à la constitution d'une Union slave. L'accord conclu en Biélorussie ne porte pas cette appellation non officielle par hasard. Non seulement le président du Kazakhstan n'a pas été convié à la rencontre, mais les représentants russes ont jugé utile d'oublier que notre république n'est pas un État slave à cent pour cent. Je crois que la participation du Kazakhstan (république qui compte presque autant de citoyens d'origine slave que d'origine turque) aux négociations de Minsk aurait permis d'écarter quelques-uns des doutes venimeux qui ont saisi depuis lors les populations non slaves de Russie.

La constitution de la CEI a été, dès l'origine, compromise par une mauvaise appréciation de l'équilibre des intérêts entre les républiques européennes et asiatiques. Ce déséquilibre était particulièrement sensible au travers de la confrontation opposant l'Ukraine aux républiques d'Asie centrale. Incontestablement, l'Ukraine a tout à gagner au développement de ses échanges avec la Russie, elle n'a rien à attendre d'une collaboration avec la Kirghizie et l'Ouzbékistan. L'Asie centrale, saignée à blanc par l'exploitation coloniale, n'est pas non plus un partenaire très séduisant pour la Russie. Mais il ne faut pas oublier que l'appauvrissement des républiques asiatiques a été conduit par le Centre pour le plus grand profit de la partie européenne de l'empire communiste. L'obligation d'honorer des dettes de cet ordre joue un rôle important dans la politique internationale contemporaine. La collusion entre l'Ukraine et la Russie, voulue aux dépens de l'Asie centrale, provoque en retour le renforcement d'un bloc regroupant toute l'Asie centrale dans une « Union islamique ».

La Russie n'est pas en mesure de financer la croissance des républiques d'Asie centrale. Pourtant la Russie reste une entité eurasienne; elle a intérêt à une coopération active avec l'Asie tout autant qu'avec l'Europe. Il lui revient la tâche difficile d'équilibrer le rapport de force au sein de la CEI en évitant les déchirements tant avec l'Ukraine qu'avec l'Asie. Si la Russie n'est pas soutenue dans cette difficile entreprise par des dirigeants politiques sensés dans les républiques et par la communauté internationale, la crise est inévitable.

Les conditions dans lesquelles s'effectue concrètement le passage de la structure soviétique à la nouvelle Communauté soulèvent d'autres questions sérieuses. Les méthodes qui président à la liquidation des « institutions centrales » ne peuvent manquer de nous inquiéter. En toute logique, ces organes devaient être dissous, tant en Russie que dans les républiques. Ils sont en fait récupérés et mis au service des nouveaux centres de pouvoir. Il n'est pas étonnant que la *Nezavissimaya Gazeta* ait parlé de coup d'État; et, cette fois-ci, Gorbatchev n'a guère péché contre la vérité quand il a qualifié d'anti-constitutionnelles les décisions du président Eltsine.

Il me semble qu'il aurait été tout à fait à la portée de Eltsine et des autres présidents des républiques de garantir une légitimité maximale au processus de liquidation des institutions unitaires, de faire adopter par le Soviet suprême d'URSS un texte réglant le destin des organes centraux, partageant entre les républiques, avec un tact politique minimal, les biens de l'Union. Comment qualifier la façon dont la troïka de Minsk s'est adressée à Gorbatchev, quoi qu'on pense de ce dernier? Moi qui ai tant critiqué le caractère pseudo-juridique des pleins pouvoirs accordés à Gorbatchev, je ne saurais voir dans le coup de Brest autre chose qu'une grave récidive inscrite dans notre tradition asiatique et moscovite.

Une CEI où chacun s'assied sur ses minorités

Pour en revenir à des questions plus vastes, je relève le flou artistique du bilan officiel de la rencontre d'Alma-Ata. L'accord conclu, que le monde entier attendait avec anxiété, a pris la forme d'une simple déclaration d'intentions. Je crois que les participants à la rencontre avaient le moyen de prendre position sur trois questions essentielles, mais ils ne l'ont pas fait.

1. Ils pouvaient ne pas se contenter de passer un accord sur le maintien d'un commandement stratégique unifié et d'un double contrôle du bouton atomique. Ils auraient pu faire la

preuve de leur volonté d'inclure les forces armées des États membres dans un système global de sécurité internationale.

2. Ils avaient les moyens de définir sans attendre des orientations concrètes allant dans le sens d'une stabilisation générale de la situation économique en donnant à chaque république des tâches correspondant à ses capacités.

3. Rien ne s'opposait à la signature de documents communs garantissant le respect des droits de l'homme, et plus particulièrement le respect des droits des minorités nationales sur l'ensemble du territoire de la CEI...

La question nationale et l'espace russe

Il y a certes quelque chose d'irréel et de maladif dans ces explosions nationalistes. On ne sait plus qui le premier a porté tort à l'autre dans ces guerres féodales. On se dit qu'il est inutile de chercher à départager les adversaires, de s'ériger en arbitre. Parallèlement, chacun comprend qu'il faut absolument conserver la vaste entité économique que nous a léguée l'Empire, qu'il serait judicieux de préserver un minimum d'union, ne serait-ce que pour survivre.

On constate que le régime communiste avait distribué les implantations industrielles de telle manière qu'aucune région, aucune république ne puisse survivre sans avoir recours à une entreprise installée à un autre bout de l'Empire. Je ne veux pas dire que l'aspiration à l'indépendance soit une chose irrationnelle en soi, bien au contraire, ni que l'ancienne organisation économique ait été plus rationnelle, loin de là. Mais, du point de vue du bon sens, il aurait mieux valu essayer de surmonter les instincts irrationnels qui poussent à en découdre avec le voisin. Aujourd'hui encore il serait plus raisonnable de travailler au maintien de ce vaste espace économique. À présent, chacun croit que la satellisation autour de nouveaux partenaires lui apportera plus. Les Azéris attendent tout de la Turquie, les Baltes ne jurent plus que par les Scandinaves et les Polonais...

Respecter toutes les minorités nationales

Quoi qu'il en soit, nous sommes, pour notre part, partisans de la pleine liberté et souveraineté de toutes les républiques, pour que les droits des minorités soient respectés. Sur ces questions nous sommes par conséquent contre Eltsine. La question de la rectification des frontières nous semble de second ordre. Si elle doit être abordée, ce n'est qu'une fois satisfaits les besoins élémentaires des populations; quand nous mangerons à notre faim et serons en mesure de régler ces problèmes par des procédés civilisés. La question de la Crimée, du Donbass et de certains districts du Kazakhstan doit être réglée dans le calme par les habitants de ces régions et non par des oukazes de Moscou. Il faut geler pour le moment ces querelles de frontières.

La construction de la Russie doit être l'un des objectifs majeurs des démocrates. Sa régionalisation reste à faire. Parce qu'il faut paradoxalement procéder à une certaine parcellisation de la Russie pour parvenir à conserver son union. La Russie proprement dite est constituée de peuples et d'ethnies très divers, de régions aux traditions différentes et aux intérêts différents, qui peuvent exiger à tout moment une plus large autonomie ou le droit de vendre directement à l'étranger les richesses de leur sol. Mais ces exigences sont susceptibles de faire éclater la Russie comme elles ont disloqué l'Union soviétique...

Il faut se souvenir que dans les petites formations nationales, dans les États de faibles dimensions, il est bien plus simple de résoudre les problèmes qui se posent aux citoyens que dans un immense conglomérat découpé artificiellement comme l'est la Russie d'aujourd'hui. La structure politique de la Russie est un héritage du découpage stalinien, et la disparition de l'Union soviétique n'y a rien changé. La Russie reste, comme l'était l'URSS, un mélange de territoires scindés artificiellement et de civilisations unifiées tout aussi artificiellement.

La Russie est à présent menacée par l'explosion de conflits entre nationalités sur son propre territoire. Les pantalonnades auxquelles s'est livré le vice-président russe contre les Tchétchènes à l'automne dernier ne sont guère dissuasives. Les Bachkirs, les Tatars, les Yakoutes et bien d'autres minorités nationales font déjà bruyamment valoir leur détermination à résister aux empiétements russes. Il serait souhaitable que la nomenklatura démocrate ne perde pas de vue que c'est précisément dans ces régions périphériques que la contre-révolution des généraux Dénikine et Koltchak a perdu la guerre qu'elle menait contre les Rouges.

Conclusion

SERA-T-IL TOUJOURS TROP TARD
POUR ARRIMER LA RUSSIE
À LA CIVILISATION?

J'écris ces lignes de conclusion un an tout juste après l'élection du nouveau président russe et, quand elles commenceront à être lues, guère plus d'un an nous séparera de la farce du « putsch » d'août 1991.

Les actes des principales forces sociales et politiques ont fini par se détacher avec une certaine netteté. Malgré toute l'obscurité de la situation et la difficulté des pronostics sur son évolution, on peut d'ores et déjà donner une première estimation des activités des gouvernements de Eltsine en se basant sur l'étude des premiers pas effectués par la Russie depuis qu'elle est débarrassée de l'URSS. Malheureusement, ces premiers pas déçoivent, tout comme le caractère des rapports que le nouveau pouvoir entretient avec la société.

Il y a quelque chose de pourri
au royaume des « démocrates » russes

Il n'y a pas de meilleurs mots que ceux du poète Boulat Okoudjava pour exprimer dans quel état d'esprit sont aujourd'hui les masses : « Ça sent le vol dans notre maison... » Ce sentiment n'est pas uniquement fondé sur le fait que nous ayons été littéralement dévalisés; il n'est motivé ni par la chute catastrophique de notre niveau de vie, déjà lamentable auparavant, ni par la certitude que son relèvement n'est pas pour demain. Certes, aucune de ces évidences ne nous réjouit − on le comprend −, mais nous admettons l'inévitable. Ce ne sont donc pas des causes matérielles mais plutôt des problèmes d'ordre moral et politique qui génèrent le sentiment d'insatisfaction, l'impression d'un nouvel échec global dans notre « royaume de Danemark ».

Ce sentiment s'explique par le fait que un an après la « tempête purificatrice » – c'est ainsi que beaucoup ont ressenti les événements d'août 1991 –, tout est à nouveau plongé dans la fange et sent chaque jour davantage le pourri.

Quand nous observons les erreurs du nouveau pouvoir et en parlons ouvertement, nous nous retrouvons, nous les porteparole de la fraction radicale de l'intelligentsia démocratique, dans une situation délicate et paradoxale : la fédération russe étant dirigée par les démocrates, il semble que ces derniers seraient en droit de compter sur notre soutien dès lors qu'ils assument leurs fonctions sans se permettre d'ingérences dans la vie de leurs concitoyens.

Seulement voilà, rien à faire, on n'en sort pas : le nouveau pouvoir russe administre chaque jour davantage la preuve du peu de cas qu'il fait de la démocratie, change de visage sous nos yeux et révèle une frappante parenté avec le précédent, celui qui gouvernait imperturbablement l'URSS sous Gorbatchev comme il l'avait gouvernée avant 1985. Nous nous retrouvons face aux mêmes interrogations : dans quelle direction et de quelle manière la Russie doit-elle tracer son chemin?

Il s'est trouvé bien peu de choses en commun entre les déclarations des vainqueurs d'août 1991 et la pratique politique du gouvernement Eltsine-Gaïdar. Pire : l'absence complète de la moindre réflexion stratégique au sein de l'équipe du président russe, ne serait-ce que sur une des questions essentielles qui se posent au pays, est toujours plus évidente – et c'est d'ailleurs là ce qui rapproche le pouvoir actuel du précédent, au-delà de l'apparente substitution des fondements idéologiques, au-delà du renoncement au dogmatisme communiste... Le souci principal, on pourrait dire la *raison suffisante* de l'administration Eltsine, comme celle de ses prédécesseurs du PCUS, est la conservation du pouvoir à n'importe quel prix, si possible sa consolidation, et le détournement des biens matériels palpables, ce qui était l'occupation préférée de la nomenklatura du PCUS. À présent, on n'en est déjà plus au détournement d'appartements, de voitures et aux pots-de-vin, on en est à la confiscation du vrai capital!

Autrement dit, l'année écoulée de la présidence Eltsine donne suffisamment de raisons d'affirmer que le pouvoir en Russie se trouve à présent entre les mains d'une coalition constituée en août et qui rassemble sous un même toit la direction démocratiquement élue en juin 1991 et la majorité de l'ancienne nomenklatura. Cette coalition est destinée à consolider les forces politiques qui la constituent, autour d'un programme minimal de refus du démontage complet des anciennes structures, un programme de réforme limitée de l'ancien système de relations entre pouvoir et société. Les actions en apparence décisives de la direction russe pour que soient « mises au rencart » une idéologie et une structure centralisée qui avaient fait leur temps, le passage promis par les fameuses « réformes radicales » vers « l'économie de marché », ont permis de cacher pour un temps le sens profond de ce qui se passe.

L'idéologie du système et sa règle du jeu ont changé. Mais ce changement n'a pas eu d'influence sur la place et le rôle du pouvoir dans la société. Les réformes ne vont pas dans le sens des intérêts des citoyens, elles ne se donnent pas pour objectif la formation d'une société civile, elles servent à la conservation et au renforcement du monopole du pouvoir. Dans ces conditions, la direction russe devient une force antilibérale et anticivique mais qui continue à diriger le processus de mise en place des réformes « démocratiques ». En fait, la direction russe n'est intéressée qu'au succès de réformes qui renforceront l'ancien système en lui donnant un air nouveau.

Le prix qu'auront à payer, pour accéder au « nouvel » avenir radieux que leur dessinent les seigneurs du jour, les citoyens ordinaires – ceux que l'on appelait hier « classe ouvrière », « paysannerie kolkhozienne » et « intelligentsia travailleuse » –, n'est absolument pas pris en compte. Les besoins et les souffrances du « citoyen lambda » ne sont pris en considération que dans la mesure de l'indispensable : pour empêcher une nouvelle « révolution ».

Une année d'erreurs dans tous les domaines

S'il fallait personnifier la situation présente en Russie, je reprendrais le titre que mon ami Iouri Bourtine a donné à l'un de ses articles : « Gorbatchev se prolonge ». Dans cet article, qui n'a pas pu paraître dans son intégralité – ce qui est déjà un signe tout à fait inquiétant –, Bourtine remarque que Gorbatchev joue les prolongations à travers Eltsine lui-même : « Quand je dis que Gorbatchev se prolonge, je veux dire que ni le caractère du pouvoir d'État, ni – plus généralement – le système des relations internes à la société n'ont subi de modifications décisives. Ce qui existe reste dans la lignée de ce qui existait sous Gorbatchev. De sorte que les mots qui conviennent le mieux pour définir le présent sont : conservation, continuation, héritage. »

Puisque je partage complètement ce point de vue, je souhaite donner des exemples plus concrets et attirer l'attention du lecteur sur les principales orientations du gouvernement Eltsine-Gaïdar et leurs effets dans les domaines de l'économie, de la vie sociale et de la vie politique.

Économie : le temps des voleurs

Dans ce domaine, les réformes fondamentales ont pris fin avant même d'avoir commencé. Si je suis totalement en désaccord avec Iavlinski sur la manière de nous tirer de la catastrophe qui nous frappe, je suis bien obligé d'approuver beaucoup de ses critiques au gouvernement. L'administration Eltsine-Gaïdar se cherche effectivement une contenance, affiche un optimisme à toute épreuve. En fait, elle fait bonne figure alors qu'elle est perdante.

Au lieu d'une libéralisation des prix, d'une démonopolisation et d'une privatisation du secteur étatique, nous avons obtenu quelque chose d'indéfinissable, qui se présente sous la même étiquette mais reste profondément différent par le contenu : nous assistons à l'essor de nouveaux monopoles industriels et cartels de distribution tandis que l'intervention active de l'État se poursuit au niveau de l'économie des entreprises, des villes et des régions. Les décrets du Premier vice-Premier ministre [1] ordonnant, par exemple, la livraison de deux kilomètres de câble et vingt tonnes d'acier à des gens qui en ont besoin ont l'air tout à fait anecdotiques, mais, derrière eux, se profile la vieille pratique autoritaire lénino-stalinienne. Nous sommes en présence de nouveaux monopoles, peut-être même plus dangereux que les précédents dans la mesure où ils ne sont pas contrôlés par la vieille hiérarchie dirigeante, et trouvent aisément, à l'Est comme à l'Ouest, des partenaires qui ne s'embarrassent pas d'attendus moraux superflus. On est forcé de constater qu'il y a plus de vrai qu'on ne le souhaiterait dans le vacarme que font nos « patriotes » à propos des perspectives

1. Eltsine a cumulé près d'un an les postes de président et de Premier ministre. Gaïdar n'est devenu officiellement Premier ministre qu'à la veille du voyage officiel de Eltsine aux États-Unis, le 16 juin 1992.

de transformation de la Russie en appendice du marché mondial fournissant muscles et matières premières.

Au cours de la privatisation de l'industrie, de la santé, de l'éducation et d'autres secteurs de l'économie, entre 17 et 27 p. 100 de petites entreprises ont acquis le statut de personne morale au 1er avril 1992. C'est bien joli, mais 0,5 à 0,7 p. 100 seulement de la propriété étatique ont été privatisés. Les entreprises d'État formellement « désétatisées » continuent à limiter la production, déterminer les prix et dévorer la plus grande partie des fonds.

Et c'est ici que se cache l'essentiel : bien que l'État ait conservé presque tous les droits juridiques d'un propriétaire, l'utilisation pratique de la propriété d'État se trouve dans une très large mesure entre les mains de personnes privées. On me dira : et alors ?! Pourvu que ça avance, même comme ça, et que la propriété se retrouve entre les mains d'entrepreneurs privés... Sur le principe, je ne dis pas non, mais en réalité cette situation n'est pas sans conséquences néfastes. La césure qui se crée entre la propriété jouissant d'un statut juridique et la propriété de fait a pour conséquence que les dirigeants des entreprises, déjà indépendants de l'État-propriétaire mais non encore propriétaires eux-mêmes, n'ont aucunement l'intention d'investir le capital qu'ils amassent dans la rénovation de l'infrastructure industrielle. C'est à ce phénomène qu'il faut attribuer la fuite des capitaux russes ; c'est lui qui explique l'impossibilité de moderniser la production. La privatisation « spontanée » orchestrée par la nomenklatura a permis le transfert d'au minimum 7 milliards – certains disent 20 milliards – de dollars vers les banques occidentales. Cet argent est déposé sur des comptes privés, il appartient à des sociétés ou des personnes physiques, mais son origine est presque toujours « étatique », autrement dit c'est un détournement d'argent public.

On ne peut pas parler de transition vers un système économique normal tant que le gouvernement essaie de remplacer la véritable transformation des rapports de propriété par une simple appréciation, exagérément positive, de sa politique monétaire. On ne peut pas parvenir à une autorégulation dans la société tant que rien n'est fait pour que se constitue en son sein une large couche de propriétaires.

Si l'on en juge par ses déclarations, le gouvernement actuel sait que l'économie ne peut se redresser qu'avec l'introduction de la propriété privée dans les secteurs agricole et industriel. Un gouvernement démocratique conséquent ne devrait avoir l'esprit occupé que par l'idée d'abandonner au plus vite le secteur de l'économie pour ne conserver entre ses mains qu'un minimum d'outils de régulation (financiers, budgétaires et de crédit). Cependant, nos dirigeants continuent à « mettre en selle les lois de l'économie » de façon généralement très intéressée. La nouvelle nomenklatura se découvre bien plus de choses en commun avec l'ancienne qu'avec le reste du peuple.

La pierre d'achoppement de tous les réformateurs russes a été jusqu'à présent la question agraire. Cette question n'a pas avancé d'un pouce depuis un an. Le nombre des paysans libres peut bien avoir considérablement augmenté en chiffres absolus, ces paysans ne travaillent pas plus de 2 p. 100 des terres cultivées en Russie. Le nouveau secteur agricole ne reçoit aucun appui, pas plus du point de vue juridique que du point de vue financier et organisationnel. Presque rien n'est tenté pour rationaliser et démonopoliser les systèmes du crédit à la production, des fournitures techniques aux agriculteurs et des achats de la production agricole.

Les prix des moyens techniques et matériels de l'économie agricole ont été multipliés en moyenne par dix ou quinze. Tandis que le prix d'achat de la production agricole n'était multiplié que par cinq ou sept. Tout ceci empêche de parler d'un quelconque progrès des transformations dans le secteur agricole.

Quant à la « réforme économique radicale » – si bruyamment annoncée! –, elle est globalement semblable à la perestroïka gorbatchévienne : elle est exclusivement pensée et mise en œuvre à la manière d'une « révolution par le sommet ». Elle est conduite exclusivement par l'État, ou plus exactement par les représentants du pouvoir central, qui élaborent et font adopter lois, décrets et oukazes. Dans ce mode d'approche et de conduite des réformes économiques transparaît un trait caractéristique commun à tous les dirigeants soviétiques : le non-respect du peuple, de son bon sens et de son expérience, fondé sur le refus, ou l'incapacité, de voir en lui le sujet agissant et pas seulement un objet des transformations sociales. En d'autres termes, nous avons affaire d'abord, en matière économique, à un *manque* flagrant de démocratie.

Vie sociale : la nomenklatura nationaliste et les droits de l'homme

Il y a là beaucoup de mouvements, de réorganisations et de ruptures, qui accompagnent les contradictions et les conflits frontaliers toujours renouvelés. Notre vie sociale ne s'est pas encore stabilisée. La constante mobilité en est la caractéristique essentielle.

La société est divisée en différents courants qui la traversent de manière contradictoire à un même moment. Ces courants d'idées affectent son rapport au gouvernement et à ses réformes, son idée des intérêts nationaux de la Russie, son appréciation de l'organisation du pouvoir. Cela conduit à ce paradoxe que des groupuscules isolés expriment l'humeur de plusieurs couches sociales à la fois, et que, s'ils s'accordent sur une question, ils peuvent au même moment se heurter sur une autre. Le résultat obtenu donne des configurations étonnantes : l'alliance des anti-communistes acharnés et des bolcheviques zélés, ou bien l'alignement de certains démocrates sur des positions autoritaires et impérialistes, ou encore des démocrates et des conservateurs qui font de concert la critique du gouvernement.

Il semble pourtant que tout récemment encore on pouvait se contenter de diviser la société russe en deux groupes : démocrates et conservateurs. Cette division bipolaire était acceptable du temps de Gorbatchev, elle ne l'est plus. Il est désormais évident pour beaucoup de gens que l'ensemble de l'ancienne opposition anticommuniste ne peut pas être envisagée comme une force démocratique classique. Cette erreur nous a déjà coûté cher : elle a débouché sur un discrédit de l'idée même d'un « parti de la démocratie ». Parce qu'une part importante des anticommunistes que nous prenions pour des démocrates se sont révélés, et pas seulement sur la question nationale, pour ce qu'ils étaient. Ils n'ont pas supporté l'exercice du pouvoir.

De nombreuses couches de la société russe ont été subjuguées par la vague national-patriotique. C'est la conséquence de l'exacerbation des conflits entre nationalités. Ajoutons qu'on ne perçoit toujours pas de vision claire des intérêts nationaux et étatiques de la Russie au sein des cercles dirigeants. Presque toute la classe politique russe s'est mise à flirter avec les nationaux-patriotes, notamment le vice-président Routskoï. Cependant ces nationaux-patriotes n'ont pas constitué une force sociale unie : les unionistes se battent contre les isolationnistes[1], les communistes contre les anti-communistes, les populistes contre les partisans du marché. Il ne faut pas pour autant considérer comme impossible une réunification des nationaux-patriotes et un renforcement de leur influence sur la société. Ce serait une erreur.

La direction russe est à présent sous l'influence de diverses forces sociales : le lobby des directeurs d'usine et celui des directeurs de kolkhoze, le groupe de pression de l'armée, divers groupuscules régionalistes, les représentants des intérêts des républiques autonomes, de la nomenklatura administrative, et, pour finir, le lobby des entrepreneurs privés. Les cercles lobbyistes qui agissent au Parlement ne sont cependant pas en corrélation avec ceux qui tentent d'influer sur les organes exécutifs. C'est ainsi qu'au Parlement russe, pendant la première moitié de 1992, les groupes de pression réunis en une alliance appelée Unité russe étaient les plus actifs : on y retrouvait les lobbies kolkhoziens et patriotiques, ainsi que des représentants de l'administration locale soviétique. Dans le même temps, les entrepreneurs privés, les directeurs des grandes entreprises et les régionalistes tentaient de peser sur l'action du gouvernement.

Cela dit, le trait essentiel qui rend semblables la politique sociale menée sous Gorbatchev et celle menée sous Eltsine, c'est le fait que toute la vieille nomenklatura est restée en place. À l'exception de quelques individus, toute la couche dirigeante de la société socialiste – que nous avons pris l'habitude, à la suite de Milovan Djilas, d'appeler « nouvelle classe » – a conservé l'intégralité de ses privilèges. Bien sûr, cette nouvelle classe a connu quelques bouleversements, et elle a dû absorber la promotion des démocrates victorieux. Entre ces deux groupes de la classe dirigeante, il y a des différences et même une certaine concurrence, dont les manifestations captivent l'attention du public.

La plupart des hommes nouveaux travaillent honnêtement et se donnent à fond, dans les structures des pouvoirs exécutif et judiciaire. Mais ils sont loin de faire la pluie et le beau temps. Les affaires d'État ne dépendent que dans une très faible mesure de leurs efforts. Indépendamment des hautes fonctions qu'ils occupent, ils ne sont en fait, y compris le président, que des otages et des prisonniers du véritable maître du pays : le gigantesque appareil bureaucratique, qui n'a pas

---

1. Unionistes : nostalgiques de l'empire russe ; isolationnistes : adversaires de la CEI, partisans du désengagement complet de la Russie.

changé du tout malgré les bouleversements politiques et idéologiques.

L'individu, si c'est un homme du rang qui n'occupe aucune fonction particulière, est dans la même situation que précédemment, minuscule et sans force devant la machine étatique. Au travail, il ne peut rien opposer à son chef; au magasin, il ne peut rien dire au vendeur; à l'office d'entretien des immeubles de son quartier, il ne peut rien exiger du plombier; à l'hôpital, il n'est rien devant le médecin; il n'est personne pour les fonctionnaires, que ce soit à la mairie, à la préfecture ou au Comité exécutif de quartier. Il reste ce qu'il était, sans droits et sans individualité. Cette continuelle absence globale des droits de l'homme soviétique, qui lui gâche la vie quotidienne, nous semble si habituelle et si naturelle que même les organisations qui se consacrent à la défense des droits de l'homme n'y voient rien à redire.

Dès lors, si ceux qui gouvernent et ceux qui sont gouvernés continuent de moisir dans les conditions antérieures et conservent entre eux les rapports antérieurs, il faut bien constater que, pour l'essentiel, le système du « socialisme réel » continue d'exister et qu'il reste inchangé dans ses fondements!

Voilà qui explique la crise qui secoue actuellement les rangs des démocrates russes, pour la plupart placés de nouveau devant ce dilemme : maintenir leur soutien au pouvoir ou bien passer dans l'opposition. Le drame de la situation, c'est que les réformes conduites par le gouvernement actuel ne répondent pas aux intérêts des couches majoritaires et qu'en soutenant ces réformes les démocrates se sont d'emblée mis à dos la majorité de la société.

Politique : le chaos et les réseaux

Dans l'ensemble, mis à part quelques attributs formels, rien n'a changé dans le mécanisme politique de la Russie post-gorbatchévienne. La Russie s'est simplement débarrassée du statut encombrant de « grand frère » des républiques « sœurs ». Le paysage politique – et plus encore idéologique – a bien sûr changé : nous n'avons plus ni PCUS, ni KGB, ni URSS, ni ministères fédéraux ou directions fédérales. Notre président prononce des discours anticommunistes et presque tout le monde se prononce pour la propriété privée.

Mais au fond, il y a belle lurette que ces discours n'enchantent plus personne ; au contraire, ils inquiètent, parce que, dès l'instant où les orateurs se taisent, chacun voit bien que rien n'a disparu, que rien n'est enterré, que tout n'a fait que se métamorphoser et continue à vivre tranquillement sous de nouvelles formes, sous de nouveaux noms. Nous n'avons plus de PCUS, mais nous avons le parti de Routskoï, le Mouvement des réformes démocratiques, l'Union scientifico-industrielle, l'Assemblée des officiers interarmes, etc. Nous n'avons plus de KGB, mais nous avons le Service de sécurité russe, dont le staff est identique et qui réside toujours à la Loubianka. Nous n'avons plus de ministères fédéraux : ils se sont coulés complètement dans les ministères russes,.changés en « trust d'État » ou en « association de producteurs », etc. En un mot, nous n'avons plus aucune des anciennes institutions concrètes, mais ce qui faisait leur fondement commun est intact, ainsi que leur raison d'être : s'opposer à la société civile.

En ce qui concerne la structure politique proprement dite, on fait face, aujourd'hui, à un paradoxe : le pouvoir n'est pas réellement structuré en Russie, son organisation n'est pas formalisée. Nous avons en revanche un amoncellement chaotique de centres de pouvoir cloisonnés à divers niveaux, qui ne sont pas seulement des avatars de divers moments de développement de la société mais la marque de divers systèmes sociaux.

En premier lieu, il y a l'ensemble des structures résiduelles soviétiques, y compris le système des soviets à tous les niveaux : bien que le PCUS ait disparu, et que les fractions démocratiques soient majoritaires dans beaucoup des nouveaux soviets élus, ces derniers restent ce qu'ils étaient : des éléments du système de commandement et d'administration.

En second lieu, les centres décisionnaires hérités de la perestroïka ont perduré. Ils sont nés à l'époque de Gorbatchev, autour de l'élection des députés du peuple, quand furent créés des organes complémentaires appelés à démocratiser l'ancien système. Ces rajouts de dernière minute sont, depuis, devenus tantôt des éléments purement décoratifs, tantôt des obstacles aux réformes.

Le troisième centre décisionnaire a été constitué par Boris Eltsine et son équipe pour compenser le manque d'efficacité du système des soviets. C'est ce qu'il est convenu d'appeler « la verticale présidentielle », une sorte de réseau constitué à la fin de l'année 1991 au moment où les administrateurs furent nommés à l'échelon local. Ces « hommes du Président », loyaux à l'égard de ses représentants, ont été contraints d'exercer des fonctions de contrôle.

Tous ces centres de pouvoir qui coexistent à présent en Russie défendent souvent des orientations totalement contradictoires, ils sont l'arène dans laquelle se combattent les divers intérêts sociaux et politiques. Au sommet, on assiste à la lutte entre les pouvoirs représentatif et exécutif. À l'échelon local, à la lutte entre les soviets, les directions administratives et les représentants du président. À quoi s'ajoute la lutte qui oppose les échelons supérieurs aux échelons inférieurs, les centres de pouvoir régionaux à ceux des cantons et à ceux des villes. Cette lutte acharnée n'est pas seulement la conséquence de la confrontation des intérêts de différents groupes sociaux, elle résulte de la collision entre plusieurs orientations contradictoires. Dans ces conditions, le pouvoir lui-même devient un facteur d'explosion et c'est lui qui provoque les tensions dans la société.

Le pouvoir politique russe pris dans l'acception la plus étroite du mot – autrement dit l'équipe Eltsine –, la direction « démocratique » d'aujourd'hui, fait la preuve d'une dérive autoritaire. Il suffira de rappeler de quelle façon il joue – de la même façon, sinon plus activement encore que le pouvoir précédent – avec le corps des généraux, qui a totalement échappé à la purge d'août 1991. Ce pouvoir a fait renaître la police secrète des ruines du KGB et a même élargi la sphère de ses compétences. Des témoignages intéressants viennent d'être publiés sur l'élargissement des fonctions de la police secrète et du contre-espionnage militaire.

Ce pouvoir protège les intérêts du complexe militaro-industriel, qui fait virer, sur des comptes bancaires personnels ou coopératifs, les subventions de l'État destinées à la Défense, pendant que l'extraction du pétrole, l'industrie légère et l'industrie agro-alimentaire agonisent.

Les rapports entre les pouvoirs exécutif et judiciaire semblent, en se développant et se perfectionnant, être parvenus à un état chaotique qui présente, pour les uns et les autres, l'avantage de permettre une fructueuse pêche en eaux troubles : la réforme judiciaire marche du même pas que la réforme agraire. Et pendant qu'elle piétine, les spécialistes de la criminalité organisée constatent un épanouissement sans précédent des structures mafieuses, une croissance inimaginable de la corruption.

Les organes de coordination du mouvement naguère le plus engagé dans la lutte pour une véritable démocratie russe –

Russie démocratique –, pressés de parvenir au pouvoir, se sont révélés plus eltsinistes que Eltsine lui-même. Les dirigeants de l'administration « démocratique » et ceux du dernier « Parlement » communiste s'entendent tout à fait ouvertement et ne cachent pas leur intention commune de jouer la carte du nationalisme russe. D'ailleurs, de leur côté, les autres présidents et les autres organes représentatifs (qu'ils s'appellent Soviet suprême ou Medjlis [1]) des autres pays de la CEI jouent la même carte : pour parvenir au nouvel agencement des divers pouvoirs à l'intérieur de l'ancienne URSS, bien des politiciens sont prêts à une « petite guerre victorieuse ». Où nous conduit ce refus d'adopter une position conséquente sur les conflits dans les pays limitrophes, conflits où sont pourtant impliquées les troupes russes incorporées aux Forces armées unifiées ? Où nous mènent les menaces de Boris Eltsine à l'égard des Allemands de la Volga, celles que Khazboulatov a adressé aux Tchetchènes, les prétentions territoriales exprimées par Bourboulis dès août 1991 vis-à-vis de l'Ukraine et du Kazakhstan, le projet « d'introduction d'un point de vue unique en Russie », qui rentre dans les élucubrations national-territoriales de Popov ? Où mène la révoltante division de la flotte de la mer Noire, qui n'est d'ailleurs pas moins révoltante que le partage d'autres propriétés communes de l'ancienne URSS ?

Malgré tout le bruit et le scandale que font le Parlement russe et les nouveaux médias, les mécanismes d'adoption des décisions primordiales restent cachés à la société par un rideau non moins étanche qu'à l'époque de feu l'URSS.

Le pont aux ânes des archives

Pourquoi en serait-il autrement quand il a été décidé que les archives s'ouvriraient au compte-gouttes et tout à fait arbitrairement ? Le destin des archives de la Russie m'inquiète au plus haut point, en tant qu'historien. On a fait, il y a très peu de temps, connaître au monde l'heureuse nouvelle : les archives du KGB et du PCUS seront à présent ouvertes. J'ai été membre de la commission du Soviet suprême chargée de superviser le transfert de ces archives au Fonds d'État afin de permettre leur ouverture, leur libre accès et emploi. Nous avons évoqué la constitution d'une commission internationale

1. Nom que portent les Assemblées des républiques d'Asie centrale.

pour l'étude et la mise en valeur de ces riches documents dont le dépouillement est susceptible d'éclairer beaucoup de taches sombres dans l'histoire de nombreux peuples. Hélas! il n'y a déjà plus sujet de se réjouir. Puisque la Russie conserve une police politique et un service secret, les archives de ces organisations doivent rester entre leurs mains exclusives. La remise à la société des archives du KGB – qui sembla un temps bénéficier du consentement tacite des autorités démocratiques – n'a pas eu lieu.

Le fonds d'archives du Bureau politique du Comité central du Parti – que l'on appelle fréquemment « Archives du Kremlin » – reste, lui aussi, inaccessible aux scientifiques et aux simples citoyens. Jusqu'en août 1991, les secrétaires généraux du Parti étaient les principaux gardiens de ce fonds : Brejnev, Andropov, Tchernenko, Gorbatchev. À présent, c'est Eltsine qui en détient les clés. L'accès à la mémoire sociale du pays reste en bonnes mains...

Cette réaction des nouvelles autorités à la perspective d'un libre accès aux archives me semble être le révélateur du degré de leurs convictions démocratiques. C'est à celui qui détient la clé de l'information que revient le pouvoir. Eltsine n'a pas plus voulu partager l'information que ses prédécesseurs. À mes yeux, il a échoué à son premier examen de démocratie.

Révolution intérieure et procès du communisme

Pourquoi donc nos convictions démocratiques se sont-elles avérées si fragiles? Je pense que chez la majorité d'entre nous, et pas seulement chez Eltsine, elles n'étaient pas profondes, pas mûres; c'étaient des convictions de circonstance, orientées exclusivement sur l'extérieur, contre un ennemi extérieur (le PCUS, la dictature totalitaire...) mais pas sur nous-mêmes, pas dirigées sur l'éducation de notre « individualité intérieure ». Il est incomparablement plus facile d'être démocrate dans le sens étroit de critique de l'ordre antidémocratique que de comprendre la démocratie dans la totalité de ses obligations et significations éthiques et d'en faire une véritable norme de conduite personnelle.

S'il y a quelque chose d'inhabituel dans la situation présente, c'est avant tout le fait que nous devions, pour réussir ces réformes de fond, cette transformation, cette percée en direction de la civilisation, trouver la force de les accomplir en nous-mêmes – en nous, tels que nous sommes, habitués depuis des siècles à l'esclavage et à une apathie sociale interrompue de temps à autre par des révoltes « insensées et impitoyables », en nous qui faisons depuis un an l'expérience de notre « nouvelle ancienne vie »... L'étrange est que nous devions puiser notre énergie dans notre *hétérogénéité* russe, si malléable, qui a été aisément remodelée par l'anti-utopie socialiste.

Ces temps-ci, on parle avec de plus en plus d'insistance d'un procès du PCUS, et du caractère indispensable d'un « procès de Nuremberg » du communisme, d'un gigantesque procès spectacle qui aurait un retentissement international et dont les minutes serviraient de référence aux historiens. Des ambitieux considèrent qu'un simple procès des « putschistes » ne saurait donner une idée de la responsabilité du Parti et qu'il faut faire le procès de l'idéologie communiste et de ses effets néfastes, de même que l'on a fait le procès du nazisme à Nuremberg.

Bien sûr, il serait bon de tirer un trait sur l'époque du PCUS ; en sortir, surmonter, enfin, cette horreur ! Mais toute la question est là : par où commencer ? Un nouveau Nuremberg est voué à l'échec chez nous. En 1945, des vainqueurs jugeaient des vaincus. Le fascisme y était condamné comme une calamité qui vous submerge de l'extérieur. Comment réussir un tel procès chez nous ? Que faire de nos vingt millions de membres du Parti ? Comment faire, quand il n'y a ni vainqueurs ni vaincus, quand le PCUS a été une calamité pour tous ?

Non, ce n'est pas par un Nuremberg qu'il faut commencer ! Le trait tiré sur l'époque maudite doit passer par chacun de nous. Les démocrates, s'ils sont vraiment des démocrates, doivent commencer par eux-mêmes. C'est la condition indispensable sans laquelle tout le reste perd son sens. Il faut commencer par faire son propre procès. Tout le reste nous conduit à nouveau sur la mauvaise pente, la recherche d'un ennemi extérieur.

Je crois que ce procès serait une nouvelle façon de chercher une explication simplifiée à outrance de la source de nos malheurs. Ce qui est une erreur traditionnelle en Russie, quelque chose qui monte des tréfonds, une idée qui sourd des mêmes profondeurs que l'antisémitisme : nous cherchons toujours ailleurs les raisons de nos difficultés, et dès que nous débusquons un ennemi, nous lui attribuons tout le mal qui nous accable : « Nous sommes des gens exceptionnels, mais il y a toujours des minorités d'individus néfastes qui nous empêchent d'être ce que nous sommes profondément... Ils ont des idées étranges... Nous n'avons pas de chance... »

Les Russes aiment se lamenter sur leur sort. Dans la rue,

les gens prennent des têtes d'enterrement pour s'exclamer :
« Qu'est-ce qu'on a comme chance! » Bien évidemment, Gorbatchev est responsable de tout. L'existence d'un récipiendaire de la haine calme les esprits. Nous avons eu les Juifs, les bolcheviks, les ennemis du peuple, les impérialistes, etc. Les communistes feront bien l'affaire pour cette fois.

Au fond, une diabolisation de la minorité de criminels qui a démoli la Russie ne serait qu'un simple changement de perspective. Elle permettrait d'éviter de se poser les questions essentielles : pourquoi cette expérience dramatique a-t-elle eu lieu précisément sur cette terre située aux confins de l'Europe et de l'Asie? Pourquoi n'a-t-elle pu se reproduire que dans certaines régions de l'Afrique et de l'Amérique latine? Quelle est la part de sauvagerie autochtone, de brutalité russe, dans l'exercice de la violence par les communistes? Faire le procès du communisme n'a aucun sens quand le box des accusés est occupé par des morts, parce que les vrais responsables ont quitté la scène depuis dix ans et plus. Les boucs émissaires sont à présent moins d'une dizaine. Soit ils choisissent de parler, et il est à craindre qu'ils mouillent la quasi-totalité des dignitaires de l'État, soit ils choisissent de se taire, ce qui est le plus probable, et leur faux témoignage servira à innocenter tout le monde.

Zéro pointé à l'examen de démocratie...

Dressant le bilan de ce qui a été dit sur la situation présente en Russie, je voudrais attirer l'attention du lecteur sur une dernière réalité, qui est peut-être pour nous la plus importante : l'état d'esprit général dans la société russe d'aujourd'hui. Il est bien évident que ce sera sans la moindre prétention de parvenir à une caractérisation globale de ce vaste sujet. Je voudrais seulement revenir sur ce qui, dans cette société, a été l'objet de notre attention tout au long de ce livre : dans quelle mesure la Russie reste-t-elle un pays précontemporain?

Notre histoire est remplie d'épreuves dramatiques, dont beaucoup sont tout à fait étranges. Mais il ne fait pas de doute que le plus étrange de nos drames nationaux est de ne pas savoir vivre en accord avec nous-mêmes, de vouloir passionnément quelque chose d'autre et d'obtenir périodiquement un résultat que personne n'a souhaité. C'est ce qui s'est passé en 1917 : tout a commencé par un mouvement vers la démocratie, mais on est arrivé à la révolution sociale... C'est ce qui s'est passé avec la perestroïka : tout a commencé par une restauration de faible envergure du socialisme réel pour aboutir à une révolution antisocialiste, à l'effondrement complet du système.

Ces soubresauts chroniques, résultats imprévus de notre propre activité, témoignent de notre traditionnelle méconnaissance de nous-mêmes et de notre société. Nous continuons aujourd'hui à vivre sans connaître notre pays, avec une *terra incognita* sous les pieds.

C'est ce dont témoigne de manière éclatante le sondage réalisé au début de l'année 1992 dans toute la Russie par le service Vox Populi du professeur Grouchine. À mesure que le sondage avançait, les mythes et les légendes du nouveau *savok* [1] moyen devinrent l'objet principal de la recherche. Et notamment le mythe qui veut que le peuple de Russie ait adopté d'une seule voix la démocratie.

Les résultats du sondage ont prouvé que « voter pour les démocrates » ne voulait en aucun cas dire, chez nous, voter pour la démocratie; ils ont montré que chacun peut projeter à loisir ses attentes personnelles, quelles qu'elles soient, sur les programmes des leaders. Ainsi, selon les sondés, Eltsine mettra « la main sur l'ensemble des avoirs du Parti et les partagera entre tous », ainsi Routskoï « ramènera l'ordre et dispersera toutes les coopératives »... Avons-nous voté pour la démocratie, et sont-ce des démocrates qui sont aujourd'hui au pouvoir? À quelle distance sont-ils du peuple? Si l'on n'essaye pas de le comprendre maintenant, demain le peuple ne se reconnaîtra pas lui-même et le pouvoir se fâchera contre le peuple qui l'a appelé au pouvoir, pour ensuite, à la minute décisive, le « trahir ».

Il s'avère également que les habitants de la Russie se font une idée très peu claire de la démocratie. Qu'est-ce que la démocratie? 47 p. 100 des personnes interrogées n'ont pas été en mesure d'exprimer quelque chose de sensé sur ce sujet, à moins qu'elles n'aient catégoriquement refusé de répondre. 9 p. 100 des gens ont répondu à côté de la question. Bon nombre de ces démocrates pensent que l'essence de la démocratie consiste en une direction musclée, en un régime d'ordre... garantissant l'absence de conflits! Et le fait que nous manquions de tout cela à présent est tout aussi évident que le fait que l'on peut rétablir l'ordre par les moyens les plus divers. Mais si on souligne dans la démocratie ce seul trait, on doit reconnaître, justement, qu'on en a déjà soupé de ce genre de démo-

1. L'homme « pelle à ordures », c'est-à-dire le Soviétique ordinaire paumé, selon l'expression autodépréciative devenue courante en Russie.

cratie!... Pour l'instant il ne se trouve en tout et pour tout que 3 p. 100 des Russes pour regretter cette démocratie-là. C'est sur la base de représentations d'une « démocratie » de cet « ordre » que s'épanouissent les totalitarismes...

D'une compréhension normale de la démocratie, offrant un minimum de sérieux et de vision d'ensemble, intégrant à la fois les aspects juridiques (une représentation juste de l'équilibre des libertés et de l'ordre, une attention particulière au statut juridique des minorités), les aspects sociaux (une compréhension civilisée des concepts d'égalité et d'intérêt du peuple), et les aspects politiques (un pouvoir fort contre une opposition forte, une technique électorale), 10 p. 100 seulement des Russes en ont fait la preuve. Ce résultat n'incite pas à l'optimisme. Lorsqu'on analyse de plus près, on constate que 21 p. 100 des personnes, pas plus, ont une représentation quelconque de la démocratie, tandis que 79 p. 100 ne savent pas exprimer leur réponse ou répondent à côté. Les 47 p. 100 de personnes silencieuses restent une masse mystérieuse et notoirement non homogène.

À la lecture des résultats de ce sondage, il saute aux yeux que la conscience de masse de la société russe en est arrivée à une totale déliquescence. C'est une bouillie, mais pas dans son acception finale comestible, c'est une bouillie en ébullition. Je partage tout à fait le point de vue des sociologues qui se sont regroupés autour du professeur Grouchine pour en conclure qu'un gouvernement qui espère le succès ne doit pas s'appuyer sur les seuls démocrates « authentiques ». Cette règle est valable pour tous les gouvernements, mais sans doute plus encore pour un gouvernement russe. Il faut aussi chercher un appui parmi ceux qui ont de la bouillie dans la tête, parmi ceux qui continuent à vivre hors de l'âge contemporain, dans d'autres époques, précontemporaines. Ce qui est bien sûr incroyablement difficile.

... Et pourtant il faut recoudre le patchwork russe

Mais telle est la Russie. Il faudrait coudre ensemble ses morceaux disparates en un tissu social unique où s'affrontent divers intérêts. La Russie est contemporaine tout en étant en retard de quelques siècles, et il faut assembler ces divers espaces-temps, ces diverses époques. Dans ces conditions, il est inutile de tenter de réunir l'ensemble du monde russe – il serait plus exact de dire des mondes russes – sous le drapeau d'une conception unique de la démocratie, sous la bannière d'un seul

type de civilisation, fût-ce le plus « civilisé ». Combien y en a-
t-il eu, de telles tentatives, dans l'histoire de la Russie? Et
combien de sang a-t-il été versé à chacune d'elles?!

« L'histoire de la culture russe, écrivit Florovski, est tout
entière faite d'à-coups, d'accès paroxystiques, de renoncements
ou de toquades et d'engouements, de déceptions, de trahisons,
de ruptures et d'explosions... Depuis toujours, l'âme russe
séjourne et s'épanouit dans plusieurs siècles et plusieurs âges
à la fois... Des tournures d'esprit incommensurables et se rap-
portant à des époques différentes trouvent le moyen de coïncider et de se souder entre elles. Mais la soudure ne constitue
pas une synthèse. Et la synthèse, précisément, n'a jamais réussi. »

Il est aujourd'hui encore un peu tôt pour parler d'une
nouvelle synthèse. La tâche qui nous revient est de « faire
passer » la soudure à travers notre époque troublée, sans trop
violenter la conscience des hommes (même si c'est au nom
de la démocratie), sans que des explosions sociales ne fassent
couler le sang. Il est possible que l'époque exige une compréhension et une approche nouvelles du concept de démocratie
(une « métadémocratie »?) qui sous-entend un degré de
patience tel qu'il soit en mesure d'intégrer la démocratie elle-
même en qualité de fragment d'une réalité sociale beaucoup
plus complexe et difficile...

L'une des questions primordiales pour les intellectuels
engagés de la génération des années soixante (dont, on l'aura
compris, je fais partie : une génération d'intellectuels à présent
convaincus d'idéalisme, dira-t-on avec condescendance, et
c'est certainement justifié...), une question clé pour nous était
celle de la concordance des fins et des moyens, celle des
critères éthiques du progrès, de la morale dans la politique.
Nous n'avions fini par répondre à cette question ni en bons
léninistes, ni en bons bolcheviks : seuls des moyens élevés
peuvent garantir un but élevé contre les déformations, et ce
n'est pas la fin affichée qui assure le résultat espéré, mais les
moyens mis en œuvre pour y parvenir.

Pour les politiques aujourd'hui au pouvoir en Russie, pour
les autorités « démocratiques » du jour, tous les moyens sont
bons s'ils permettent de dicter à la société de nouvelles décisions
« grosses de destin ». En fonction de ce critère aussi, je pense
que la société doit se garder de toute illusion sur la nature des
politiciens arrivés au pouvoir après août et se mettre seule à
la recherche de son devenir, à la recherche des voies de la
Russie vers un modèle de civilisation qui soit le sien.

CET OUVRAGE
A ÉTÉ TRANSCODÉ
ET ACHEVÉ D'IMPRIMER SUR ROTO-PAGE
PAR L'IMPRIMERIE FLOCH À MAYENNE
EN SEPTEMBRE 1992

(32869)

POUR LE COMPTE DES
ÉDITIONS CALMANN-LÉVY, 3, RUE AUBER
PARIS-9e – No 11844/01
DÉPÔT LÉGAL : OCTOBRE 1992